기독교문서선교회(Christian Literature Center: 약칭 CLC)는 1941년 영국 콜체스터에서 켄 아담스에 의해 시작되었으며 국제 본부는 미국 필라델피아에 있습니다.
국제 CLC는 59개 나라에서 180개의 본부를 두고, 약 650여 명의 선교사들이 이동 도서차량 40대를 이용하여 문서 보급에 힘쓰고 있으며 이메일 주문을 통해 130여 국으로 책을 공급하고 있습니다. 한국 CLC는 청교도적 복음주의 신학과 신앙 서적을 출판하는 문서선교기관으로서, 한 영혼이라도 구원되길 소망하면서 주님이 오시는 그날까지 최선을 다할 것입니다.

추천사 1

김 성 욱 박사
전 총신대학교 통합대학원장

  본서는 아프리카 현지에서 선교하며 강의하는 강병권 박사의 실제적인 선교 사역의 열매로서 성경적 리더십과 선교 현장의 문화와 세계관에서 체득한 선교 리더십의 보고이다.
  본서를 통해 개혁주의 리더십의 정수를 체득할 수 있으며, 아프리카 선교 현장에서 나온 선교 리더십(Missionary Leadership)을 배울 수 있는 귀한 교과서라고 생각한다. 한국 교회 지도자, 목회자와 선교사, 신학생 그리고 모든 성도에게 본서를 통해 저자의 겸손한 종의 리더십(Servant leadership)을 만날 수 있으며, 현대 사회에서 참된 성경적 리더십의 이론과 삶을 보여주는 책으로 여겨서 적극적으로 일독을 추천한다.

추천사 2

김 성 태 박사
총신대학교 명예교수
한국오픈도어선교회 이사장, 아시아선교연구소 소장

동부아프리카에서 30년 이상을 지역교회와 교회 지도자를 양성하는 데 헌신한 강병권 선교사의 총신대학교 철학 박사 논문이 단행본으로 출판되는 것에 하나님께 영광을 돌리고, 한국 교회의 선교 현장의 열매요 면류관으로서 자랑스러움을 느낀다.

강 박사는 나미비아, 케냐, 우간다 등의 동부아프리카에서 국제아프리카내지선교회(Africa Inland Mission: AIM)와 대한예수교장로회(합동) 총회세계선교회Global Mission Society: GMS) 소속 선교사로서 현지 교회 지도자를 교육하며 양성하는 데 평생을 바쳐 왔다. 본서의 내용은 동부아프리카에서의 교회 지도자를 양성하는 데 삼위일체 하나님께서 어떻게 그를 준비시켰으며 어떤 열매를 맺어 왔는지를 잘 나타내고 있다.

강 박사는 본서에서 일반 지도력 이론을 학문적으로 깊게 다루고 있으며 이런 지도력 이론이 성경적 지도력 이론과 어떤 상관성이 있는지를 살피고 있다. 나는 성경적 지도력 이론이 모든 지도력 이론에 모범이요 기준이 될 수 있다고 본다. 선교학에서 지도자 양성과 형성 이론은 튼튼한 학문적 토대를 가지고 있다.

강 박사는 선교학에서 지도력의 학문적 연구 위에 타 문화권에서의 지도자 양성과 형성 과정에 대한 심층 연구를 동부아프리카 지역을 중심으로 했다. 동부아프리카 지역의 세계관과 문화가 그 지역의 교회 지도자 양성과 형성에 어떤 영향을 미치고 있는지를 살피며 서구와 비서구 지역의 지도자 양성이 아닌 성경적 지도자 양성으로서 동부아프리카 지역에 최적의 지도자 양성을 제안하고 있다. 그의 학문적 성취와 선교 현장에서의 교회 지도자 양성의 경험이 아울러진 신선하며 도전이 되는 연구서이다.

한국 교회의 지도자에게 선교 지도자 양성이란 무엇인가를 이해하게 하며, 선교사와 선교 후보생들에게 선교 현장의 교회 지도자를 어떻게 양성해야 할지를 알려 주는 좋은 안내서다. 앞으로 우간다 성문대학(Holy Gate University)에서의 그의 부총장 사역에 아프리카의 교회 지도자를 양성하는 일에 계속하여 큰 열매를 맺기를 기도한다.

추천사3

배 춘 섭 박사
총신대학교 신학대학원 선교학 교수

　본서는 강병권 선교사가 총신대학교에서 연마한 학문과 32년간 아프리카에서의 사역을 통해 얻은 경험을 녹여 낸 저서라 말할 수 있다. 그는 먼저 일반 리더십, 성경적 리더십, 문화와 세계관 이해, 그리고 동부아프리카 문화와 세계관 이해 등 리더십의 전반적인 이론을 명료하게 정리했다.
　강 선교사는 설문 조사를 통해 동부아프리카의 문화와 세계관에 관한 현지 지도자들의 의견을 들은 후, 자신의 선교 현장의 경험을 바탕으로 아프리카 현지인들의 토착화 관점에서 주제를 상세히 조명했다.
　눈에 띄는 본서의 장점으로는 저자가 동부아프리카에서 현지인의 문화와 세계관에 기초한 기독교 지도자 양성을 위한 아홉 가지 실천 사항을 구체적으로 제언했다는 데 적지 않은 의의가 있다. 이런 점에서 본서는 아프리카에서뿐만 아니라 세계 다른 지역에서도 적용이 가능한 선교를 위한 방법론적 교과서라고 생각한다.
　이에 본 추천인은 한국 교회 지도자와 목회자, 선교사, 신학생, 그리고 모든 성도에게 교회의 선교를 위해 반드시 일독할 것을 적극 권장한다.

추천사 4

성 남 용 박사

전 나이지리아 선교사, 총신대학교 목회신학전문대학원 선교학 교수
현 KMQ 편집인, 삼광교회 담임목사

민족이나 인종, 국적이나 지역에 상관없이 사람의 DNA는 99.9퍼센트가 같다. 0.1퍼센트의 차이가 얼굴의 형태나 눈의 모양 또는 키의 크기나 체형 등의 차이를 만들어 낸다. 사람들이 공유하는 문화 요소인 밈(meme)도 마찬가지다. 대략 0.1퍼센트의 차이가 문화권 간의 많은 다름을 만들어 낸다. 그러므로 다른 문화권에 관한 연구도 다름을 지나치게 강조할 필요는 없다. 한 문화권과 다른 문화권 간의 사람들에게는 공유하는 것들이 훨씬 더 많기 때문이다.

강병권 선교사는 책에서 모든 문화권의 사람들이 공유하는 99.9퍼센트의 리더십에 관한 이론들을 풍부한 자료와 함께 소개했다. 동시에 동부아프리카 선교사로서의 오래된 경험과 섬세하고 자상한 성품이 찾아 발견하게 한 동부아프리카 기독교 지도자들의 미세한 문화적 특성들을 내부자적 관점에서 분석하며 설명했다.

사회과학적 연구 방법을 따라 자료를 찾았고 분석했으니 강 선교사의 연구는 창의적이며 학문적 신뢰도가 있다. 그는 동부아프리카 사람들의 사람 중심, 관계 중심, 단기 중심, 남성 중심, 집단주의, 낮은 불확실성 회피, 먼 권력 거리, 인본주의 정신, 공동체 중심, 가족주의 등의 문화적 특징들을 찾아냈다. 그리고 그런 문화적 요소들을 가진 기독교 지도자들을

어떻게 성경적 세계관과 영적 리더십을 가진 지도자로 변혁시킬 수 있는지를 연구했다. 우분투 사상과 성경적 교회 부흥의 상관관계에 대한 분석적 설명도 있다.

하나님의 영이 임하면 자녀들은 예언할 것이고 젊은이들은 환상을 보고 늙은이들은 꿈을 꿀 것이다. 이렇게 예언하고 환상을 보고 꿈을 꾸는 지도자들과 그 꿈에 함께 참여하며 그 땅과 열방에 하나님 나라를 세우는 사람들이 세상의 소망이다.

강 선교사의 지적대로 그렇게 꿈꾸는 자들을 만들어 내는 것이 동부아프리카 교회의 부흥과 세계 선교의 과업을 이루는 비결이다. 동부아프리카 교회의 지도자들에 대한 이해도를 깊게 하고 선교적 접촉에 큰 도움을 줄 본서가 많은 사람에게 읽힐 수 있기를 기대한다.

추천사 5

최 형 근 박사
서울신학대학교 선교학 교수
한국로잔위원회 총무, 제4차 로잔 대회 준비위원회 부위원장

본서는 오랫동안 동부아프리카에서 선교사로 사역하고 있는 저자의 실제적인 삶과 학문적인 연구의 산물이다. 리더십은 문화적 세계관에 따라 다르게 규정되며 조직 문화 안에서 발휘된다. 한 문화의 세계관은 구성원의 사회적 관계에 지대한 영향을 미치기 때문에, 리더십은 세계관의 관점에서 이해되고 분석되며 평가되어야 한다.

특히, 타 문화 선교에 있어서 리더십 이슈는 선교의 성패를 좌우하는 중대한 요소이다. 외부자인 선교사가 복음을 효과적으로 전하기 위해 현지의 문화적 세계관을 이해하고 현지 지도자를 양성하며, 더 나아가 리더십을 현지인 지도자에게 이양하기 위해 필수적인 것은 성경적 리더십에 기반한 상황화된 지도자 양성이다. 이 모든 과정은 예수 그리스도의 성육신과 십자가의 본을 따르는 제자도에 달려 있다.

동아프리카 세계관의 핵심인 관계성은 대개 개인주의로 규정되는 서구 문화의 관점에서는 이해하기 쉽지 않다. 본서에서 저자는 문화적인 차이에서 기인하는 리더십의 차이와 지도자 양성을 성경적이고 문화적인 관점에서 효과적으로 기술한다. 특히, 저자는 동아프리카 지도자 양성을 위해 문화인류학적 연구 방법을 활용했고, 저자의 풍부한 선교 현장 경험은 참여자 관찰이라는 질적 연구 방법을 보완했다.

내부자인 현지 지도자와 외부자인 선교사에 대한 설문 조사 방법에서 도출된 본서의 결론은 성경적 지도자에 근거한 공동체 중심의 리더십과 동반자 협력을 통한 총체적 선교 지도자 양성의 모델을 제시한다. 아프리카 선교에 참여하는 선교사와 선교 지망생, 그리고 아프리카 선교에 관심을 가진 그리스도인에게 일독을 권한다.

신학박사 논문 시리즈 80

동부아프리카의 문화와 세계관에 기초한
기독교 지도자 양성

Developing Christian Leaders with East African Culture and Worldview
Written by Byong Kwon Kang
All rights reserved.
Korean Edition Copyright ⓒ 2024 by Christian Literature Center, Seoul, Korea.

동부아프리카의 문화와 세계관에 기초한 **기독교 지도자 양성**

2024년 4월 25일 초판 발행

지은이	|	강병권
편 집	|	양가원, 전희정
디자인	|	박성준, 김현미, 서민정
펴낸곳	|	(사)기독교문서선교회
등 록	|	제16-25호(1980. 1. 18.)
주 소	|	서울특별시 동대문구 천호대로71길 39
전 화	|	02-586-8761~3(본사) 031-942-8761(영업부)
팩 스	|	02-523-0131(본사) 031-942-8763(영업부)
이메일	|	clckor@gmail.com
홈페이지	|	www.clcbook.com
송금계좌	|	기업은행 073-000308-04-020 (사)기독교문서선교회
일련번호	|	2024-36

ISBN 978-89-341-2680-5 (93230)

이 책의 출판권은 (사)기독교문서선교회가 소유합니다.
신저작권법에 의하여 한국 내에서 보호를 받는 저작물이므로 무단 전재와 무단 복제를 금합니다.

동부아프리카의 문화와 세계관에 기초한

기독교 지도자 양성

강병권 지음

CLC

이 책을
사랑하는 아내, 35년 동안 저와 동고동락하며
사역의 파트너요 멘토로서
아프리카 지도자를 양성하는 일에
자기의 생명을 바쳐 죽도록 충성했던
고 정혜란 선교사에게 드립니다.

차례

추천사 1 **김성욱 박사** 전 총신대학교 통합대학원장   1
추천사 2 **김성태 박사** 아시아선교연구소 소장   2
추천사 3 **배춘섭 박사** 총신대학교 신학대학원 선교학 교수   4
추천사 4 **성남용 박사** KMQ 편집인, 삼광교회 담임목사   5
추천사 5 **최형근 박사** 서울신학대학교 선교학 교수   7

서문   14

제1장 서론   16
제2장 지도자의 이론적 고찰   18
제3장 기독교 지도자 모델인 성경적 지도자   69
제4장 성경적 지도자 양성을 위한 문화와 세계관 이해   104
제5장 동부아프리카 문화와 세계관에서 본 리더십 이해   177
제6장 동부아프리카의 문화와 세계관에 관한 설문 조사 결과 분석   221
제7장 제언   273
제8장 결론   297

참고 문헌   298

부록 1 질적 연구를 위한 질문들   313
부록 2 동부아프리카인 대상 설문 조사 질문 항목   315
부록 3 동부아프리카 선교사를 대상으로 한 설문 항목   325

서문

강병권 박사
우간다 캄팔라 Holy Gate University 부총장

    선교사는 지도자 양성을 염두에 두고 사역을 착수한다. 내가 우간다 캄팔라에 위치한 개혁신학교(Reformed Theological College: RTC, 현 Holy Gate University)에서 사역하는 동안 현지 리더십을 어떻게 세울 것인지 고민한 때가 있었다. RTC를 설립한 지 10년이 될 무렵, 선교사들은 선교사가 은퇴한 후 선교지역에 계속 머물며 리더십을 행사하는 것은 바람직하지 않다고 생각했다. 가능하면 속히 현지인 지도자를 세우자는 데 의견을 모으고, 곧바로 그 생각을 실행에 옮겼다.

    먼저 신학교 이사회는 신학교와 동반관계를 갖고 있던 현지 딜리버런스(Deliverance)교단에 교장 추천을 의뢰했고, 추천받은 그를 새로운 교장으로 임명했다. 그는 학적 능력이나 목회 사역에서 교단적으로 인정받는 지도자였다. 그러나 그가 4년간 교장직을 수행하는 동안, RTC는 그의 리더십으로 인해 예상치 못한 문제들에 직면하게 되었다. 결국, 교장 임기가 끝나자마자 이사회는 신학교의 정상화를 위해 다시 선교사를 교장으로 임명했다. 나는 많은 의문점을 갖게 되었다.

'이와 같은 리더십 위기를 경험하면서 현지 교회와 교단에서 인정받은 지도자였는데 왜 신학교 사역에 어려움이 있었을까?'
'교장에게는 문제가 없는데 선교사들에게 문제가 있었을까?'

'선교사의 타 문화권 리더십 이해가 올바르지 못했을까?'
'선교사가 현지 지도자를 양성하고 있는데, 과연 선교사는 현지인들의 문화와 세계관을 이해하고 그 일을 하고 있을까?'

이런 질문들을 해결하기 위해 다양한 자료를 분석하게 되었고 연구 결과, 문제의 발단이 현지인과 선교사의 리더십 이해의 차이 및 서로 다른 문화와 세계관의 충돌에 있음을 깨닫게 되었다.

만약 선교사가 동부아프리카의 문화가 사람 중심적, 관계 중심적, 남성 중심적, 집단 중심적이고, 장래에 대한 불확실성을 자연스럽게 받아들이며, 지도자에게 철저히 복종하는 사회임을 알았더라면 RTC의 상황은 달라졌을 수도 있다.

더 나아가 선교사가 동부아프리카 사람들이 가지고 있는 세계관적 요소들을 알았더라면, 훨씬 더 효과적으로 지도자를 양성하고 세웠을 것이다. 이와 같은 리더십 위기 상황에서 내가 가졌던 여러 질문을 해결하기 위해 동부아프리카의 문화와 세계관적 관점에서 기독교 지도자 양성을 어떻게 할 것인지 집필하게 되었다.

끝으로, 부족한 사람을 지도해 주시고 추천사를 써 주신 김성태 교수님, 김성욱 교수님, 성남용 교수님, 배춘섭 교수님, 최형근 교수님께 감사드린다. 또한, 선교 여정 시작부터 지금까지 변함없이 사랑하고 후원하시는 대구달서교회 박창식 목사님과 모든 장로님, 성도님께 감사드린다. 본서가 나올 수 있도록 큰 힘이 되어 주신 국제아프리카내지선교회(Africa Inland Mission: AIM) 한국본부 이사님들께 감사드린다. 부족한 글을 출판해 주기로 흔쾌히 허락해 주신 기독교문서선교회(CLC)의 대표 박영호 목사님께 감사드린다. 그리고 여러 도움을 준 가족에게도 고마움을 전한다.

제1장
서론

　아프리카에서는 식민지 시대부터 현재까지 지도자 양성에 관한 서구의 이론과 방법들이 수용되어 사용되고 있다. 그러나 기대하는 것만큼 효과적이지 못하다. 그것은 서구의 이론과 방법들이 아프리카 세계관과 문화 가치에 적합하지 않기 때문이다. 이 같은 사실은 다수의 연구자가 타 문화 리더십을 연구하면서 드러났다. 연구에 의하면 한 지역의 세계관과 문화는 지도자 양성에 큰 영향력을 미치고 있음을 보여 주었다.

　1980년 중반부터 한국 선교사들은 동부아프리카 선교에 본격적으로 참여하기 시작했는데 40년이 지난 지금, 세월이 지난 지금, 점차 많은 선교사가 은퇴할 시점을 맞이하고 있다. 선교사들이 은퇴 이전에 해야 할 사역은 동부아프리카 현지 지도자 양성과 리더십 이양이다.

　이 과정에서 한국 선교사들은 식민 시대 이후 동부아프리카에서 서양식 지도자 양성의 도전을 반면교사로 삼아야 한다. 과연 선교사들이 지도자 양성의 이론과 방법을 동부아프리카의 문화와 세계관에 적합하게 계획하여 실행하고 있는지 점검해 보아야 한다.

　나는 동부아프리카에서 사역하는 선교사들의 지도자 양성의 긴급한 필요 때문에, 동부아프리카의 문화와 세계관에 기초한 기독교 지도자 양성에 관해 연구를 착수하게 되었다. 본서는 동부아프리카의 문화와 세계관을 고려한 기독교 지도자 양성 방법을 찾는 데 그 목적이 있다.

　이를 위해 세 가지 질문으로 시작했다.

첫째, 동부아프리카 문화와 세계관의 특징은 무엇인가?
둘째, 동부아프리카 문화와 세계관에서 보는 리더십은 무엇인가?
셋째, 동부아프리카에서 기독교 지도자를 어떻게 양성할 것인가?

본 저서의 구성은 다음과 같다.

첫째, 리더십 정의를 다루고, 지도자 양성에 사용되는 방법들을 이해하기 위해 리더십 이론을 다루었다. 다음으로 기독교 지도자 양성에서 사용할 수 있는 리더십 모델이 무엇인지 알기 위해서 성경적 리더십을 연구했다.

둘째, 성경적 지도자 양성을 위해 지도자의 삶에 영향을 준 문화와 세계관, 기독교 지도자가 가져야 할 성경적 세계관, 세계관의 변혁 과정에 관해 살펴보았다.

셋째, 다음 장에서는 동부아프리카의 문화와 세계관적 요소가 무엇인지를 리더십 관점으로 정리했다.

넷째, 동부아프리카 문화와 세계관에 대한 설문 조사를 시행하고 설문 응답을 분석했다. 결론에서는 리더십 이론과 설문 조사 분석 결과를 근거로 동부아프리카에서 기독교 지도자 양성을 위한 아홉 가지 방법을 제안했다.

본서가 동부아프리카에 적합한 지도자 양성뿐만 아니라 그들의 전통적 세계관을 성경적 세계관으로 변화시켜 온전한 기독교 지도자를 양성하는 데 크게 이바지할 수 있으리라 전망한다.

제2장
지도자의 이론적 고찰

　리더십은 모든 조직과 경영에서 매우 중요한 위치를 차지하고 있다. 한 조직이나 경영의 성패는 리더십의 능력에 달려 있다고 해도 과언이 아니다.
　모든 조직이나 경영은 사람을 중심으로 이루어지고, 결국 사람들을 통하여 그 목적을 달성하기 때문이다. 지난 수 세기 동안 리더십에 관한 많은 연구가 진행되어 오고 있다. 본 장에서는 그동안 연구되어 온 리더십 제 이론을 대략 소개하고자 한다.

1. 리더십 정의

　리더십이란 무엇인가?
　학자마다 시대 환경에 따른 다양한 리더십 정의를 하고 있다. 리더십에 대해 이같이 다양하게 제시하고 있는 이유는 리더십이란 단어가 일반적인 단어에서 시작되어 공통으로 합의된 정의 없이 학문적이고 기술적인 단어로 받아들였기 때문이다.

헴필(J. Hemphill)과 쿤스(A. Coons)는 "리더십은 개인의 행동으로써 공동의 목표를 향하여 한 그룹의 활동들을 지도하는 일"[1]이라고 제시했고, 카츠(D. Katz)와 칸(R. Kahn)은 "리더십은 회사의 일상적인 명령에 자동적으로 순응하도록 영향력을 증대시키는 것"[2]이라고 보았다.

라우취(C. Rauch)와 벨링(O. Behling)은 "리더십은 성취하고자 하는 목표를 향하여 조직된 그룹이 나아가도록 진보적인 영향력을 끼치는 활동들"[3]이라고 보았다.

리차즈(D. Richards)와 잉글(S. Engle)은 "리더십은 무엇을 성취할 수 있도록 비전을 분명히 하고 가치들을 구체화하고 환경을 창조하는 것"[4]이라고 정의했다.

그리고 제이콥스(T. Jacobs)와 재퀴즈(E. Jaques)는 "리더십이란 노력을 집중하게 하고 목적을 성취할 수 있도록 자원하는 노력을 확대하도록 목표를 제공하는 과정이다"[5]라고 했다.

슈아인(E. Schein)은 "리더십은 문화 밖으로 발을 내딛고 받아들여지는 처리 방법을 혁신적으로 바꾸려고 시도하는 능력이다"[6]라고 했다.

---

1 J. K. Hemphill & A. E. Coons, "Development of the Leader Behavior Description Questionnaire," in *Leader Behavior: Its Description and Measurement*, eds. R. M. Stogdill & A. E. Coons (Columbus: Bureau of Business Research Ohio State University, 1957), 7.
2 D. Katz & R. L. Kahn, *The Social Psychology of Organizations*, 2nd ed. (New York: John Wiley, 1978), 528.
3 C. F. Rauch & O. Behling, "Functionalism: Basis for an Alternate Approach to the Study of Leadership," in *Leaders and Managers: International Perspectives on Managerial Behavior and Leadership*, eds. J. G. Hunt, D. M. Hosking, C. A. Schriesheim, & R. Stewart (Elmsford, NY: Pergamon Press, 1984), 46.
4 D. Richards & S. Engle, "After the Vision: Suggestions to Corporate Visionaries and Vision Champions," in *Transforming Leadership*, ed. J. D. Adams (Alexandria, VA: Miles River Press, 1986), 206.
5 T. O. Jacobs & E. Jaques, "Military Executive Leadership," in *Measures of Leadership*, eds. K. E. Clark & M. B. Clark (West Orange, NJ: Leadership Library of America, 1990), 281.
6 E. H. Schein. *Organizational Culture and Leadership* 2nd ed. (San Francisco: Jossey-Bass, 1992), 2.

드라스(W. Drath)와 팔루스(C. Palus)는 리더십에 대해 "사람들이 함께 일할 수 있게 하는 감각을 만들어 냄으로 그것을 이해하고 헌신할 수 있도록 하는 과정"[7]이라고 했다.

하우스(R. House)와 그 동료들은 "리더십은 조직의 유효성과 성공에 이바지할 수 있도록 한 개인이 다른 사람에게 영향력을 행사하고 동기를 부여하고 가능하도록 돕는 능력이다"[8]라고 했다.

엥스트롬(T. Engstrom)은 "지도자란 다른 사람의 활동을 이끌어 주고 이런 행동이 일어나도록 스스로 행동하고 성취하는 사람을 의미한다. 참된 지도자란 행동의 솔선수범을 보이는 강한 열의를 갖고 있어야 한다"[9]고 했다.

맥스웰(J. Maxwell)은 "리더십이란 영향력이며 지도자라고 생각하더라도 따라오는 사람이 없다면 그저 산책하고 있는 사람"이라는 속담을 인용하면서, 리더십은 "추종자를 모을 수 있는 능력"이라고 말했다.[10]

이와 같은 맥락에서 허치슨(R. Hutcheson)은 "리더십은 책임을 맡은 자와 자발적으로 따르는 자들 사이에 일어나는 관계의 기능"[11]이라고 했으며, 더불어 리더십의 기본 요소로 지도자, 추종자, 상황이라고 보았다.

허쉬(Hersey)와 블랜차드(Blanchard)는 "리더십이란 일정한 상황에서 목표를 달성하기 위해서 개인이나 집단의 활동에 영향을 미치는 과정"으로 다음 등식으로 나타냈다.

---

7   W. H. Drath & C. J. Palus. *Making Common Sense: Leadership as Meaning-Making in a Community of Practice* (Greensboro, NC: Center for Creative Leadership, 1994), 4.
8   R. J, House, P. J. Hanges, S. A. Ruiz-Quintanilla, P. W. Dorfman, M. Javidan, M. Dickson, & Associate, "Cultural Influences on Leadership and Organizations: Project GLOBE," in *Advances in Global Leadership,* eds. W. H. Mobley, M. J. Gessner & V. Arnold (Stamford, CT: JAI Press, 1999), 184.
9   Ted W. Engstrom, *The Making of a Christian Leader* (Grand Rapids: Zondervan Publishing Company, 1978): 권명달 역, 『크리스쳔 지도자가 되는 길』(서울: 보이스사, 1990), 40.
10 John C. Maxwell, *Developing the Leader within You* (Nashville, TN: Thomas Nelson, 1993); 강준민 역, 『당신 안에 잠재된 리더십을 키우라』(서울: 두란노, 1997), 17.
11 명성훈, 『창조적 리더십』(서울: 서울 말씀사, 1996), 16-17.

L=f (l, f, s)

L은 리더십의 유효성, l 은 지도자, f는 추종자 그리고 구성원, s는 상황적 변수를 나타낸다.[12]

그린리프(R. Greenleaf)는 종의 리더십(Servant Leadership)을 통해 리더십을 설명했다. 그는 "리더십은 다른 이들에게 길을 보여 주는 행위로 그들 자신의 힘으로는 성취하기 어려운 사람들에게 목표를 설명해 주고 확실성과 목적을 심어 주는 일이다"라고 정의했다.[13]

그는 리더십은 가야 할 방향을 모르는 추종자에게 목표를 심어 주는 자라고 설명했다. 그리고 리더십은 다른 사람들이 공동의 목표를 향해서 열정적으로 능숙하게 일할 수 있도록 돕는 능력이다.

임경철은 "리더십은 중요한 배경이나 상황 안에서 일정 기간 공통의 목적을 이루기 위해 지도자와 추종자 사이에 영향을 미치는 관계를 맺는 역동적 과정이다"[14]라고 정의했다.

이상의 정의 외에도 더 많은 정의가 있다. 그러나 그동안 학계에 잘 알려진 정의들을 네 종류로 묶어 본다면 다음과 같다.

첫째, 힘, 능력, 영향력으로 보는 견해로서 엥스트롬(T. Engstrom), 로빈슨과 크리포드(J. Robinson & R. Clifford), 허쉬와 블랜차드(P. Hersey & K. Blanchard), 페리(L. Perry), 스윈돌(C. Swindoll), 와그너(P. Wagner), 록펠러(J. Rockefeller) 등을 들 수 있다.

둘째, 역량으로 보는 견해로서 페리(L. Perry)를 들 수 있다.

---

12 Salvatore Vincent Pascarella, *A field test of Hersey and Blanchard's situational leadership theory*, Dissertations 2386 (Chicago, IL; Loyala University, 1985), 10.
13 R. Greenleaf, *Servant Leadership* (N. Y.: Paulist Press, 1977), 15
14 임경철, "리더십 개론" (총신대학교 일반대학원, 2013년 2학기 강의안), 8.

셋째, 관계로 보는 견해로서 민즈(J. Means), 허치슨(R. Hutcheson), 로크(E. Locke)를 들 수 있다.

넷째, 과정 혹은 역동적 과정으로 보는 견해로서 가드너(J. Gardner), 홀랜드(E. Holland), 엘리스톤(E. Elliston), 클린턴(R. Clinton) 등을 들 수 있다.[15]

2. 리더십 유형

리더십 유형이란 지도자와 구성원 간 상호 작용과 지도자의 직무 수행 방법을 말한다. 즉, 지도자가 조직체를 목표 지향적으로 이끌어 갈 때, 지도자가 각각의 구성원과 그룹 모두에게 영향력을 행사하기 위해 선택하는 행동 양식이라 할 수 있다.

지난 수십 년간의 리더십 연구 결과 리더십 유형은 리더십의 중요한 한 요인으로 밝혀졌다. 급변하는 현대 조직들의 요청에 따라 리더십에 관한 심층 연구들은 증가하고 있으며, 결과적으로 유의미한 이론들과 유형들이 발표되고 있다.[16]

리더십 이론과 연구의 주요한 관점에 관해 유클(Gary A. Yukl)은 세 가지 변수를 언급했다. 연구 주제로서의 리더십에 대한 매력과 리더십의 다양한 개념은 방대한 리더십 문학을 만들어 냈다. 이 같은 리더십 이론과 연구를 분류하는 방법 한 가지는 가장 강조되는 변수의 유형을 따르는 것이다.

리더십 효과는 세 가지 유형의 변수가 서로 관련되어 나타난다. 변수는 각 지도자의 특성, 추종자의 특성, 상황의 특성이다. 리더십 이론의 각 범

---

15 임경철, "리더십 개론", 6-8.
16 주상지, 『교회 사역자들을 위한 리더십 계발의 12가지 열쇠』(서울: 서로사랑, 1994), 147.

주 내 주요 변수를 보면 다음과 같다.[17]

변수 1: 지도자 특성
- 동기, 성격
- 가치, 진실성, 윤리적 양성
- 자신감과 낙천성
- 재능과 전문 기술
- 지도자 행동
- 영향력 있는 전술
- 추종자를 치하
- 정신적 모델(신념과 가설)

변수 2: 추종자 특성
- 필요, 가치, 자아개념
- 자신감과 낙천성
- 재능과 전문 기술
- 지도자에 대한 치하
- 지도자와 일체감
- 업무에 대한 헌신과 노력
- 직업과 지도자에 대한 만족
- 협력과 상호 신뢰

---

17   Gary A. Yukl, *Leadership in Organizations*, 26-27.

변수 3: 상황의 특성
- 조직 단위의 유형
- 조직 단위의 크기
- 권력 위치와 지도자의 권위
- 작업 구조와 복합성
- 조직 문화
- 환경 불확실성과 변화
- 외부 의존도와 제약 조건
- 국가의 문화적 가치

위의 세 변수가 어떻게 상호 간 영향을 주는가를 다음 표 〈2-1〉에서 볼 수 있다. 지도자의 특성과 재능은 지도자 행동, 영향력 과정, 추종자의 태도와 행동, 행동 결과 등에 영향을 미친다. 지도자의 행동과 영향력의 과정과 추종자의 태도와 행동이 상호 영향력을 행사한다. 지도자의 행동과 영향력 과정과 추종자의 태도와 행동에 영향을 주는 것은 상황적 변수이다.

먼저, 지난 반세기 동안 효과적인 리더십을 설명해 온 방법은 카테고리였다. 카테고리는 지도자의 특성에 대한 강조였다. 또 다른 방법은 지도자의 특성 중 한 가지 즉 특성, 행동 그리고 힘의 한 유형으로 본 것이었다.

이러한 경향을 고려하여 유클은 리더십 이론을 특성 접근법, 행동 접근법, 힘-영향 접근법, 상황 접근법, 통합 접근법의 다섯 가지 접근 방식으로 분류했다.[18] 나도 유클의 분류를 따라 리더십 이론과 유형을 설명하고자 한다.

---

18   Yukl, *Leadership in Organizations*, 27-28.

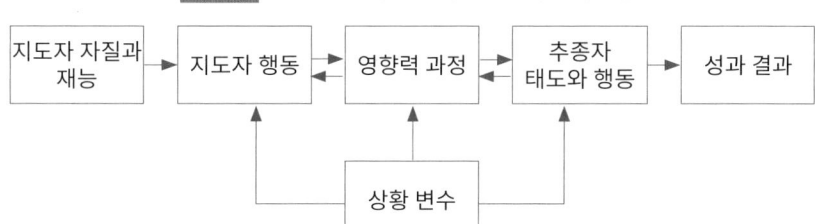

표 2-1 리더십 변수의 기본 유형들 간의 인과관계[19]

1) 특성 접근법(Trait Approach)

초기 리더십 연구의 이론은 지도자의 특성으로의 접근법이다. 이 접근법은 성격, 동기, 가치, 재능과 같은 지도자의 속성을 강조한다. 이 방식은 기본적으로 소수의 사람은 다른 사람들이 갖지 않은 특별한 특성을 부여받아 자연스럽게 지도자가 되었다고 가정한다. 초기에 지도자의 성공은 지칠 줄 모르는 에너지, 예리한 직관력, 탁월한 예지력 그리고 도저히 반대할 수 없는 설득력과 같은 특별한 능력에 기인한다고 주장했다.

이러한 이론적 토대를 가지고 1930~40년대에 수많은 연구로 리더십 특성을 발견하려고 시도했지만, 결과적으로 리더십의 성공을 보장하는 지도자의 특성을 찾아낼 수 없었다. 가장 큰 이유는 지도자가 훌륭한 특성들을 가지고 있더라도 이것들이 집단적 성과나 지도자 진보를 가져오지 못할 때, 그것들을 지연시키는 원인 변수들이 무엇인지에 대해서 관심이 없었기 때문이다.

이 이론에서 일반적으로 사용하는 연구 방법은 개별 지도자의 특성과 성공 기준 간의 중요한 상관관계를 찾는 것이었다. 연구가 계속되는 동안, 저자들은 지도자의 특성이 지도자의 행동과 효율성에 어떻게 관련되는지 발견하기 시작했다. 최근에 이 이론은 윤리적 리더십과 관련된 지도자의

---

19 Yukl, *Leadership in Organizations*, 27.

가치를 연구하는 데 사용되고 있다.[20]

대표적인 학자로 스토그딜(R. Stogdill)을 꼽을 수 있다. 그는 자기 논문 "리더십과 관련된 개인적 요인: 문헌 조사"(Personal Factors Associated with Leadership: A Survey of the Literature)[21]에서 지도자의 개인적인 특성과 상황의 평가뿐만 아니라, 그들 사이에 일어나는 상호 작용을 연구하는 것이 매우 중요하다고 주장했다. 이 연구를 통해 발견한 지도자의 특성은 능력, 책임감, 참여성, 지위, 지력, 타인에 대한 민감성, 직무 이해력, 자신감, 집단 파악력 등이었다.

그는 이와 같은 특성이 있다고 유능한 지도자가 되는 것이 아니며, 도리어 지도자의 특성과 추종자의 목표 간에 상호 유기적인 관계가 이루어져야 가능하다고 주장했다. 그 후에 그는 여러 연구 논문을 통하여 지도자의 특성을 신체적 특징, 사회적 배경과 관계, 지력, 개성, 과업 수행 요인으로 관찰했다. 이것들은 리더십의 유효성을 증진하지만 지도자가 처한 상황에 따라 차이가 나기도 했다.[22]

다른 학자로 제닝스(E. E Jennings)를 언급할 수 있다. 제닝스는 그의 책 『리더십의 해부학』(An Anatomy of Leadership)에서 위인들을 포괄적으로 검토했다. 그가 부제로 붙인 군주들, 영웅들, 슈퍼맨 같은 사람들은 리더십 유형을 나타낸다.

제닝스는 진정한 가치를 보여 준 지도자들은 영웅들이었고 슈퍼맨이고 슈퍼우먼들이었으며, 이들은 위대하고 고귀한 동기를 가지고 헌신한 영웅들이었다고 한다. 반면에 지배 동기를 가진 지도자들을 군주 혹은 왕자라고 불렀다. 군주들은 타고난 능력을 극대화했고, 위대한 조정자들이 될 수

---

20   Gary A.Yukl, *Leadership in Organizations*, 28.
21   R. Stogdill, "Personal Factors Associated with Leadership: A Survey of the Literature," *The Journal of Psychology*, 25 (1948): 35-71.
22   주상지, 『교회 사역자들을 위한 리더십 계발의 12가지 열쇠』, 149.

있었다. 영웅들은 노동과 소비와 생산의 영웅들이었고, 위험을 감당하는 영웅들이었다.[23]

2) 행동 접근법(Behavior Approach)

행동 접근법은 지도자의 행동 습성에 대한 접근법이다. 특성 접근법에서 많은 저자가 실망을 느낀 후, 1950년대 초부터 그들은 지도자의 실제 하는 일에 더 주의를 기울이면서 행동 접근법을 발전시켰다. 어떤 연구는 지도자가 시간을 보내는 방법과 리더십 직무와 관련된 활동, 책임 및 기능의 형태를 조사했다.

다른 연구에서는 지도자가 자신의 직무에서 요구 사항, 제약 조건 및 역할 갈등을 어떻게 처리하는지 조사했다. 관리 업무에 관한 대부분의 연구는 직접 관찰, 일기, 직무 기술 설문지 및 인터뷰에서 얻을 수 있는 서술적 데이터를 사용했다. 이 연구를 통해 리더십 효율성은 지도자가 어떻게 역할 갈등을 해결하고, 요구에 대처하며, 기회를 인식하고, 제약 조건들을 극복하는가에 달려 있다는 결과를 얻었다.

행동 접근법의 또 다른 범주는 관찰할 수 있는 지도자의 활동이나 결정을 식별하고 효과적인 지도자의 지표와 관련시키는 데 초점을 두었다. 이 접근법에서 선호하는 방법은 행동을 묘사하는 설문이 들어 있는 설문 조사이다.[24]

이 접근법은 리더십이란 관찰될 수 있는 지도자의 행동에 기인한다고 본다. 타고난 지도자 개인의 특성이 아니라는 것이다. 행동 접근법 저자들은 지도자의 행동 연구 결과 과업 지향형과 관계 지향형을 제시했다. 과업

---

23   임경철, "리더십 개론", 21.
24   Yukl, *Leadership in Organizations*, 28.

지향적 지도자는 지도자가 대원들에게 무엇을, 언제, 어디에서, 어떻게 해야 하는지를 설명하며, 지시와 감독을 강화하여 개인보다는 전체의 과업 성취에 더 큰 관심을 표명했다.

반면에 관계 지향형 지도자는 원만한 인간관계를 중시하며, 그룹 개개인에게 관심과 후원을 아끼지 않고, 개인의 의견을 존중하여 의사결정을 하며, 신뢰를 통해 동기 부여를 함으로써 과업을 수행하도록 했다.[25]

1960년대 초에 블레이크(R. Blake)와 무톤(J. Mouton)은 리더십의 영역이 과업과 관계라는 것을 주장했다. 이 두 영역은 X축과 Y축이 존재하는 관리망(Managerial Grid)에서 과업은 수평으로 나타나고, 관계는 수직으로 나타난다.

각 영역은 9점의 눈금으로 되어 있는데 1점은 최소, 9점은 최대이며, 이 눈금의 다섯 가지 리더십 유형은 관료적 리더십(1.1유형), 지시적 리더십(9.1유형), 후원적 리더십(1.9유형), 전략적 리더십(5.5유형), 통합적 리더십(9.9유형)이다.[26]

---

25 주상지, 『교회 사역자들을 위한 리더십 계발의 12가지 열쇠』, 151.
26 R. Blake, & J. Mouton, *The Managerial Grid: Key Orientations for Achieving Production through People* (Houston, Tex.: Gulf Pub. Co., 1964)

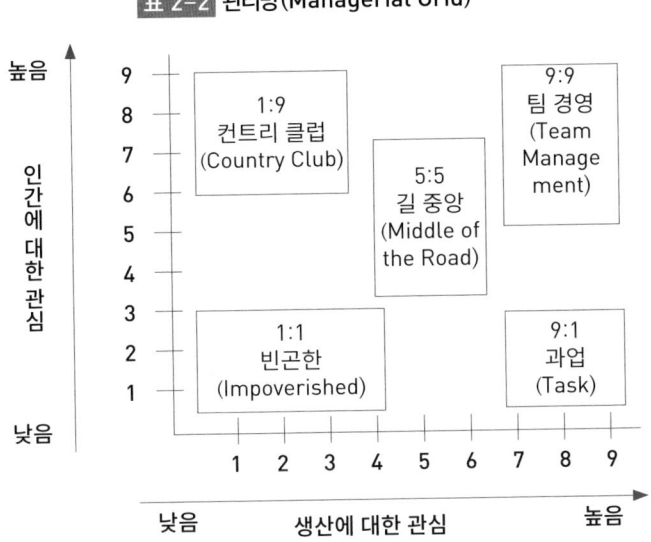

표 2-2 관리망(Managerial Grid)[27]

피들러(F. Fiedler)는 그의 논문 『리더십 효과 이론』(*A Theory of Leadership Effectiveness*)에서 지도자의 독특한 개성들을 자세히 다루어야 한다고 주장했다.[28] 결국, 그는 리더십 스타일 분석으로 리더십 연구의 초점을 전환했다. 심리학자였던 피들러는 심리치료사들의 성공 사례를 연구하여 그 연구 결과를 리더십 유효성, 리더십 측정 방법, 리더십 개선 등에 적용했다.

그의 연구방식은 지도자의 태도와 동향을 평가하는 '최소 선호 동료 척도'(Least Preferred Coworker: LPC)라는 한 도구가 되었다. 이 도구에서 LPC 점수가 높은 경우, 인간 중심적이며, 낮은 점수는 업무 중심적인 지도자를 가리킨다(표 2-3 참조).

---

27 Blake & Mouton, *The Managerial Grid: Key Orientations for Achieving Production through People,* 28

28 F. E. Fiedler, *A Theory of Leadership Effectiveness* (New York: McGraw-Hill. 1967)

표 2-3 최소 선호 동료 척도(LPC)

즐거운	87654321	불쾌한
친절한	87654321	불친절한
거부하는	87654321	받아들이는
긴장하는	87654321	편안한
차가운	87654321	따뜻한
지지하는	87654321	적대적인
지루한	87654321	재미있는
싸우는	87654321	조화로운
침울한	87654321	쾌활한
열려 있는	87654321	배타적인
험담하는	87654321	충성하는
신뢰하지 않는	87654321	신뢰하는
사려깊은	87654321	경솔한
불결한	87654321	말쑥한
조화되는	87654321	부조화의
불성실한	87654321	성실한
친절한	87654321	불친절한

3) 힘-영향력 접근법(Power-Influence Approach)

힘-영향력 접근 연구는 지도자와 다른 사람들 간의 영향력 과정을 조사했다. 어떤 저자는 인과관계가 단일 방향, 즉 지도자의 행동과 추종자 반응이라는 암묵적 가정하에 지도자 중심의 관점을 연구했다.

이 연구에서는 지도자가 가진 힘의 양과 유형 및 힘의 행사와 관련된 리더십 효율성을 설명했다. 힘은 추종자에게 영향을 미칠 뿐만 아니라 동료, 상사, 고객, 공급업체와 같은 조직 외부 사람들에게 영향을 미치는 매우 중요한 요소로 보았다. 가장 선호하는 방법은 지도자의 힘을 다양한 리더십 효율성 척도에 연관해 질문하는 설문지 사용이었다.

또 다른 연구는 설문지와 논술 사건들을 사용했다. 그들은 지도자들이 추종자의 태도와 행동에 어떻게 영향을 미치는지 질문들을 통해서 알아냈다. 영향력에 관한 연구는 힘-영향력 접근법과 행동 접근법을 연결하는 것으로 간주할 수 있다.

참여 리더십은 힘 분산시키기와 추종자에게 권한 부여하기와 관련이 있지만, 행동 연구의 전통과도 연관된다. 많은 연구에서 참여 리더십에 대한 추종자의 인식과 만족도, 노력 및 성과와 같은 리더십 효율성을 연관시키는 질문을 사용했다. 실험실과 현장 실험에서는 독재적인 리더십 스타일과 참여적인 리더십 스타일을 비교했다.

4) 상황 접근법(Situational Approach)

상황 접근법은 리더십 과정에 영향을 미치는 상황적 요소의 중요성을 강조한다. 주요한 상황적 변수들은 추종자의 특성, 지도자의 부서에서 수행한 업무의 성격, 조직의 유형 및 외부 환경이다. 상황 접근 방식의 하위 범주 연구 방법의 하나는 리더십 과정이 다양한 형태의 조직과 지도자의 수준과 문화에 걸쳐 동일한지 아니면 특별한지를 파악하는 것이다. 주요 연구 방법은 둘 이상의 상황에 관한 비교 연구이다.

종속 변수로는 경영인식과 태도, 경영활동 및 행동 패턴 또는 영향력 과정 등이 될 수 있다. 상황 연구의 다른 하위 범주는 지도자 특성과 리더십 효율성의 관계를 조정하는 상황적 측면을 구별하려는 시도이다. 다양한 속성이 서로 다른 상황에서 효과적이지만, 동일한 속성이 모든 상황에서 최적이 아님을 전제로 한다.[29]

요약하면, 상황 접근법은 한 가지 리더십 유형을 제시하기 어렵다는 주장이다. 왜냐하면, 존재하는 수없이 많은 지도자와 조직의 상황이 다양하기 때문이다. 상황 접근법 연구가들은 성공적 리더십이란 조직체의 상황과 리더십 유형 사이의 관계 때문에 달라진다고 본다. 조직적 상황에는 지도자와 직

---

29 Yukl, *Leadership in Organizations*, 29.

원의 가치, 태도, 경험, 일의 성질과 같은 변수가 있다고 보았다.[30]

태넌바움(R. Tannenbaum)과 슈미트(W. Schmidt)의 이론으로 상황 접근법이 도약 단계로 올라갔다. 그들은 조직체의 의사결정 과정에 추종자를 어느 정도 참여시킬 것인가에 따라 지도자가 자신의 리더십 유형을 선택할 수 있다고 주장했다.

지도자가 자신의 리더십 유형을 선택할 때 세 가지 힘을 고려해야 하는데, 지도자에게 작용하는 힘, 추종자에게 작용하는 힘, 상황에 작용하는 힘이다. 지도자는 세 힘을 평가하고 조직체의 최대 생산성을 위해 다음의 일곱 리더십 유형 중 하나를 선택할 수 있다.[31]

다음 표 〈2-4〉의 왼쪽부터 세 유형은 독재적 의사결정을 나타낸다.

유형 1은 지도자가 독단적으로 결정하고 추종자에게 발표한다.
유형 2는 지도자가 결정하고 그 내용을 추종자들이 수용하도록 설득한다.
유형 3은 지도자가 결정한 내용을 설명하고 내용에 대해 질문할 기회를 준다.

그 다음 두 유형은 협의적 의사결정을 보여 준다.

유형 4는 지도자가 바꿀 수 있는 잠정적 결정을 추종자에게 제시한다.
유형 5는 지도자가 문제를 제시하고, 문제에 대한 제안을 받은 후 최종적인 결정을 한다.

---

30 주상지, 『교회 사역자들을 위한 리더십 계발의 12가지 열쇠』, 170.
31 R. Tannenbaum & W. Schmidt, "How to Choose a Leadership Pattern," *Harvard Business Review* (May-June 1973): 162-180.

그리고 마지막 두 유형은 그룹 의사결정을 나타낸다.

유형 6은 지도자가 한계를 정한 후, 추종자에게 결정하도록 부탁한다.
유형 7은 지도자가 상급자들에 의해 정해진 한계 내에서 추종자들이 결정할 수 있도록 허용하는 의사결정 유형이다.

표 2-4 리더십 행동의 연속성(Continuum of Leadership Behavior)[32]

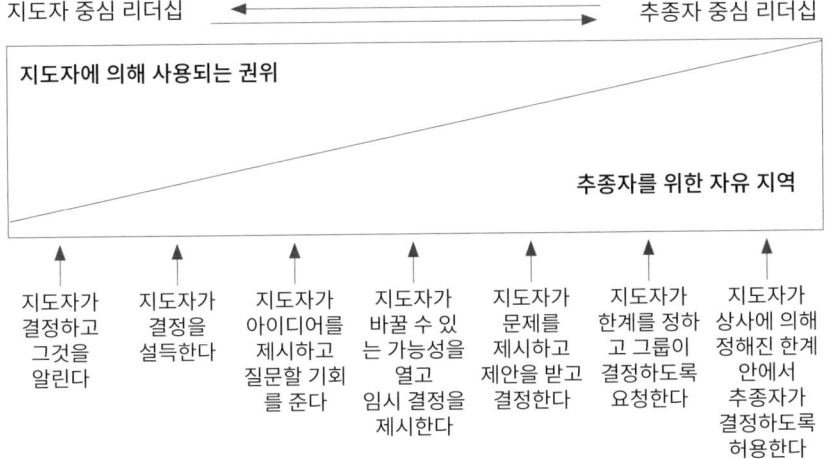

번즈(J. M. Burns)는 그의 책 『리더십』(*Leadership*)에서 리더십은 추종자들과 그들의 필요와 목표와 관련이 있다고 했다. 조직체의 공동 목적을 이루기 위해서 지도자와 추종자가 갖는 관계는 다양한 수준의 능력과 기술과 동기를 가진 사람의 상호 작용이다.

상호 작용은 상호 거래적 리더십(Transactional Leadership)과 변혁적 리더십(Transformational Leadership)이라는 두 가지 유형을 통해 나타난다. 상호 거래적 리더십은 현 상태를 유지하는 관리인 방식의 리더십이라면, 변혁적 리더십

---

32 Tannenbaum & Schmidt, "How to Choose a Leadership Pattern," 165.

은 추종자를 세우는 격려자와 동기 부여자의 역할을 하는 리더십이다.[33]

이들 외에 허쉬(P. Hersey)와 블랜차드(K. Blanchard)를 들 수 있다. 그들은 지도자의 중요한 행동 영역으로 과업 행동과 관계 행동을 제시했다(표 2-5 참조). 과업 행동이란 지도자가 추종자에게 일방적으로 명령하는 것이며, 관계 행동이란 추종자를 심리적이고 정서적으로 격려하여 쌍방의 교제를 쌓아 나가는 것을 의미한다.

지도자는 이 두 기본 영역을 이해하고 추종자의 성숙도에 맞게 과업 행동과 관계 행동 중 하나를 강화할 수 있다고 보았다. 성숙도가 낮으면 과업 지향적 행동을, 성숙도가 높으면 과업 관계를 강조해야 한다는 것이다.[34]

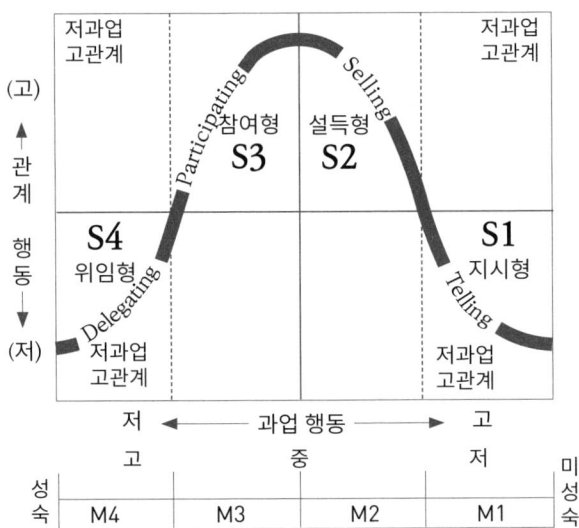

표 2-5 허쉬와 블랜차드의 상황 리더십 모델(Situational Leadership Model)[35]

---

33 주상지, 『교회 사역자들을 위한 리더십 계발의 12가지 열쇠』, 181-182.
34 Paul Hersey & Kenneth H. Blanchard, *Perspectives in Leader Effectiveness* (Ohio: Ohio University Press, 1980)
35 Paul Hersey & Kenneth H. Blanchard, *Perspectives in Leader Effectiveness* (Ohio: Ohio University Press, 1980), 102.

5) 통합 접근법(Integrative Approach)

통합 접근 방식은 두 가지 이상의 리더십 유형의 통합을 포함한다. 최근 몇 년 동안 리더십 연구에서 두 리더십 유형을 포함한 경우는 있었으나 모든 유형을 포함한 통합 접근법은 많지 않다. 한 예로 카리스마적 리더십을 들 수 있다. 이 이론에서 추종자는 그룹 목표 또는 사명을 수행하기 위해 최선의 노력을 다하고 개인적인 희생도 아끼지 않는다.[36]

하우스(R. House)와 미첼(T. Mitchell)은 리더십 효율성을 높이는 방법을 제안했다. 그들에 의하면 리더십 효율성을 높이기 위해서 추종자는 업무수행에 대한 보상을 받기 위해 무엇을 해야 하는가를 알아야 하고, 업무수행에 있는 장애물을 감소시켜야 한다. 지도자는 추종자의 필요와 문제를 파악하여 적합한 리더십 유형을 선택해야 한다고 주장했다.[37]

통합 접근에서 지도자들은 그들의 상황을 이해하고, 상황에 맞는 행동을 선택한다. 지도자는 분쟁을 조정하는 일이나 애매한 일에 적극적으로 역할을 감당하여 그것들을 기회로 만들어야 한다. 영향력 있는 지도자는 일과 관계와 현 상황에 맞는 변화된 행동을 찾는다.

영향력은 리더십의 가장 근본적인 요소라 할 수 있다. 지도자는 추종자의 태도와 행동에 영향을 주기 위해 여러 활동을 시도한다. 얼마나 큰 힘과 영향력이 지도자에게 필요한가는 상황에 달려 있다. 영향력 있는 지도자는 리더십 특성과 재능을 양성한다. 이처럼 지도자는 다양한 리더십 접근 방법들을 활용할 수 있어야 한다.

---

36   Yukl, *Leadership in Organizations*, 389-394.
37   주상지, 『교회 사역자들을 위한 리더십 계발의 12가지 열쇠』, 177-178.

표 2-6 통합 개념체계(An Integrating Conceptual Framework)[38]

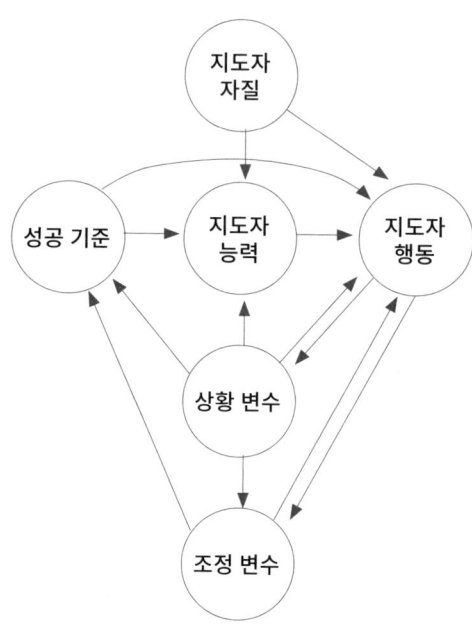

유클은 『조직의 리더십』(Leadership in Organizations)의 마지막 장에서 효과적인 리더십을 위한 제안을 했다. 지도자는 추종자들이 복잡한 사건들 안에서 의미를 발견할 수 있도록 도와야 하며, 목표(무엇을 할 것인가)와 전략(어떻게 할 것인가) 간의 조화를 만들 수 있도록 하며, 헌신과 낙관적 태도를 보여 주어야 한다.

또한, 지도자는 상호 신뢰와 협력을 만들어 가며, 공동체 정체성을 강화하며, 활동을 조직하고 도와주며, 공동 학습을 격려하고 주도하며, 필요한 자원과 지원을 확보하며, 사람을 양성하고 권한을 부여하며, 사회적 정의와 도덕성을 개선한다.[39]

---

38 Yukl, *Leadership in Organizations*, 401.
39 Yukl, *Leadership in Organizations*, 406-407.

6) 리더십 과정에 의한 분류

유클은 리더십을 과정(process)으로 분류하기도 했다. 그가 말한 네 과정을 요약하면 다음과 같다.[40]

첫째, 성격적 특성, 가치, 기술, 동기 부여 및 인지에 대한 심리학 이론을 사용하여 개인 지도자의 결정과 행동을 설명한 개인적 과정(Individual Process)이다.

둘째, 지도자의 행동과 영향력 과정에서 추종자의 태도, 동기 부여, 행동 변화에 초점을 맞추는 이중적 과정(Dyadic Process)이다.

셋째, 개인과 자원을 활용하기 위해 과업을 얼마나 잘 조직하며, 헌신적인 추종자가 자기 업무의 역할을 얼마나 효과적으로 수행하며, 자신감을 가진 추종자가 얼마나 작업을 성공적으로 완수할 수 있는지, 추종자들이 서로를 신뢰하고 얼마나 업무 목표 달성에 협력할 수 있는지 등의 집단적 영향력에 초점을 맞추는 그룹 과정(Group Process)이다.

넷째, 조직의 생존과 번영을 위해 환경에 적응하고 필요한 자원을 습득하는 데 조직적 과정(Organizational Process)이 필요하다. 즉, 환경에 대한 정보 수집과 해석, 위협과 기회 식별, 환경 적응 전략 수립, 조직에 유리한 합의와 협상에는 조직적 차원의 리더십 역량이 필요하다.

성경적 리더십 양성을 목표로 리더십 이론을 개관하면서 나는 이상의 리더십 모델을 모두 통합하고 뛰어넘는 예수 그리스도의 리더십으로 리더십 이론을 마무리하려고 한다. 종의 리더십과 변혁을 불러일으키는 리더십 모델은 예수 그리스도의 리더십이며, 그를 따르는 자들이 본받아야 할

---

40 Yukl, *Leadership in Organizations*, 30-34.

영적 리더십 유형이기도 하다.

포드(L. Ford)는 그의 책 『리더십의 변화』(Transforming Leadership)에서 비전을 심어 주며, 가치관을 세워 주며, 변화의 능력을 부여하는 예수 그리스도를 아들로서, 전략가로서, 구애자로서, 선지자로서, 강한 자로서, 종으로서, 목자와 창조자로서, 중보자로서, 사력을 다하는 자로서, 유지자로서의 리더십을 자세히 그려 주고 있다.[41]

나는 예수 그리스도의 리더십이야 말로 수많은 리더십 이론 속에서 이 세대에 소망을 줄 수 있는 유일한 리더십 모델이라 확신한다.

3. 지도자 양성

지도자는 조직의 외부 환경의 변화와 새로운 도전 앞에 직면한다. 지도자가 이것들을 극복하려면, 더 높은 수준의 기술과 새로운 역량이 필요하다. 실제로 이와 같은 필요를 충족시키기 위해 신기술이 양성되고 있으며 이전 기술도 계속 개선되고 있다.

리더십 역량은 공식적 훈련, 양성 활동, 자조 활동 등 다양한 방법으로 양성될 수 있다.[42] 대부분의 공식적 교육은 정해진 기간에 이루어지며, 일반적으로 교육전문가(예: 교육센터의 짧은 워크숍, 대학 내 경영과정)를 통해 이루어지는데 지도자가 직접 관리하는 작업 현장 밖에서 실시된다. 그리고 지도자를 위한 양성 활동은 대개 작업 현장 과제나 그와 관련된 과제와 더불어 수행된다.

---

41 L. Ford, *Transforming Leadership* (Downers Grove, IL: InterVarsity Press, 1991)
42 Yukl, *Leadership in Organizations*, 367.

양성 활동은 상사 또는 외부 조언자 코칭, 해당 부서의 상사 멘토링, 새로운 도전과 관련된 기술을 습득할 기회를 제공하는 특별 과제 등 다양한 형태로 진행될 수 있다. 반면, 자조 활동은 지도자 자신이 자기 주도적으로 수행된다. 예를 들면, 독서, 비디오 시청, 오디오 테이프 청취, 기술 개발을 위한 컴퓨터 프로그램 학습 등이 있다.

지도자 양성은 조직의 조건에 크게 영향을 받는다. 즉, 공식적 훈련 프로그램, 양성 경험 및 자조 활동의 효과는 리더십 기술을 배우고, 이것을 적용하는 데 도움이 되는 조직의 조건에 좌우된다. 효과를 촉진하는 조건으로는 상사와 동료에 의한 기술 양성 지원, 기술 양성을 장려하는 포상체계, 지속적 학습을 지원하는 문화적 가치 등이 포함된다.

1) 리더십 훈련 프로그램

공식 훈련 프로그램은 조직의 지도자를 양성하는 데 널리 사용된다. 대부분의 거대한 조직은 다양한 훈련 프로그램을 실행하는 관리시스템을 가지고 있으며, 그들은 조직의 지도자들을 외부 세미나와 워크숍에 파견한다.[43]

대부분의 리더십 훈련 프로그램은 경영의 효율성과 발전과 관련된 기술과 행동을 증진하도록 고안되었다. 이 교육은 일반적으로 중역 지도자보다는 중진 지도자들을 대상으로 계획하며, 상위 리더십으로 승진하기 위한 기술보다는 현 위치에서 필요로 하는 기술 개발에 중점을 둔다.[44] 그러

---

43 L. M. Saari, T. R. Johnson, S. D. McLaughlin & D. M. Zimmerle, "A Survey of Management Training and Education Practices in U.S. Companies," *Personnel Psychology*, 41 (1988): 731-743.

44 W. J. Rothwell & H. C. Kazanas, "Management Development: The State of the Art as Perceived by HRD Professionals," Performance Improvement Quarterly, 4 (1) (1994): 40-49.

나 중진 지도자들을 위한 "패스트 트랙"(fast track) 훈련은 모든 지도자가 사용할 수 있는 리더십 훈련 기회로 대체되고 있다.

리더십 훈련 프로그램의 종류는 다양한 형태가 있다. 몇 시간이면 가능한 워크숍으로부터 세밀한 기술 전반을 습득할 수 있는 일 년 이상의 프로그램에 이르기까지 다양한데, 지도자와 조직의 상황에 따라 선택할 수 있다. 많은 컨설팅 회사는 각기 다른 조직의 지도자들이 이용할 수 있는 짧은 리더십 워크숍을 진행한다.

또 다른 컨설팅 회사들은 특정 조직을 위한 맞춤형 리더십 훈련 프로그램을 설계하기도 한다. 여러 대학 기관은 시간제로 참석할 수 있는 경영 개발 프로그램을 제공한다. 조직 대부분은 직원들에게 외부 워크숍과 강좌에 참여할 때 그 경비를 지급한다. 일부 대기업은 직원을 대상으로 경영자 훈련센터 또는 기업 직영의 대학을 운영하기도 한다.

대부분의 훈련 프로그램은 특정 리더십 이론을 기반으로 한다. 왜냐하면, 리더십 이론에 기초한 훈련 프로그램이 경영 효율성을 향상시킨다는 연구 결과가 있기 때문이다.[45] 그러나 지도자의 행동 개선이나 리더십 효율성의 향상이 이론을 배우고 적용한 결과인지 아니면 이론에 포함되지 않은 동기나 기술 향상의 결과인지 정확히 알 수 없다.

리더십 훈련 설계는 훈련 프로그램의 효과에 직접적으로 영향을 미친다. 훈련 설계는 학습 이론, 특정 학습 목표, 연수생의 특성, 복리후생과 관련된 제약 및 비용과 같은 실용적인 사항들이 고려되어야 한다. 리더십 훈련 설계가 학습 과정과 훈련 기술의 연구 결과와 일치하는 방식으로 설계되고 실행되면 성공할 가능성이 높다.[46]

---

[45] B. J. Avolio, R. J. Reichard, R. J. Hannah, S. T. Walumbwa & F. O. Chan, "A Meta-analytic Review of Leadership Impact Research: Experimental and Quasi-experimental Studies," *The Leadership Quarterly*, 10 (2009): 345-373.

[46] R. G. Lord & R. J. Hall, "Identity, Deep Structure, and the Development of Leadership

훈련 내용은 명확하고 유의미해야 하고 훈련받는 이들의 사전 지식을 토대로 만들어져야 한다. 교육 활동은 학습을 쉽게 하는 방식으로 구성하고 순서가 정해져야 한다. 교육은 단순하고 기본적인 아이디어에서 시작하여 더욱 복잡한 아이디어로 진행되어야 한다.

훈련 방법은 강의와 토론, 역할극, 행동 역할 모델링, 사례 분석, 시뮬레이션 등 다양한 유형의 프로그램이 있다. 리더십 훈련 참가자가 훈련 중에 또는 그 후에 학습하는 기술을 연습할 수 있게 하며, 자료에 숙달할 수 있게 하여 기술 개발과 성공을 경험할 수 있게 하는 것도 중요하다.

훈련 효과를 평가하는 기준에는 기술 습득, 행동 변화 및 성과 개선 등이 있다. 리더십 훈련이 이 영역들에 영향을 미치는 정도는 훈련 참가자의 개성과 능력, 교육 설계와 실행, 해당 조직의 지원 조건에 따라 다르다. 그 외 부분적으로 훈련 유형이나 결과 측정 방법도 큰 영향을 미친다고 볼 수 있다.[47]

2) 경험을 통한 학습

효과적인 리더십에 필요한 기술 대부분은 공식적 프로그램보다는 경험을 통해 배우게 된다.[48] 특별한 과제들은 정규 직무 수행 중에 리더십 기술을 개발하고 다듬을 기회를 제공한다. 코칭과 멘토링은 지도자가 자기 경험을 해석하고 신기술을 습득할 수 있도록 돕는다.

Skill," *The Leadership Quarterly*, 16 (4) (2005): 591-615.
[47] B. D. Blume, J. K. Ford, T. T. Baldwin & J. L. Huang, "Transfer of Training: A Meta-analytic Review," *Journal of Management*, 36 (2010): 1065-1105.
[48] J. Davies & M. Easterby-Smith, "Learning and Developing from Managerial Work Experiences," *Journal of Management Studies*, 2 (1984): 169-183.

지도자는 유능한 상사의 효과적인 행동을 자기 모델로 모방할 수 있다. 또한, 지도자는 비효율적인 모델을 보여 준 상사를 관찰함으로써 하지 않아야 할 것을 배울 수 있다.

주어진 과제를 수행하는 중에 지도자의 리더십 기술과 가치를 개발하는 정도는 경험에 따라 달라진다. '창조적리더십센터'(Center for Creative Leadership: CCL) 연구진은 리더십 기술 개발을 위한 다양한 경험의 유형을 연구했다.[49] 이들에 따르면 경험을 통한 학습은 과제의 양, 다양성 및 피드백의 질적 수준에 영향을 받는 것으로 나타났다.

CCL의 연구를 통해 지도자가 어려움을 겪는 경우들을 발견했다. 지도자가 변화를 다루고, 가시성이 높은 문제에 대한 책임을 지며, 권한 없이 리더십 위치에서 일하고, 외부의 압력을 처리하고, 상사의 지도나 지원 없이 일할 때 어려움을 겪는 것으로 나타났다.

지도자가 어려운 상황, 즉 비정상적 문제 해결, 극복하기 힘든 장애물, 위험한 결정을 내려야 하는 상황을 경험한다. 이러한 경험을 통해 지도하자는 정보를 새롭게 찾으며, 새로운 시각으로 상황을 보게 되며, 관계를 새롭게 구축하게 되며, 새로운 행동을 시도하며, 신기술을 개발하게 된다.

CCL 연구진은 '양성 도전 프로파일'(Developmental Challenge Profile)을 사용하여 지도자가 직면하는 도전의 양과 유형을 측정했다.[50]

지도자 양성에서 어려운 도전을 성공적으로 처리하는 일은 매우 중요하다. 이 과정에서 지도자는 신기술을 배우고 자신감을 얻는다. CCL의 연구에 따르면 역경과 실패를 경력 초기에 경험한 지도자는 이른 시간에 일

---

[49] E. Lindsey, V. Homes & M. W. McCall, "Key Events in Executive Lives," *Technical Report* No. 32 (Greensboro, NC: Center for Creative Leadership) (1987)

[50] C. D. McCauley, M. N. Ruderman, P. J. Ohlott & J. E. Morrow, "Assessing the Developmental Components of Managerial Jobs," *Journal of Applied Psychology*, 79 (1994): 544-560.

련의 성공을 경험한 지도자보다 더 높은 수준으로 발전하고 더 발전할 가능성이 큰 것으로 나타났다.

지도자 양성의 도전으로는 사업 결정의 실패, 중요한 사람들을 잘 다루지 못한 실수, 강등, 개인적인 상처(이혼, 중증 상해, 질병)가 포함된다. 이런 도전에 부딪혔을 때, 스스로 그에 대한 책임을 인정하고, 한계를 받아들이고, 극복할 방법을 찾으면 유익한 학습과 변화를 초래할 수 있다.[51]

스트레스와 도전의 양이 과할 때, 대개는 계발이 일어나기 전에 포기하기 쉽다. 이 상황을 방지하기 위해 지원과 코칭이 절실히 필요하다.

성장과 학습은 직무 경험이 다양할 때뿐만 아니라 어려울 때 더 크게 일어난다. 다양한 직업 경험을 통해 지도자는 새로운 상황에 적응하고 새로운 도전을 처리하는 법을 터득하게 된다.

같은 유형의 문제를 반복하다 보면 효과적인 다른 방법이 있을지라도 같은 방식으로 새로운 문제를 해석하고 처리하려는 습관을 갖게 된다. 그러므로 지도자는 초기에 다양한 리더십 행동과 기술을 습득할 수 있는 여러 문제를 경험하는 것이 중요하다.

다양한 직무 과제를 제공하는 방법들로는 개발을 위한 특별한 과제 지정, 조직 내의 여러 하위부서 직책 경험, 해외와 국내 직무 지정을 들 수 있다. 다양한 도전 과제를 시뮬레이션으로 설계할 수도 있다. 적응력을 높이기 위해 고안된 양성 과제와 시뮬레이션을 통한 효과는 지도자가 문제를 새로운 방식으로 보고 사전 행동을 보다 융통성 있게 하도록 한다.[52]

51　M. W. McCall & M. M. Lombardo, "Off the Track: Why and How Successful Executives Get Derailed," *Technical Report* No. 21, (Greensboro, NC: Center for Creative Leadership, 1983)

52　J. K. Nelson, S. J. Zaccaro & J. L. Herman, "Strategic Information Provision and Experiential Variety as Tools for Developing Adaptive Leadership Skills," *Consulting Psychology Journal: Practice and Research*, 62 (2010): 131-142.

활동 과제를 수행하는 중 피드백과 경험 분석은 학습 효과를 증진한다. 우리가 활동 과제를 하는 동안 보였던 행동과 그 결과에 대해 다른 이들의 정확한 피드백을 얻고, 얻은 피드백을 사용하여 우리의 경험을 분석하여 배우게 되면 더 높은 학습 효과를 얻을 수 있다.

불행하게도 리더십 행동에 대한 유용한 피드백이 활동 과제 안에 제공되는 경우는 거의 없고, 제공되더라도 학습으로 유도하지 못하는 경우가 많다. 바쁜 업무와 끊임없는 요구로 바쁜 관리 업무 중에 자기 반성과 자기 분석을 하기에는 거의 불가능하다. 그러므로 지도자가 유용한 피드백을 받기 위해서는 효율적인 관리 경영이 필요하다.[53]

또한, 방어적이고 불안정한 지도자들은 자신들의 약점을 피하거나 무시하는 경향이 있다. 이러한 지도자들은 실패에 대한 책임을 받아들이거나 유용한 피드백을 사용하여 기술과 리더십을 향상할 가능성이 희박하다.

고위급 지도자들은 경험을 통한 학습 효과를 기대하기 어렵다. 왜냐하면, 그들은 조직 내에서 정기적으로 의견을 교환하는 소수의 사람을 제외하고 모든 사람으로부터 격리되는 경향이 있고, 자신의 스타일에 대한 자신감과 다른 사람들의 비판을 무시하는 우월감을 쉽게 갖기 때문이다.[54]

3) 계발 양성 활동들(Developmental Activities)

경험을 통한 지도자 양성에는 여러 활동이 있다. 다출처 피드백 프로그램, 개발평가센터, 양성 과제, 멘토링, 경영진 코칭, 시뮬레이션, 개인 성

---

53 R. E. Kaplan, "Character Change in Executives as Reform in the Pursuit of Self-worth," Journal of Applied Behavioral Science, 26 (4) (1990): 461-481.
54 R. E. Kaplan, J. R. Kofodimos & W. H. Drath, "Development at the Top: A Review and Prospect," in Research in Organizational Change and Development, eds. W. Pasmore & R. W. Woodman, vol. 1, (Greenwich, CT: JAI Press, 1987), 229-273.

장 프로그램 등이 있다.[55]

(1) 다중 출처 피드백 프로그램(Multisource Feedback Programs)

다중 출처 피드백 프로그램은 큰 조직에서 인력 개발을 위해 많이 사용하는 방법이다.[56] 이 방법을 "360도 다면평가" 또는 "다중 평가자 피드백"이라고도 부른다.

다중 출처 피드백 프로그램은 다양한 목적으로 사용될 수 있지만, 중요한 것은 지도자 개개인의 장점과 양성의 필요성을 평가하는 데 있다. 피드백 프로그램의 기본 가정은 대부분 지도자는 자기 기술과 행동에 대한 정확한 지식이 부족함으로 피드백으로 개선될 수 있다는 것이다.

피드백 프로그램을 통해서 지도자는 다방면의 사람들로부터 피드백을 받는다. 지도자는 추종자, 동료, 상위 지도자, 외부인 같은 사람들이 작성한 표준화된 설문지를 보고 자기 기술이나 행동에 대한 정보를 받는다. 설문지는 특정 조직에 맞출 수 있지만, 대부분 워크숍에서는 표준화된 설문지를 사용한다.

평가 설문지가 유의미하고 행동을 쉽게 점검할 수 있을 때 정확한 피드백을 얻을 수 있다. 응답자들이 일정 기간 지도자와 잦은 교류가 있고, 설문 문항에 있는 지도자의 행동을 충분히 관찰할 기회를 가진 자들이라면, 그들의 피드백은 지도자에게 큰 영향을 준다.

설문 조사의 목적과 결과 사용 용도, 내용 기밀을 명확하게 제시할 때 좀 더 정확한 응답자들의 자료를 얻을 수 있다.[57]

---

55 Yukl, *Leadership in Organizations*, 371.
56 M. London & J. W. Smither, "Can Multi-source Feedback Change Perceptions of Goal Accomplishment, Self-evaluations, and Performance-related Outcomes? Theory Based Applications and Directions for Research," *Personnel Psychology*, 48 (1995): 803-839.
57 M. London, A. J. Wohlers & P. Gallagher, "A Feedback Approach to Management Development," *Journal of Management Development*, 9 (6) (1990): 17-31.

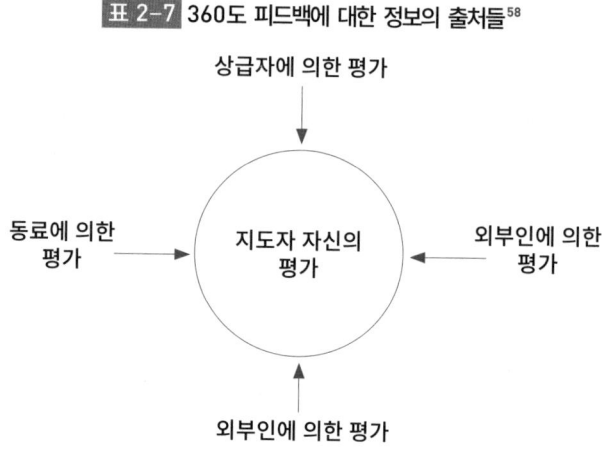

표 2-7 360도 피드백에 대한 정보의 출처들[58]

피드백은 다양한 형식으로 표현될 수 있다. 그리고 피드백 보고서 형식은 수신자에게 얼마나 명확하고 유용한 피드백인지 결정하는 데 도움을 준다. 각 피드백에 참여한 지도자는 자신이 작성한 평점과 다른 지도자가 작성한 평점, 유사한 지도자가 작성한 평점을 비교하는 보고서와 유사 지도자를 위한 규범을 받게 된다.

다른 사람들에 의한 평가자로는 그의 상사(상향 피드백), 직속 부하직원, 그의 행동 관찰이 가능한 동료 지도자가 평가를 제공할 수 있으며, 상황에 따라 둘 이상의 상사가 피드백을 제공할 수 있다.

일부 피드백 보고서에서 등급은 방향과 관계없이 모든 평가자의 평균을 사용한다. 각 방면에서 하나의 피드백을 받으면 이해하기 쉽고 해석하기 쉬울 수 있지만 여러 평가자가 필요하다. 종종 보고서에는 결과를 해석할 수 있도록 자료가 포함되어 있다.

다양한 피드백 유형과 형식에 대한 제안들은 많다. 그러나 그것들이 어떤 장점이 있는지 실제적 연구는 거의 없다. 일부 학자는 추상적 특성에

---

[58] Yukl, *Leadership in Organizations*, 373.

대한 양적 평가와 관찰과 기억하기 어려운 행동을 기초로 피드백을 제공하는 것이 어떤 가치가 있는지 의문을 제기하기도 한다.[59]

몇몇 학자는 지도자가 정해진 상황에서 평가자가 지도자에게 기대하는 것과 지도자의 효과적이고 비효과적인 행동에 관한 구체적 예를 숫자로 표시할 수 있도록 피드백에 보충할 것을 제안했다.

또한, 설문 조사표에 응답자를 인터뷰하거나, 개방형 질문을 포함하거나, 지도자가 무엇을 시작해야 한다고 생각하는지 묻거나, 지도자의 행동 변화에 대한 응답자 권장 사항을 보완할 수 있다.

다중 출처 피드백 프로그램의 효과는 피드백의 유형뿐만 아니라 지도자에게 제시되는 방식에도 영향이 있다.[60] 보통 세 가지 방식이 있다.

첫째, 지도자가 피드백 보고서를 받고 혼자 해석한다.
둘째, 피드백 보고서를 받은 후 지도자는 조력자와 1:1 미팅을 갖는다.
셋째, 지도자는 자신의 피드백 보고서를 해석할 수 있도록 조력자와 함께 그룹 워크숍에 참석한다.

학자들은 셋째 방식이 지도자의 행동을 더 효과적으로 변화시키는 것을 발견했다.

최근 수년간 다중 출처 피드백 프로그램 사용이 증가하고 있다. 그러나 그 효과에 대해서 의문을 던지는 학자들이 있다. 예를 들면, 왈드맨(D. Waldman), 아트워터(L. Atwater), 안토니오니(D. Antonioni) 등이다.[61]

59　Yukl, *Leadership in Organizations*, 373.
60　G. Yukl & R. Lepsinger, "360-degree Feedback: What to Put into It to Get the Most Out of It," *Training* (December 1995), 45-50.
61　D. A. Waldman, L. E. Atwater & D. Antonioni, "Has 360-degree Feedback Gone Amok?," *Academy of Management Executive*, 12 (1998): 86-94.

이들의 연구에 의하면, 어떤 상황에서는 피드백이 효과적일 수 있지만 그것이 항상 지도자 양성에 효과적인 방법이라고 단언하기 어렵다는 것이다. 왜냐하면, 다른 사람들의 피드백은 지도자가 자신의 장점과 약점을 파악하는 데 도움이 될 수 있지만, 지도자가 피드백을 적용하지 않거나, 피드백을 무시하거나, 그 의미를 왜곡할 수 있기 때문이다.

또한, 참가자가 기술 부족을 인정하고 개선하고자 해도 그 방법이 분명하지 않을 수 있다는 것이다. 이러한 부정적인 견해에도 불구하고, 지도자에 관한 피드백 연구는 기술 훈련, 개별 코칭, 후속 활동, 지도자의 양성 행동 계획 후속 평가, 보상 결정과 연결하기 등을 통해 피드백의 효과를 높일 수 있다.[62]

(2) 양성평가센터(Developmental Assessment Centers)

양성평가센터에서 사용되는 측정 방법 역시 다양하다. 지도자의 특성과 기술, 인터뷰, 적성 검사, 성격 테스트, 상황 테스트, 짧은 자서전 에세이, 말하기 연습, 작문 연습과 같은 방법으로 지도자 양성을 돕기 위해 평가한다.

여기에서 얻은 정보는 통합하여 각 참가자의 리더십 잠재력을 양성하는 데 사용된다. 평가센터의 프로세스는 약 2~3일 소요되며, 일부 데이터는 사전에 수집될 수 있다. 이 방법이 지도자를 양성하는 데 유용하다는 사실이 학자들에 의해 입증되었다.[63]

피드백 워크숍과 비교하여 양성평가센터가 갖는 장점이 있다. 양성평가센터는 더 집중적인 절차와 포괄적인 측정 세트를 사용하여 자가 이해력

---

[62] Yukl, *Leadership in Organizations*, 374.
[63] G. Munchus & B. McArthur, "Revisiting the Historical Use of the Assessment Center in Management Selection and Development," *Journal of Management Development*, 10 (1) (1991): 5-13.

을 높이며, 장점과 약점을 파악하여 양성의 필요성을 평가한다. 지도자의 행동에 대한 정보는 정기적으로 지도자와 교류하는 사람들, 시뮬레이션, 실습에서 지도자에 대한 관찰을 통해 얻을 수 있다.

또한, 조력자는 지도자의 이전 경험, 동기, 성격 특성, 기술, 관심사, 열정에 대한 정보를 수집한다. 참가자의 장단점과 잠재력에 대한 완벽한 그림을 제공하기 위해서 참가자의 행동과 기술에 관한 정보는 참가자의 배경, 경험, 경력에 대한 포부 등의 정보와 통합된다.

행동적 피드백만으로는 강한 동기와 가치와 자기 생각에서 유래하는 비효과적인 행동을 변화시키지 못한다는 이론적 근거에서 기인한다. 그 사람이 약점에 직면하고 더 나은 자기 이해를 하도록 돕는 것이 그의 행동을 변화시킬 가능성이 훨씬 크다는 것이다.[64]

"피드백 집중 프로그램"(Feedback Intensive Programs)은 양성평가센터와 유사한 프로그램이다. 피드백 집중 프로그램 참가자 인식 연구에서 장점은 자각 향상, 훈련 필요성 파악, 후속 리더십 기술 양성 촉진 등이 있다.[65] 피드백 워크숍과 마찬가지로 양성 평가 워크숍은 관련 교육이나 양성 활동이 뒤따르면 더 성공적일 수 있다.[66]

(3) 양성 과제(Developmental Assignments)

일부 양성 과제는 정규 직무와 동시에 수행될 수 있다. 지도자가 현재 수행 중인 직무에서 지도자 양성을 위한 특수 과제를 포함하는 것이다. 몇 가지 예로, 새로운 프로젝트 관리, 부서 간 팀 대표로의 봉사, 주요 변화를

---

[64] Yukl, *Leadership in Organizations*, 375.
[65] V. A. Guthrie & L. Kelly-Radford, "Feedback-intensive Programs," in *Center for Creative Leadership Handbook of Leadership Development*, eds. C. D. McCaulery, R. S. Moxley & Van Velsor (San Francisco: Jossey-Bass, 1998), 66-105.
[66] Yukl, *Leadership in Organizations*, 375.

계획하거나 심각한 운영 문제를 다룰 특별기구 구성과 운영, 훈련 프로그램 개발과 실행 등의 업무 책임을 갖게 할 수 있다.

임시 휴가를 통해 짧은 기간 집중적으로 양성 과제를 진행할 수도 있다. 예를 들면, 평가센터에서 일을 하거나, 조직 내 다른 부서의 지도자의 직원으로 봉사하거나, 다른 조직의 임시 연락 담당 직무를 수행하거나, 다른 조직을 방문할 수 있다.[67]

양성 과제의 효과에 관한 연구가 활발히 진행되고 있다. 아직은 제한적이지만 양성 과제 특성과 기술에 관한 연구에 의하면, 경력 초기의 다양한 도전 과제들이 경력 향상을 촉진시켰으며, 다양한 유형의 도전과 어려운 경험으로부터 더 잘 배운다는 결과가 있다.[68] 학습 지향적 지도자는 양성 기회를 활용하여 그것으로부터 유익을 얻을 가능성이 크다.

양성 과제의 효과는 이를 수행한 지도자와 인터뷰를 통해서도 가능하다. 지금까지 대부분의 연구는 개발 경험과 기술 습득에 대한 반추적 자기 보고에 의존하고 있다. 그러나 과제를 수행한 지도자와 인터뷰를 통해서도 양성 과제의 효과를 측정할 수 있다.

향후 양성 과제 수행 전과 그 후의 역량을 측정하여 그 효과를 비교하는 연구가 필요하다. 즉, 특정 유형의 기술이 어떤 유형의 지도자들에게 어떤 유형의 과제가 효과적인지 연구하는 것이다.

다른 중요한 연구 문제는 학습 과제를 최적화하는 데 필요한 시간이다. 짧은 시간 안에 끝내는 과제는 지도자가 자기 행동과 결정 순서를 살펴보면서 자기 경험을 반영하고 배운 것을 이해할 기회를 얻지 못할 수도 있

---

[67] M. M. Lombardo & R. W. Eichinger, "Eighty-eight Assignments for Development in Place: Enhancing the Developmental Challenge of Existing Jobs," *Technical Report* No. 136 (Greenshoro, NC: Center for Creative Leadership, 1989)

[68] A. M. Valerio, "A Study of the Developmental Experiences of Managers," in *Measures of Leadership,* eds. K. E. Clark & M. B. Clark (West Orange, NJ: Leadership Library of America, 1990), 521-534.

다. 반면에 지도자가 과제를 너무 오랫동안 붙들고 있으면, 지루함을 느껴 더 이상 유의미한 경험을 할 수 없을 수도 있다.[69]

개발 과제에 관련된 질문은 연속성을 가져야 한다. 왜냐하면, 질문은 과제마다 과제의 양을 결정짓는 중요한 요소이기 때문이다. 지도자가 크고 어려운 임무를 수행하기 전, 먼저 작고 도전적인 과제에서 기본 지식과 관련 기술을 배울 필요가 있다. 그렇게 하지 않을 경우, 지도자가 기본 사항을 배우는 데 너무 긴 시간을 할애하거나, 지도자로서 필요한 복잡하고 어려운 것들을 배우는 데 충분한 시간을 할애하지 못할 수도 있다. 그러므로 양성 과제를 계획할 때, 지도자의 필요와 능력을 신중히 분석하여 장기적인 계획을 세워야 한다.[70]

맥퀄리(M. McCauley), 이스트맨(L. Eastman), 오로트(P. Ohlott)는 양성 과제의 계획과 활용개선 방법을 제안했다. 각 유형의 과제에서 제공하는 과제와 학습 기회는 지도자의 양성 필요, 직업 목표, 학습 방향과 부합해야 하며, 지도자는 양성 과제의 중요성에 대해 더 많이 인식해야 하며, 계획 수립에 대한 책임을 공유해야 한다.

지도자는 특별 과제가 제공하는 도전과 혜택을 알도록 해야 하며, 이러한 정보는 진로 상담과 이양 계획과도 관련해야 한다. 양성 과제가 완료된 후, 상사나 멘토나 양성 전문가와 함께 지도자는 자기 경험에 대해 점검하고 배운 교훈을 파악하는 것이 중요하다. 이 과정은 경험을 통한 학습의 효과를 증가시킬 수 있다.[71]

---

[69] Yukl, *Leadership in Organizations*, 377.
[70] M. W. Jr. McCall, "Leadership Development Through Experience," *Academy of Management Executive*, 18 (3) (2004): 127-130.
[71] C. D. McCauley, L. J. Eastman, & P. J. Ohlott, "Linking Management Selection and Development Through Stretch Assignments," *Human Resource Management*, 34 (1) (1995): 93-115.

드찬트(K. Dechant)는 지도자가 구체적인 학습 계획을 준비할 때, 특별한 과제를 통해 배울 수 있다고 주장했다. 과제를 가진 사람은 과제에 참여할 모든 사람의 과제 목표와 상황과 작업 필요 사항을 분석한다.

이 과정을 통해 지도자는 기술 요구 사항을 기술자원과 비교하고, 그 격차를 확인하고, 과제를 성공적으로 수행하는 데 필요한 기술과 지식을 습득하기 위한 계획을 수립해야 한다.[72]

(4) 멘토링(Mentoring)

공식적 멘토링 프로그램은 많은 조직에서 지도자 양성을 촉진하는 데 사용된다.[73] 일반적으로 멘토링은 경험이 많은 지도자(멘토)가 경험이 없는 추종자(멘티)를 돕는 관계를 의미한다. 스텐리(P. Stanley)와 클린턴(R. Clinton)은 "멘토링이란 한 사람이 하나님이 주신 자원을 나누어 다른 사람에게 권한을 부여하는 관계적 경험"으로 정의했다.[74]

하나님이 주신 자원이란 지혜, 경험, 패턴, 순종의 습관, 원리 등을 말한다. 멘토와 멘티는 종종 여러 관점을 공유해야 하는데, 정기적 시간과 만남이 필요하다.

스탠리와 클린턴은 멘토가 자신의 리더십보다 더 높은 리더십 위치로 성장할 수 있도록 멘티에게 자유로움을 주어야 한다고 보았다. 멘토는 멘티를 돕기 위해 자신의 명망을 하락시킬 위험을 감수하고서라도 리더십 기능의 다양한 측면에서 모델이 되어 멘티를 도전하며, 멘티를 계발할 수

---

72 K. Dechant, "Making the Most of Job Assignments: An Exercise in Planning for Learning," *Journal of Management Education*, 18 (1994): 198-211.
73 R. A. Noe, "Mentoring Relationships for Employee Development," in *Applying Psychology in Business: The Manager's Handbook,* eds. J. W. Jones, B. D. Steffy, & D. W. Bray, (Lexington, MA: Lexington Press, 1991), 475-482.
74 Paul D. Stanley & J. Robert Clinton, *Connecting: the Mentoring Relationships you Need to Succeed in Life* (Colorado Springs, Co: NavPress, 1992), 32-33.

있는 자원으로 인도하며, 서로의 양성을 위해 공동으로 일해야 한다고 주장했다.

그들은 멘토링의 참여 방식에 따라 세 가지 유형으로 나눈다. 그들은 집중적인 멘토링으로 제자, 영적 코치, 가이드 유형이 있고, 비정기적인 멘토링으로 상담사, 교사, 후원자 유형이 있고, 수동적인 멘토링으로 현대와 역사적인 모델로 구분했다.

일반적으로 멘토는 멘티의 직속 상관이 아니다. 멘토는 멘티에게 수용과 격려와 코칭과 상담을 통해 정신, 사회적 기능, 후원, 보호, 도전 과제, 노출과 같은 눈에 보이는 경력 촉진 기능을 제공한다. 또한, 멘토는 어려운 직무 전환 과정에서 조정과 학습과 스트레스 감소를 통하여 멘티를 돕는다.

이와 같은 잠재적 이점에도 불구하고 멘토링이 항상 효과적인 것은 아니다. 멘토링의 효과를 높이기 위한 연구에서 비공식적 멘토링이 공식적 멘토링 프로그램보다 성공적이라는 결과가 발표되었다. 이유는 주로 멘토의 선발과 훈련을 포함한 공식 프로그램을 실행하는 방식 때문이었다.[75]

공식적 멘토링이 성공하기 위해서는 자발적 참여, 멘토에게 멘티의 선택권 부여, 멘토링의 유익과 함정에 관한 분명한 이해, 멘토와 멘티의 역할과 과정을 명확히 해야 한다. 멘토링을 시작할 때 멘티는 멘토가 선택하기를 기다리지 않고 적극적으로 멘토에게 멘토링을 제안할 수 있다. 개인뿐만 아니라 조직에서도 이런 멘토링 활동을 지원할 수 있다.

멘토링은 나이, 성별, 인종과 같은 인구통계 요인의 영향을 받는다. 여성과 소수 민족은 성공적 멘토링 관계를 찾는 데 어려움이 있다.[76] 여성이

---

[75] R. A. Noe, D. B. Greenberger, & S. Wang, "Mentoring: What We Know and Where We Might Go From Here," in *Research in Personnel and Human Resources Management*, eds. G. R. Ferris & J. J. Martocchio (Oxford, England: Elsevier, 2002), 129-173.

[76] P. J. Ohlott, M. N. Ruderman, & C. D. McCauley, "Gender Differences in Manager's

갖는 어려움은 적절한 행동에 대한 고정관념, 이성과의 친밀감에 대한 고정관념, 일부 주제의 토론에 대한 어색함, 적절한 역할 모델의 부족, 동료에 의한 분개, 남성 네트워크로부터의 배제 등이다.

이 같은 문제 중 얼마는 여성이 여성을 멘토링할 때도 같다. 이러한 어려움에도 불구하고, 몇몇 연구에서 성별이 멘토링의 성공에 영향을 준다는 어떠한 증거도 찾지 못했다.[77]

계속해서 멘토링과 다른 프로그램 사이의 관계를 평가하는 연구가 더 필요하다. 일반적으로 멘토링의 장점은 경력 향상, 변화에 대한 적응, 피보호자의 직업 만족감 촉진을 위한 기술, 강한 조직 몰입, 낮은 이직률 등으로 알려져 있다. 그러나 멘토링의 효과는 제공된 멘토링의 유형과 조사된 결과의 유형에 따라 다르다.

멘토링 관계, 양성 촉진 조건, 멘토가 멘티의 리더십 역량 계발을 용이하게 하는 방식, 리더십 역량을 높일 수 있는 기술이나 가치, 행동에 관해서는 거의 알려지지 않았다.[78]

(5) 경영진 코칭(Executive Coaching)

최근 몇 년 동안 개별 코칭은 비즈니스 조직 지도자들의 관심을 끄는 양성 조정 형태가 되었다.[79] 경영진 코칭을 받는 지도자의 유형은 보통 고위 간부들이다. 여기서 코치는 경영컨설턴트로서 광범위한 경험을 가진 성공적 전직 간부 또는 행동과학자이다.

Developmental Job Experiences," *Academy of Management Journal*, 37 (1994): 46-47.
77   D. B. Turban & T. W. Dougherty, "Role of Protege Personality in Receipt of Mentoring and Career Success," *Academy of Management Journal*, 37 (1994): 688-702.
78   Yukl, *Leadership in Organizations*, 378.
79   D. C. Feldman & M. J. Lankau, "Executive Coaching: A Review and Agenda for Future Research," *Journal of Management*, 31 (2005): 829-848.

경영진 코치는 영구적 스승이 아니다. 대개 몇 달에서 수년에 이르는 한정된 기간 고용된다. 코칭은 주간 또는 격주로 제공되며, 필요할 때 전화로도 가능하다. 코칭에 관한 결정은 경영진에 의해 정해지고, 때로 승진 준비 혹은 탈선 방지를 위해 상위 지도자가 코칭을 담당하는 때도 있다. 반면에 외부 코치를 들여올 경우, 폭넓은 경험과 객관성 및 기밀의 이점을 가질 수 있다.

내부 코치를 사용할 경우, 쉬운 가용성과 기관의 문화와 정치적 상황에 대한 풍부한 지식, 기관의 전략적 과제와 핵심 역량에 대한 깊은 이해 등의 이점이 있다.

경영진 코칭의 주목적은 현재 또는 미래 지도자 책임과 관련된 기술 습득을 쉽게 돕는 것이다. 코치는 중요한 변화를 수행하거나, 어려운 상사를 다루거나, 다른 문화의 사람들과 일하는 것과 같은 특정 문제를 처리하는 방법에 대한 조언을 제공한다.

엄격하게 기밀 유지를 하는 가운데, 코치와 문제를 상의하고, 상황을 이해할 수 있는 사람과 아이디어를 실험해 보고, 도움이 되는 객관적 피드백과 제안을 제공하는 과정을 진행할 수 있다. 경영진 코칭은 양성에 필요한 정보를 제공하지만 다중 출처 피드백이나 양성평가센터와 함께 사용할 때 유용하다.

경영진 코칭은 편의성, 기밀성, 유연성 면에서 공식적 훈련 과정보다 큰 이점을 가지고 있다. 단점은 일대일 코칭의 높은 비용, 유능한 코치 선발의 어려움, 경영진과 좋은 관계를 맺을 수 있는 객관적이고 전문적인 코치 선임의 어려움 등이다.[80]

코칭을 받는 지도자는 자신의 장점과 약점에 대해 정직하고 정확한 피드백과 가치 있는 방법에 관한 조언을 중요하게 생각해야 한다. 코치가 향

---

80 Yukl, *Leadership in Organizations*, 379.

상시킬 수 있는 행동과 기술 유형으로는 듣기, 의사소통, 사람들의 영향, 관계 구축, 갈등 해소, 팀 구성, 변화 시작, 회의 진행, 부하직원 양성 등이 있다. 코치는 또한 경영진이 관련 지식과 기술을 습득하기 위해 할 수 있는 다른 일에 대한 조언도 제공할 수 있다.

(6) 시뮬레이션(Simulations)

비즈니스 게임과 시뮬레이션은 수년간 경영 교육에서 사용되었다.[81] 시뮬레이션을 통해 참가자는 복잡한 문제를 분석하고 의사결정을 내리는 연습을 할 수 있다.

가장 정교한 시뮬레이션은 복잡한 인과관계에 관한 시스템 모델을 기반으로 하고 있다. 참가자는 개별적으로 혹은 소그룹으로 제품의 가격 책정, 광고, 생산 출력, 제품 개발, 자본 투자에 대한 경영진의 결정을 연습해 본다.

대규모 시뮬레이션은 인지 기술과 의사결정만큼 대인관계 기술을 강조한다. 참가자는 자신이 근무하지 않는 다른 조직에 배정되어 하루 혹은 이틀 동안 관리 책임을 수행한다. 시뮬레이션에 앞서 각 참가자에게 조직의 제품과 서비스에 대한 설명, 재무보고서, 산업과 시장 조건, 조직도, 직책의 의무와 책임 등 광범위한 배경 정보가 제공된다.

또한, 각 참가자는 다른 조직의 구성원과 외부에 전달된 최근 통신문의 사본을 받는다. 참가자는 별도의 작업 공간이 있지만 다양한 미디어로 통신하고 회의일정을 정할 수 있다. 참가자는 실제 조직에서와 마찬가지로 전략적이고 운영에 필요한 의사결정을 내린다.

시뮬레이션이 완료되면 참가자는 그룹 프로세스와 개별 기술과 행동에 대한 피드백을 받는다. 피드백은 대개 참가자의 행동과 결정을 추적하는 관찰자가 제공해 준다. 진행자는 참가자가 정보 수집과 처리, 문제 분석과 해결,

---

[81] Yukl, *Leadership in Organizations*, 379.

다른 사람들과의 의사소통, 다른 사람들에게 미치는 영향, 전략과 운영 계획에 있어서 경영진으로서 얼마나 잘 움직였는지 알 수 있도록 도와준다.

비즈니스 게임과 시뮬레이션에 관한 연구가 아직 제한적이다. 그러나 지도자 양성에 유용할 수 있다는 연구 결과들이 증가하고 있다.[82] 그런데도 어떤 유형의 학습이 이루어지며 학습을 쉽게 하는 조건을 결정하기 위해서 더 많은 연구가 필요하다.

(7) 개인 성장 프로그램(Personal Growth Programs)

개인 성장 프로그램은 자기 인식을 향상하는 것이 주목적이다. 이와 더불어 심리적 성장과 리더십 역량 양성에 관한 내부 장벽을 극복하도록 설계되었다. 이 프로그램은 1960년대 인본주의 심리학 운동에서 발전했는데, 평화봉사단(Peace Corps)과 메인(Maine), 베델(Bethel)에 있는 국가훈련실험실(National Training Laboratories)과 같이 인간의 잠재적 능력 양성을 강조한 프로그램 등을 들 수 있다.[83]

개인 성장 워크숍의 가정 중 하나는 사람들이 내적 감정과 가치관을 잃어버렸다는 점이다. 무의식에 내재한 두려움과 갈등은 창의성과 위험 감수를 제한한다. 지도자가 되기 전에 자신의 감정에 재연결하고 잠재된 공포에 직면하여 근본적인 갈등을 해결하는 것이 필요하다는 것이다.

또 다른 중요한 가정은 지도자가 높은 수준의 정서적이고 윤리적인 양성이 필요하다는 것이다. 정서적으로 성숙하고, 성실한 사람은 자기 이익 차원을 넘어 일에 헌신적이고, 영감을 주고, 능력을 부여하는 지도자가 될 가능성이 크다. 지도자가 자신의 가치, 필요, 감정을 이해할 때 그러한 지

---

[82] B. Keys & J. Wolfe, "The Role of Management Games and Simulation in Education and Research," *Journal of Management*, 16 (1990): 307-336.

[83] J. A. Conger, "The Brave New World of Leadership Training," *Organizational Dynamics*, Winter, 1993.

도자를 발휘할 수 있다.

개인 성장 프로그램은 일반적으로 컨퍼런스센터에서 진행되며 프로그램은 2일에서 1주일까지 지속된다. 이 프로그램에는 참가자들이 자기 삶과 일의 목적을 이해하고, 서로의 이해를 나누는 일련의 심리적 활동이 포함된다. 이 모델은 일반적으로 인간 양성이 어떻게 발생하는지, 조직이 시간이 지남에 따라 어떻게 변하는지, 조직 변화에서 리더십의 역할은 무엇인지를 설명한다.

자기 이해를 발전시키는 과정은 참가자가 프로그램에 참석한 이유를 설명하라고 요청할 때 시작된다. 또 다른 집중적인 활동으로 참여자가 자신의 회사가 인수되어 새로 합병된다면, 자기 회사에서 최고 세 명의 지도자만이 합병된 회사에 남게 될 수 있음을 상상하도록 한다.

각 개인은 자신의 긍정적인 리더십 자질과 남아야 할 이유를 설명하는 두 사람의 호소문을 5분간 준비하도록 한다. 호소문을 들은 후, 참가자들은 가장 설득력 있는 세 사람의 사례를 선정한다.

이 프로그램에서 중요한 활동은 각 참가자가 미래를 위한 개인적인 비전을 그룹 사람들에게 제시하는 것이다. 이제 참가자들은 그들이 하는 일과 그 상태에 도달하기 위해 어떻게 살아야 하는지를 생각하게 된다.

개인 프레젠테이션이 끝난 후, 참가자들로부터 그의 비전이 얼마나 실용적인지, 얼마나 적합한지 피드백을 받게 된다. 그러나 아직 지도자나 추종자나 혹은 기관을 대상으로 하는 개인 성장 프로그램의 결과에 관한 연구는 거의 없는 상태이다.[84]

---

[84] Yukl, *Leadership in Organizations*, 382.

4) 지도자 양성을 촉진하는 상황들

이상에서 언급한 지도자 양성을 위한 프로그램들은 다음과 같은 조건에 따라 효과가 다르게 나타난다. 조건으로는 참여자가 희망하는 학습 유형, 지도자 양성 대상자, 상사의 지원, 학습 환경, 양성 필요를 평가하여 양성 계획을 세우는 체계적인 프로세스와 같은 것들이다.

(1) 상사의 지원

직속 상사는 부하직원의 지도자 양성을 촉진할 수 있다.[85] 그러나 코칭과 멘토링의 중요성을 이해하지 못하는 상사는 부하직원들에게 그 유익을 주기 어렵다. 급한 위기 상황에 부닥친 지도자나 자기 경력에 몰두하는 상사는 직원들을 지도자로 양성하는 데 시간을 할애하지 않을 것이다.

그리고 자신의 지위에 불안감이 있는 상사는 잠재적 경쟁자가 될 부하직원들을 양성시키지 않을 것이다. 직원들을 키우려는 상사일지라도 그들을 지나치게 보호하며, 충분한 도전과 정직한 피드백을 제공하지 않는다면 직원들의 리더십을 성공적으로 양성할 수 없다.

직원 훈련과 지도자 양성 활동을 제공하는 상사의 격려와 지원은 리더십 자질을 배우고 적용하는 동기에 결정적 요소가 된다. 상사가 부하직원의 지도자 양성 학습을 향상하도록 도울 수 있는 예들은 다음과 같다.[86]

지도자 양성 교육 전
- 교육받을 기회를 부하직원에게 알려 준다.
- 훈련의 중요성과 유익함을 설명한다.

---

85 A. M. Valerio, "A Study of the Developmental Experiences of Managers," 521-534.
86 Yukl, *Leadership in Organizations*, 383.

- 이미 교육받은 다른 사람들에게 그 유익함을 설명해 달라고 요청한다.
- 훈련에 쉽게 적응할 수 있도록 업무 일정을 변경한다.
- 필요할 경우 훈련을 준비하기 위해 시간을 조정한다.
- 설문지 배부와 같은 준비 활동을 지원한다.
- 부하직원에게 배운 내용을 보고하도록 요청한다.

지도자 양성 교육 후
- 직원과 만나서 교육받은 것과 그것을 어떻게 적용할 수 있는지 토론한다.
- 교육받은 것을 사용하기 위한 구체적인 목표와 행동 계획을 공동으로 설정한다.
- 신기술을 사용할 수 있는 과제를 준다.
- 정기적 리뷰 시간을 정하고 교육받은 것을 적용하는 과정을 감독한다.
- 기술 적용에 대한 칭찬을 아끼지 않는다.
- 어려움에 부닥쳤을 때 격려와 코칭을 해 준다.
- 성과 평가에 신기술 적용을 포함한다.
- 기술을 직접 사용하여 부하직원에게 모범을 보인다.

(2) 학습 환경

조직에서 이루어지는 리더십 훈련과 양성의 양은 부분적으로 "학습 환경"이란 양성에 대한 일반적 태도와 가치에 달려 있다.[87] 좋은 학습 환경은 직속 상사의 영향력을 증대시킨다. 개별 학습이 조직의 효율성에 매우 중요하다고 여겨질 때, 지도자 양성이 더 효과적으로 이루어질 수 있다. 그러한 조직은 교육에 더 많은 자원을 투자하고, 정확히 학습을 측정하고

---

[87] J. K. Ford & D. A. Weissbein, "Transfer of Training: An Updated Review and Analysis," Performance Improvement Quarterly, 10 (1997): 22-41.

보상하기 위해 더 많이 노력할 것이다. 지도자는 이러한 활동이 분명히 측정되고 보상될 때 더 많은 코칭과 멘토링을 제공하게 된다.

결국, 지도자는 더 많은 멤버들이 개인적 성장과 기술 습득의 기회를 찾도록 권장하게 된다. 학습과 양성을 지원하는 분위기를 지속하기 위해 할 수 있는 일은 다음과 같다.[88]

- 직원들이 관심사를 추구하고 신기술을 습득할 수 있는 직무 할당
- 새로운 방법으로 실험할 수 있는 충분한 시간을 주는 작업 일정 수립
- 직원들의 지속적인 교육의 재정 지원
- 직원을 위한 특별 초청 연설과 기술 워크숍
- 직원들이 자신을 스스로 회복시킬 안식년 프로그램
- 직원들의 자기 인식 양성과 잠재력을 최대한 발휘할 수 있는 방법을 찾기 위한 직업 상담 프로그램
- 자발적 기술 평가 및 피드백 프로그램
- 기술 개발과 관련된 임금 인상
- 혁신과 개선을 위한 포상
- 실험, 유연성, 적응, 자기 양성, 지속적 학습, 혁신과 같은 가치를 구체화하는 기호와 표어 사용을 들 수 있다.

5) 지도자 양성체계 고찰

최고 경영진이 지도자 양성체계를 가지고 있을 때 지도자 양성에 성공할 수 있다. 지도자 양성체계로는 선정과 평가 기준, 이양 계획, 경영 시스템, 경쟁 전략과 관련된 결정을 도울 체계적인 견해 등이 있을 수 있다.

---

[88] Yukl, *Leadership in Organizations*, 383-384.

훈련 프로그램과 지도자 양성 활동이 상호보완적으로 사용된다면, 현재의 직무 요구 사항에만 집중하는 것이 아니라 미래 리더십을 위해 준비하고, 개인적 지도자 향상보다 집단적 리더십을 향상할 방법을 고려해야 한다. 양성 활동 또한 경쟁 전략, 보상 시스템, 조직 문화, 그룹 차원의 프로세스, 가치 등과 일치해야 한다.[89]

(1) 접근 방식의 관계성

공식적 훈련 프로그램, 양성 활동, 자조 활동 간의 구분은 어느 선까지는 중요하다. 그러나 각 범주가 상호배타적이라는 점을 기억해야 한다. 실제로 서로 다른 범주가 겹치고 복잡한 방식으로 상호 연관되어 있다.

한 접근법에서 습득한 것은 다른 접근법을 통해 학습을 촉진하거나 향상할 수 있다. 예를 들면, 단기과정이나 워크숍은 직원이 특수 활동 과제를 준비하거나, 지도자 양성평가센터 혹은 피드백 중재가 부족한 기술을 강화하는 데 유용하다.

때로는 다른 접근법을 병행해서 사용할 수 있다. 실습 프로젝트는 공식적 교육과 경험을 통한 학습을 결합하는 경우가 많으며 참가자는 자조 활동과 동료 코칭을 사용하여 프로젝트에 필요한 추가 지식을 습득할 수 있다. 실제적인 시뮬레이션은 자립적 양성 경험 혹은 공식적 교육 과정 일부로 사용할 수 있다. 몇몇 공식적인 지도자 양성 과정은 참가자들에 대한 동료의 행동 피드백을 포함하기도 한다.

개인 성장 활동도 일부 리더십 과정에 포함되어 있다. 다양한 유형의 리더십 기술에 대한 훈련, 양성, 자조 활동의 상대적인 이점에 관한 연구는 거의 없다. 또한, 교육, 양성, 자기 주도 학습 활동을 결합하여 상호 영향

---

89 Yukl, *Leadership in Organizations*, 384.

을 극대화하는 방법에 대해서도 거의 알려지지 않았다.[90]

(2) 양성 활동 통합

조직 대부분은 리더십 훈련과 지도자 양성 활동을 통합하지 못한다. 또한, 이것을 성과 평가, 진로 상담, 이양 계획과 관련된 인적 자원 실행과 통합하지도 못한다.

어떤 유형의 훈련과 양성을 제공해야 할지에 대한 결정은 강화되어야 할 역량의 체계적인 분석보다는 현재의 유행과 과장된 선전업자들에 의해 영향을 받는다. 승진 결정은 차기 직책에서 수행할 능력에 대한 평가보다 직원의 이전 성과에 더 많은 영향을 받는다.

미흡한 선발과 양성 결과로 많은 최고 경영진은 사전에 예측할 수 있었던 어려움에 빠지게 된다. 현 상사가 독립적으로 지도자 양성 경험 계획을 결정하여 차기 담당할 상사에게 넘겼을 때 위험스럽고 혼돈에 빠진다. 조직을 위한 지도자 양성의 전반적 프로세스를 계획하고 조정하는 일차적 책임자는 거의 없다.

맥콜(McCall)은 지도자 양성 촉진자나 위원회를 통하여 조직의 필수역량을 확인하고, 개별 지도자의 현 기술과 양성의 필요성을 평가하고, 지도자 양성 잠재력이 높은 과제를 확인하여, 필요 시 특수 교육 프로그램을 후원하고, 부하직원을 양성하는 지도자에 대한 보상을 강화하고, 멘토나 특별 과제와 피드백 워크숍과 같은 지도자 양성 활동을 더 많이 사용하도록 촉진해야 함을 주장했다.[91]

최근 지도자 양성에서 최상의 실행을 검토한 결과, 체계적인 요구 분석, 이양 계획과의 연계, 최고 경영진 지원, 개인 양성을 위한 문화적 가치, 일

---

90 Yukl, *Leadership in Organizations*, 385.
91 M. W. Jr. McCall, "Executive Development as a Business Strategy," *The Journal of Business Strategy*, 3 (January-February) (1992): 25-31.

관성 있는 양성 활동 프로그램, 개선을 위한 감사와 보상, 양성 활동의 효과성에 대한 체계적 평가 등의 통합 접근법이 발견되었다.[92]

(3) 조직을 위한 지도자 양성

대부분의 지도자 양성 자료는 개인의 기술과 행동 개선에 중점을 둔다. 그러나 리더십의 개념이 변화하면서 지도자 양성에 대한 새로운 아이디어가 필요하게 되었다. 리더십이 많은 사람의 협력과 노력을 포함하는 공동의 프로세스일 때 지도자 양성 또한 고려되어야 한다. 개개인의 양성과 발전이 여전히 중요하지만 팀과 조직에서 효과적인 리더십 프로세스를 양성할 필요가 있다.

구체적으로는 그룹과 조직 차원에서의 리더십 프로세스에 관한 이론과 연구, 리더십 프로세스에 영향을 미치고 향상하는 방법에 관한 집중적인 연구가 필요하다. 최적의 결과를 얻으려면 지도자 양성은 조직의 경쟁 전략과 일치해야 한다.[93]

불행히도 조직 대부분의 양성 활동은 전략적 비즈니스 목표를 기반으로 한 것이 아니며, 이러한 목표와 관련이 있는 활동을 결정하기 위해 노력하지 않는다. 지도자 양성 활동과 전략적 목표 사이의 단절은 양자 간의 상호 의존성에 대한 이해 부족에서 온다.

---

[92] S. L. Leskiw & P. Singh, "Leadership Development: Learning from Best Practices," *Leadership & Organization Development Journal*, Vol. 28 (5) (2007): 444-464.

[93] C. D. McCauley, "Leader Training and Development," in *The Nature of Organizational Leadership*, eds. S. J. Zaccaro & R. J. Klimoski (San Francisco: Jossey-Bass, 2001), 347-383.

(4) 자기 지도자 양성 지침

자조 활동은 리더십을 향상할 수 있는 또 다른 접근법이다. 자기 양성에는 자신의 학습 필요를 진단하고, 관련된 가용한 자조 기법을 확인하는 것이 포함되어야 한다. 수련생 서적, 교육용 비디오테이프, 콤팩트디스크, 대화형 컴퓨터 프로그램을 포함하여 리더십을 향상하기 위해 많은 자조 기술을 사용할 수 있다.

이러한 기술 중 일부는 공식적 교육 프로그램을 대체하는 것이며, 다른 것들은 교육을 보충하기 위한 것이나 경험을 통해 학습을 쉽게 하려는 것들이다. 다음은 자기 양성을 위한 리더십 기술의 몇 가지 권장 사항이다.[94]

- 개인의 경력 목적 비전 양성
- 적합한 멘토 찾기
- 도전적인 양성 과제 찾기
- 자기 관리 계발
- 실수로부터 배우기
- 다양한 관점으로 사건을 보는 방법
- 쉬운 답에 대해 질문하기

4. 소결론

학자들과 시대 환경에 따라 수많은 리더십 정의가 있다. 리더십의 유형은 지도자가 선택하는 행동 양식, 지도자와 구성원 간 상호 작용, 지도자의 직무 수행 방법에 따라 차이가 있다. 리더십의 기본적인 요소는 지도

---

[94] Yukl, *Leadership in Organizations*, 387.

자, 추종자, 상황이다. 이 세 가지 요소는 상호 영향력을 행사한다.

특히, 지도자의 특성과 재능은 지도자의 행동, 영향력 과정, 추종자의 태도와 행동, 행동 결과에 영향을 미친다. 지도자의 행동과 영향력의 과정과 추종자의 태도와 행동은 상호 영향력을 행사한다. 상황적인 변수들이 지도자 행동, 영향력 과정, 추종자의 태도와 행동에 영향을 준다.

방대한 리더십 이론은 특성 접근법, 행동 접근법, 힘-영향 접근법, 상황 접근법, 통합 접근법의 다섯 가지 접근 방식으로 분류할 수 있다.

특성 접근법은 지도자의 성격, 동기, 가치, 재능과 같은 지도자의 속성을 강조한다.

행동 접근법은 지도자가 시간을 보내는 방법, 리더십 직무와 관련된 활동과 책임과 기능의 형태, 리더십 직무의 요구 사항과 제약 조건과 역할 갈등을 어떻게 처리하는지 등을 조사하는 접근법이다.

힘-영향 접근법은 완전히 서로 다른 접근 방식으로서, 리더가 일을 완수하기 위해 권력 혹은 영향력을 사용하는 방법을 의미하며, 그 결과로 나타나는 리더십 스타일을 살펴보는 접근법이다.

상황 접근법은 추종자의 특성, 지도자의 업무 성격, 조직 유형, 외부 환경이 리더십 과정에 영향을 미치는 상황적 요소들을 연구하는 접근법이다.

통합 접근법은 지도자가 추종자의 상황을 이해하고 상황에 맞는 행동을 선택할 때 두 가지 이상의 리더십 유형을 사용할 수 있는데, 이를 연구하는 접근법이다.

지도자는 리더십 역량을 양성하기 위해서 공식 훈련, 양성 활동, 자조 활동의 방법을 사용할 수 있다. 공식 교육은 교육전문가에 의해서 정해진 기간에 이루어지며, 리더십의 효율성과 발전에 관련된 기술과 행동을 증진하도록 고안된 교육들이다. 양성 활동은 다출처 피드백 프로그램, 양성

평가센터, 양성 과제, 멘토링, 경영진 코칭, 시뮬레이션, 개인 성장 프로그램 등을 통해 리더십 역량을 강화할 수 있다.

자조 활동은 서적, 교육용 비디오테이프, 콤팩트디스크, 대화형 컴퓨터 프로그램을 포함하여 리더십을 향상하기 위해 다른 많은 활동에 자기 주도적으로 학습에 참여하는 것이다. 이와 같은 지도자 양성 방법이 효과적으로 되기 위해서는 본인이 희망하는 학습 유형, 상사의 지원, 학습 환경, 양성 필요를 평가하여 양성 계획을 세우는 체계적인 프로세스 등이 필요하다.

제2장을 통해서 나는 선교사가 동부아프리카 기독교 지도자를 양성할 때 다음 세 가지 사항을 실행할 것을 주장한다.

첫째, 선교사는 지도자와 추종자와 상황은 서로 영향력을 끼친다는 사실을 기억해야 한다. 지도자에게는 항상 추종자들이 있다. 선교사는 이들 사이의 관계를 살펴보아야 한다. 그들 사이의 관계가 성경적이지 못한 부분들이 있다면 변혁할 수 있도록 도와야 한다.

또한, 선교사는 지도자가 처한 상황들을 잘 알아야 한다. 지도자의 가족과 친척과 친구들, 지도자의 교회생활과 직장생활, 지도자가 속한 공동체와 사회 환경 등을 살펴볼 필요가 있다.

둘째, 선교사는 지도자 양성이 통합적이라는 사실을 기억해야 한다. 지도자가 가지고 있는 성격과 동기는 무엇이며, 그가 가지고 있는 가치와 재능은 무엇인지 알아야 한다. 또한, 선교사는 지도자가 시간을 어떻게 활용하며, 지도자가 감당해야 하는 직무, 책임, 제약은 무엇인지 지도해야 한다. 더 나아가 선교사는 지도자가 추종자의 특성, 조직의 특성, 외부 환경 조건들을 잘 알도록 도와야 한다.

셋째, 선교사는 지도자가 그의 역량을 양성할 수 있도록 그를 훈련해야 한다. 선교사는 지도자에게 필요한 공식 훈련은 무엇이며, 여러 지도자 양성 활동 중 그에게 맞는 프로그램은 무엇이며, 자기 주도적 학습을 위해 어떤 자조 활동을 추천할지 알아야 한다.

   선교사가 이와 같은 리더십과 지도자 양성에 관한 이론적 지식을 가지고 도달하려는 목표는 기독교 지도자 양성이다. 즉, 기독교 지도자 양성을 통해 동부아프리카교회와 세계 교회에 필요한 지도자들을 배출하는 것이다. 그렇다면 기독교 지도자의 모습은 어떠해야 하는지를 제3장에서 답한다.

제3장

기독교 지도자 모델인 성경적 지도자

제2장에서 리더십과 지도자 양성의 이론들을 연구했다. 제3장에서는 제2장의 연구를 기초로 본서의 목적 중 하나인 기독교 리더십 모델을 찾아보려고 한다. 나는 성경적 리더십과 영적 리더십이란 두 용어를 혼용하여 사용할 것이다. 왜냐하면, 기독교학자들은 영적 리더십의 원리를 성경에서 찾고 있기 때문이다.

1. 성경적 리더십의 정의

구약성경에서 지도자라는 단어로 נגיד(나기드)가 사용되었다. 뜻은 '앞서 있는 자'이다. 한글 성경에서는 역대상 12:27의 "우두머리", 역대상 13:1의 "지휘관", 역대하 32:21의 "대장", 이사야 55:4의 "인도자"로 번역되었으며 히브리어 성경에서는 모두 נגיד를 사용하고 있다.

구약성경에 지도자의 개념으로 사용된 다른 단어는 ראש(로쉬)이다. 이는 왕, 우두머리, 수령, 장관 등의 뜻이 있다. 이 단어는 "가족의 어른들"(heads of their families, 출 6:14), "조상의 우두머리"(민 7:2), 지혜 있는 자로 "수령"(신 1:15), 군의 지휘권을 가진 "머리"(삿 11:11), "지파의 우두머리"(heads of tribes, 대하 5:2) 등의 의미로 사용되었다.[1]

위 단어들을 통해 구약성경에서 리더십 이해를 다음과 같이 정리할 수 있다. 지도자는 한 공동체의 어른으로서 그 공동체를 대표하며, 지혜롭고 용맹한 자이며, 그가 속한 공동체를 이끌고 보호하며, 막강한 영향력을 행사하는 자이다. 지도자가 자신의 역할을 잘 감당하기 위해 하나님께 부르심을 받은 자라는 확신이 필요하다.

구약 시대에 지도자의 임무를 수행했던 이들은 선지자, 제사장, 왕이었다. 다윗은 여러 시편을 통해 하나님을 왕으로(시 2:6; 시 5:2; 시 5:2; 시 44:4; 시 68:24; 시 74:12; 시 84:3), 자신을 그분의 종으로(시 19:11; 시 27:9; 시 31:16; 시 69:17; 시 86:16; 시 109:28; 시 116:16; 시 119:125) 칭하고 있다. 선지자는 율법과 하나님의 뜻을 선포하고 제사장은 하나님의 율법을 가르치며 왕은 하나님의 말씀을 가지고 통치함으로 신정체제를 유지하는 역할을 각각 담당했다.[2]

하나님은 지도자들에게 백성들의 본이 될 것을 기대하셨다. 그러나 호세아 4:9, "장차는 백성이나 제사장이나 동일함이라 내가 그들의 행실대로 벌하며 그들의 행위대로 갚으리라"에 나타나듯이 지도자들은 하나님이 기대하신 그들의 역할을 감당하지 못했음을 볼 수 있다.

신약성경에서 지도자로 사용된 단어는 ὁδηγοσ(오데고스)로서 "인도하는 자"(마 15:14)라는 뜻이다. 그 외에도 사도행전 20:17에 나타난 πρεσβυτεροσ(프레스뷰테로스)라는 단어는 "장로"라는 뜻이고, 디모데전서 3:2에 나오는 επισκοπη(에피스코페)는 "감독"(bishop)이라는 뜻이다. 이 모든 단어가 지도자를 지칭하는 말이다.

---

1 조광연, 『성서 리더입니까』 (서울: 예영커뮤니케이션, 1996), 111.
2 John E. Haggai, *The Leading Edge*; 권명달 역, 『리더가 되라』 (서울: 보이스사, 1991), 32.

예수 그리스도께서는 지도자가 추종자를 바르게 인도하지 못한 결과를 말씀하시며 엄중히 경고하셨다.

> 그냥 두라 그들은 맹인이 되어 맹인을 인도하는 자로다 만일 맹인이 맹인을 인도하면 둘이 다 구덩이에 빠지리라(마 15:14).

사도들은 각 교회의 장로와 집사들을 세워(딛 1:5) 성도들을 돌아보고 인도하며, 성도를 온전케 하며, 봉사의 일을 하게 하며, 그리스도의 몸을 세우는 리더십 역할을 하도록 했다(엡 4:12-14). 또한, 성숙한 성도들이 충성된 다른 사람들을 가르쳐, 차세대 지도자를 세우는 역할도 강조하고 있다(딤후 2:2). 여기에서 교회의 중요한 사역은 지도자들을 세우는 일임을 볼 수 있다.

구약성경처럼 신약성경에서도 성경적 리더십은 영적 은사와 하나님의 부르심과 밀접하게 연결되어 있다. 하나님께서 각 지도자를 부르시며 각각의 직분에 알맞은 영적 은사를 주신다.

> 그가 어떤 사람은 사도로, 어떤 사람은 선지자로, 어떤 사람은 복음 전하는 자로, 어떤 사람은 목사와 교사로 삼으셨으니(엡 4:11).

이처럼 신구약 성경을 통해 리더십의 의미를 살펴볼 수 있다. 학자들은 성경에서 말하는 동일한 리더십 정의를 '성경적 리더십'이란 말 대신 '영적 리더십'이란 말로 사용했다.

오스왈드 샌더스(Oswald Sanders)는 리더십을 영향력으로 보면서, 다른 사람들이 그를 따르도록 영향을 끼치는 한 사람의 능력이라고 했다.[3] 그는 이 같은 리더십 정의로부터 영적 리더십에 대한 설명을 끌어냈다. 영적 리더십

3　Oswald Sanders, *Spiritual Leadership* (Chicago, IL: Moody Publishers, 2007), 27-28.

은 자연적이고 영적인 자질을 모두 포함한다.

비록 자연적인 자질도 하나님에게서 오기 때문에 초자연적이라 할 수 있지만, 영적 리더십은 성품과 모든 자연적인 재능을 뛰어넘는다. 영적 리더십의 인품은 다른 사람에게 성령에 의해서 강력하게 영향력을 미친다. 영적 리더십은 자신의 능력이 아닌 초월적 영적 능력을 통해 다른 이들에게 영향을 미친다. 왜냐하면, 성령이 그를 통하여 그가 인도하는 사람들 안에서 강력하게 역사하기 때문이다.

샌더스는 자연적 리더십과 영적 리더십을 다음과 같이 비교했다.

표 3-1 자연적 리더십과 영적 리더십 비교[4]

Natural (자연적 리더십)	Spiritual (영적 리더십)
Self-confident (자기 확신)	Confident in God (하나님 안에서 확신)
Knows men (사람을 앎)	Also knows God (또한 하나님을 앎)
Makes own decisions (자기 스스로 결정)	Seeks God's will (하나님의 뜻을 구함)
Ambitious (야망)	Humble (겸손)
Creates methods (방법 고안)	Follows God's example (하나님의 본을 따름)
Enjoys command (명령하기를 즐김)	Delights in obedience to God (하나님께 순종을 기뻐함)
Seeks personal reward (개인 보상 요구)	Loves God and others (하나님과 이웃을 사랑함)
Independent (독립적)	Depends on God (하나님께 의존)

헨리와 리처드 블랙커비는 영적 리더십에 대한 정의를 다음과 같이 하고 있다.

> 영적 리더십은 하나님의 아젠다(Agenda)를 향하여 사람을 움직이는 것이다.[5]

---

[4] Sanders, *Spiritual Leadership*, 29.
[5] Henry & Richard Blackaby, *Spiritual Leadership: Moving People on to God's Agenda* (Nashville: Broadman & Holman, 2001). 20.

이 정의에 나타나 있듯이, 그들은 영적 리더십은 일반적 리더십과 같지 않다고 주장했다. 영적 리더십은 일반적 리더십 원리들을 포함하지만 그것만이 갖고 있는 어떤 구별된 특성이 있으며 다섯 가지로 열거했다.

1. 영적 지도자의 임무는 현재 사람들이 머무는 곳으로부터 하나님께서 그들이 가기를 원하시는 곳으로 움직이게 하는 것이다.
2. 영적 지도자는 성령에 의존한다.
3. 영적 지도자는 하나님께 책임이 있다.
4. 영적 지도자는 하나님의 사람들뿐만 아니라 모든 사람에게 영향력을 끼친다.
5. 영적 지도자는 하나님의 의사 일정에 따라 움직인다.

클린턴은 리더십을 다음과 같이 이해했다.

> 리더십은 하나님이 주신 능력을 갖춘 사람들이 그룹을 향한 하나님의 목적을 향해 하나님 백성의 한 특별한 그룹에 영향을 미치는 역동적인 과정이다.[6]

그는 리더십 정의에서 영적 리더십이란 단어는 사용하지 않았지만, 그의 정의는 영적 리더십에서 말하는 의미를 함축하고 있다. 그는 지도자는 평생 그가 받은 훈련과 경험으로 세워지며, 그러므로 리더십은 평생 배우는 자가 되어야 하며, 자기의 리더십 경험과 통찰력을 다른 사람을 양성하고 훈련하는 일에 사용해야 한다고 강조했다.

---

6 Robert Clinton, *The Making of a Leader* (Colorado Springs, CO: Navpress, 1988), 14.

주상지는 리더십을 다음과 같이 정의했다.

> 리더십이란 조직체의 목적을 성취하기 위하여 그 구성원들을 설득하고 그들의 잠재력을 양성할 수 있는 능력 곧 영향력이다.[7]

그는 여러 학자의 리더십 정의에서 중심 주제어인, 영향력, 목적 성취, 사람들의 양성, 설득력, 본 등의 개념을 종합하여 자신의 리더십 정의를 내렸다.

또한, 영적 리더십 개념을 다음과 같이 설명했다.

> 교회 리더십이란 성령의 능력으로 사람들을 예수 그리스도의 십자가에서 입증된 하나님의 사랑을 깨닫도록 인도함으로써 그들의 삶에 변화를 일으킬 수 있는 영적 영향력이다.[8]

영적 영향력을 가진 지도자는 예수 그리스도 안에서 새로운 삶을 사는 기독교인들에게 각 개인의 은사에 맞는 책임과 권한을 부여하여 그들의 은사를 양성하도록 돕고 격려하는 자이다.

결국, 주상지는 영적 리더십이란 사람들의 삶에 변화를 일으키며, 영적 성숙을 가져오며, 그들이 자원하여 하나님의 사역에 헌신하도록 동기를 부여하는 능력으로 보았다.

영적 리더십을 이론적으로 연구한 학자는 프라이(L. Fry)이다. 그는 영적 리더십을 본질적으로 자신과 타인에게 동기를 부여하여 부름과 회원 자격을 통해 영적 생존 감각을 가질 수 있도록 하는 가치, 태도 및 행동의 구

---

7 주상지, 『교회 사역자들을 위한 리더십 계발의 12가지 열쇠』, 35.
8 주상지, 『교회 사역자들을 위한 리더십 계발의 12가지 열쇠』, 35.

성이라고 정의했다(표 3-2 참조). 영적 리더십은 지도자와 추종자가 헌신적이며 생산적인 사람이 되어 영적으로 생존할 수 있도록 돕는 일이라고 보았다.

이러한 그의 정의는 이전의 많은 리더십 이론이 조직 안에 육체적이고, 정신적이고, 감성적인 요소들의 상호 작용에 초점을 맞추고 영적 요소를 무시해 왔던 경향에 대한 비판에서 나왔다.[9]

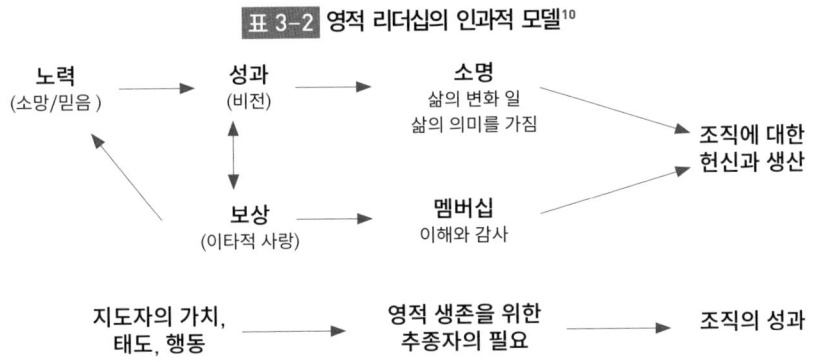

표 3-2 영적 리더십의 인과적 모델[10]

위 표에서 보듯이, 영적 리더십은 추종자의 영적 생존을 위한 가치와 태도와 행동을 가지고 열심히 노력한다. 이를 통해 추종자가 자신의 소명의식을 경험하는 비전을 창출하게 되고, 이 소명의식으로 인해 삶의 변화를 가져오며, 삶에 대한 의미를 갖게 된다. 추종자는 비전 창출을 통해 이타적 사랑이란 보상을 받게 되는데, 이것을 통해서 자신과 타인 모두에게 진정한 관심과 염려와 감사를 느끼게 되며, 멤버십 감각을 키우고 이해하고 높이 평가하게 된다.

9　Louis Fry, "Toward a Theory of Spiritual Leadership," *The Leadership Quarterly* 14 (2003): 694.
10　Fry, "Toward a Theory of Spiritual Leadership," 695.

결과적으로 이 과정을 통해 조직에 대한 헌신과 생산을 가져오는 조직 문화가 만들어진다. 이처럼 프라이도 영적 리더십에서 부르심을 대단히 중요한 요소로 보았다.

이상에서 살펴본 영적 지도자의 이해를 요약하면 다음과 같다. 영적 지도자는 특정한 그룹에 향하신 하나님의 목적을 향해 하나님의 부름을 받은 사람이 성령의 능력을 통해, 한 그룹에 영향을 미침으로 하나님의 목적을 이루도록 하는 사람이다. 영적 지도자는 하나님이 계시하신 하나님의 말씀에서 한 그룹을 향한 하나님의 목적을 발견해야 하고, 하나님의 말씀에 따라 그들을 움직여야 한다. 결국, 영적 리더십의 기준은 하나님의 말씀이 되어야 한다.

2. 성경적 리더십의 자질

하나님께서 영적 지도자를 부르시고 세우신다면, 어떤 사람들을 부르시는가?

하나님께서 사용하시는 영적 리더십의 자질은 무엇인가?

1) 성경적 리더십 자질의 종류

샌더스는 영적 리더십의 필수적 자질로 열여섯 가지를 언급했다.[11]

    1. 영적 지도자는 훈련을 잘 받아 자신을 이긴 자
    2. 다른 이들보다 더 큰 믿음으로 멀리 보는 비전을 가진 자

---

11   Sanders, *Spiritual Leadership*, 51-75.

3. 도덕적이고 영적인 문제들과 어려운 문제들과 복잡한 관계들을 잘 다루는 지혜를 가진 자
4. 하나님의 뜻을 신속하고도 분명하게 결정하는 자
5. 두려움이나 실망함 없이 위험하고 힘든 일들에 직면하는 용기를 가진 자
6. 희생적이고 드러나지 않는 봉사를 선택하는 겸손한 자
7. 투명하고 솔직하고 순결한 모습을 보이는 진실함과 순전함을 소유한 자
8. 긴장과 무거운 분위기를 풀어 주는 유머감각을 가진 자
9. 진실한 사랑으로부터 나오는 의분을 가진 자
10. 용감하고 승리를 위한 자세로 모든 것을 참아 내는 인내를 가진 자
11. 많은 친구와 깊은 우정을 나누는 자
12. 다른 사람의 상태에 대해 민감하게 반응하는 재치와 민감한 상황을 잘 다루는 외교술을 가진 자
13. 다른 사람들이 봉사하고 희생하도록 움직이는 감화력을 소유한 자
14. 비전을 실행에 옮기는 행정 능력이 있는 자
15. 동정심을 가지고 다른 이들의 말을 들어 주는 자
16. 격려와 칭찬과 동정으로 편지 쓰는 기술을 소유한 자

샌더스는 위의 자질들보다 더 필수적인 것 하나를 덧붙이는데, 그것은 바로 성령께 자기 삶과 의지를 복종시키고, 성령의 인도하심에 따르는 성령 충만함에 대한 자질이라고 덧붙였다.[12]

주상지는 그의 책 『교회 사역자들을 위한 리더십 계발의 12가지 열쇠』에서 '리더십 자질'이란 단어를 사용하지 않았지만, "지도자의 인격적 특성"이란 말로 영적 리더십 자질에 대해서 말하고 있다.[13]

---

12 Sanders, *Spiritual Leadership*, 77-81.
13 주상지, 『교회 사역자들을 위한 리더십 계발의 12가지 열쇠』, 87-116.

그는 리더십 자질에 대해 언급하기 전에 리더십에 있어서 가장 중요한 요소는 인간 됨됨이요, 그 다음이 그의 능력이라고 보았다. 영적 지도자는 성령의 역사로 새롭게 변화된 인격을 소유한 자이며, 그의 인격 양성은 예수 그리스도를 계속하여 닮아 가므로 이루어진다고 보았다. 그는 영적 지도자의 인격적 특성 열네 가지를 다음과 같이 열거했다.

1. 생각과 행동의 정직성과 일관성을 드러내는 진실성
2. 삶의 모든 영역에서 성령의 다스림을 받는 자아 훈련
3. 사람과 일에 대해 집중적인 관심과 열심을 나타내는 열정
4. 하나님의 뜻을 신속하고 분명하게 결정하는 결단력
5. 하나님을 신뢰하고 예수 그리스도의 삶을 따라가는 겸손
6. 하나님의 뜻이 이루어질 때까지 모든 어려움을 참고 견딜 수 있는 시련 극복의 능력
7. 인자와 자비와 긍휼에 풍성하신 하나님을 알고, 그 마음을 소유한 동정심
8. 매일 거룩하고 정결한 삶을 추구하는 경건의 삶
9. 예수 그리스도의 십자가를 통해 증명된, 하나님의 조건 없는 사랑을 실천하는 사랑
10. 범사에 능동적이고 적극적으로 상상력을 발휘할 뿐만 아니라, 사건에 실제로 참여하고 다른 이들의 말에 경청함으로 부단히 배우는 정신
11. 창조주 하나님, 만물의 주관자, 거룩하시고 사랑이 풍성하신 하나님에 대한 믿음
12. 하나님과 교제하고, 그분의 능력을 힘입고, 다른 사람들을 중보하기 위해 삶의 우선순위에 놓는 기도
13. 고난의 종으로 오신 예수 그리스도를 본받아 자신과 자신의 귀중한 것을 포기하는 자기 희생
14. 남을 섬기는 종의 자세를 가지고, 이를 실천하는 섬김의 지도자

블랙커비(H. & R. Blackaby)는 영적 리더십 자질을 영향력으로 보았다. 그리고 그들은 영향력을 두 차원에서 설명하고 있다. 부정적 영향력의 근원(Illegitimate Sources of Influence) 세 가지와 긍정적 영향력 근원(Legitimate Sources of Influence) 다섯 가지를 열거했다.[14]

부정적 영향력은 다음과 같다.

첫째, 지위(Position)

먼저는 지도자의 지위에서 오는 권위와 영향력이다. 그들의 사역에 맞는 자질을 양성하지 않고 영향력 있는 지위를 가지고 사람들에게 영향력을 끼치려 할 때, 리더십의 남용과 결함이 생긴다. 영적 지도자는 그의 지위나 신분에서 영향력을 행사하는 것이 아니라 성령의 역사와 영적 자질로 사람들에게 영향을 끼쳐야 한다.

둘째, 권력(Power)

만약 지도자가 권력을 사용하여 사람에게 영향력을 행사하려 한다면, 그것은 독재자로 가는 길이다. 처음에는 추종자들이 독재자의 말을 듣는 것 같지만 한 번 그의 권위를 부정하면, 지도자의 생명은 끝나게 된다. 영적 독재는 가장 포악한 압제가 될 수 있다.

영적 독재자는 하나님께서 영적 지도자에게 권위를 위임하셨기에, 추종자는 하나님께 순종하듯이 이유를 묻지 말고 그에게 복종해야 한다고 주장한다. 그러나 그런 생각은 전혀 성경적이지 않다. 왜냐하면, 하나님은 자신의 주권으로 지도자에게 그 지위를 주셨고, 성도들에게 자발적으로 그 권위자에게 복종하도록 명령하셨기 때문이다(롬 13:1-2).

그러나 성도들이 눈을 가린 채 무조건 맹목적으로 지도자에게 복종하는 것이 아니다. 단지 하나님에게서 받은 그의 지위를 존중하여 복종하는 것

14　Blackaby, *Spiritual Leadership: Moving People on to God's Agenda*, 87-93.

이다. 성경은 모든 사람이 그들의 행위에 대해 그리스도께 정산할 것을 분명히 말씀하고 있다(고후 5:10). 그리스도는 그분의 주재권을 행사하기 위해 중재자가 필요하지 않으시다. 각 성도 안에 내재하신 성령이 각자를 인도하고 가르치며 확신을 갖게 하신다.

셋째, 개성(Personality)

만약 지위나 권위로 영향력을 행사하는 것이 아니라면 그 다음은 무엇인가?

대부분의 사람은 지도자의 카리스마 혹은 특별한 개성 때문에 그를 따른다. 지도자의 평판이 나쁜 것만은 아니다. 그러나 지도자는 평판보다도 추종자에게 자신의 리더십 능력과 하나님에게서 받은 비전을 보여 주어야 한다. 교회는 예수 그리스도께서 세우신다고 했다(마 16:18). 교회를 지도자의 개성 위에 세워서는 안 되며 그리스도 위에 세워야 한다.

그러면 블랙커비가 말한 긍정적인 영향력의 근원은 무엇인가?

그들은 하나님의 인증, 하나님과 대면, 진실함, 성공적인 실적, 준비 등 다섯 가지로 보았다.[15]

첫째, 하나님의 인증(God's Authentication)

영적 지도자를 포함하여 모든 지도자는 여러 방법으로 사람들에게 영향을 줄 수 있다. 그러나 영적 지도자에게 가장 중요한 것은 하나님의 인증이다. 이 사실은 성경과 인간 역사 속에서 증명된 사실이다.

예를 들면, 지도자로서 수많은 결점을 가진 모세는 하나님과 깊은 관계(출 33:11)를 통해 하나님의 인증을 받고, 이스라엘 역사의 전무후무한 지도자로서 역할을 감당했다. 강력한 군대를 가진 가나안을 정복해야 하는

15　Blackaby, *Spiritual Leadership: Moving People on to God's Agenda*, 93-116.

여호수아에게 하나님은 그를 당할 자가 없을 것이라고 격려하시며(수 1:5), 승리를 인증하셨다. 죄인처럼 세례를 받으시던 예수 그리스도께 하나님은 "이는 내 사랑하는 아들이요 내 기뻐하는 자라"(마 3:17)는 말씀으로 그분이 하나님의 아들이심을 인증하셨다.

영적 지도자는 하나님께서 그를 지도자로 인증하셨는지 그의 삶을 점검할 필요가 있다. 하나님께서 확증해 주시는 지도자의 증거로는 하나님의 약속 성취, 그의 평판을 반복해서 옹호하시는 하나님, 많은 이의 삶의 변화, 그리스도를 닮는 지도자의 모습 등이 있다.

둘째, 하나님과 대면(Encounters with God)

영적 리더십은 하나님과 깊은 관계성을 통해 흘러나온다. 오래되지 않은 현대사에서 찰스 피니(Charles Finny), 드와이트 무디(Dwight Moody), 빌리 그래함(Billy Graham)의 경험에서 공통으로 발견되는 요소는 하나님께 전적 순종이다. 그들의 전적 순종은 하나님의 임재에 대한 확신으로부터 왔다. 하나님은 그들의 순종을 기뻐하셨고, 그들의 삶을 통해 그분의 강력한 능력을 행사하셨다.

셋째, 진실함(Integrity)

리더십은 기본적으로 신뢰에 기초한다. 사람들은 그들이 신뢰하는 지도자를 따라가기로 선택한다. 영적 지도자는 진실한 사람으로 인정되어야 한다. 추종자는 그들의 지도자가 완벽할 것을 기대하지 않지만, 진실할 것을 기대한다.

넷째, 성공적인 실적(A Successful Track Record)

지도자는 존경을 요구할 수 없다. 존경은 노력으로 얻어지는 것이다. 하나님은 지도자를 양성하실 때, 처음에 작은 일에 충성하는지 시험한 후 더 큰 일을 맡기신다. 영적 지도자는 그의 삶의 각 단계에서 하나님께서 맡기시는 모든 일에 충성하고, 그것을 통해 하나님을 더 깊이 알게 되고, 그의 믿음이 더 커지며 영적으로 성숙하게 된다.

순종과 성숙의 방식을 통해 영적 지도자는 더 높은 차원에서 영향력을 끼치게 된다. 결국, 추종자는 하나님께 충실하게 봉사한 실적을 가진 지도자를 지지하고 따르게 된다.

다섯째, 준비(Preparation)

준비는 지도자에게 확고한 확신을 가져다준다. 성공적 지도자들은 그들의 과제를 철저하게 한 사람들이다. 영적 지도자는 하나님이 지금까지 그가 속한 기관을 어떻게 인도하셨는지 알기 위해 그 기관의 과거를 철저히 연구해야 한다. 리더십을 위한 준비는 훈련도 포함한다. 지도자는 배우기 위해 시간을 할애해야 한다. 지도자의 준비는 그의 장래 리더십을 결정한다.

이상의 영적 리더십 자질은 일반적 리더십 자질과 유사한 점도 많다. 그러나 근본적으로 다른 점 하나는 영적 리더십이 하나님의 부르심과 성령의 도우심에 근거한다는 점이다. 나는 이것이 지도자 양성에 있어서 선교사와 교회가 중요하게 여겨야 할 부분이라 확신한다.

2) 영적 리더십 자질의 준비 과정

그렇다면 하나님은 영적 리더십의 자질을 어떻게 준비시키는가?
하나님은 그분의 영적 지도자를 어떤 과정을 통해 이러한 자질들을 양성시키시는가?
클린턴은 일반화된 시간 선(Generalized Time-line)을 통해 이것을 설명하고 있다.

도표 3-3	일반화된 시간선[16]				
국면 1	국면 2	국면 3	국민 4	국면 5	국면 6
주권적 기초	내적 삶의 성장	사역 성숙	성숙한 삶	수렴	잔광

첫째 국면은 주권적 기초(Sovereign Foundations)이다.

여기에서 하나님은 가족, 상황적 배경, 역사적 사건을 통해 한 지도자의 삶에 기본적인 기반을 세우신다.

둘째 국면은 내적 삶의 성장(Inner-life Growth)이다.

지도자가 기도와 하나님의 말씀을 통해 하나님을 더 깊이 알아 가는 시기이다. 이때 하나님은 여러 가지 시험을 통해 지도자의 잠재력과 성품을 형성해 나가신다. 하나님이 사용하시는 시험은 진실성 검증, 순종 검증, 하나님의 말씀 검증 등이다. 검증이란 말은 확인과 균형이란 뜻으로 사용했다.[17]

- **진실성 검증**(Integrity Check)은 하나님이 리더십 자질을 양성하기 위해 그의 의도를 측정하시는 일종의 테스트이다. 하나님께서 지도자가 추종자를 인도할 수 있도록 주시는 능력과 자질 가운데 중심이 진실성이다. 클린턴은 영적 지도자로서 가장 중요한 자격은 진실성이라고 했다.
- **순종 검증**(Obedience Check)은 한 지도자가 추종자들이 순종하도록 영향력을 미치는 것이다. 그러나 이 일이 일어나기 전에 지도자는 하나님께서 계시하신 진리에 복종하는 법을 배워야 한다.

---

16 Clinton, *The Making of a Leader*, 44.
17 Clinton, *The Making of a Leader*, 58-73.

- **하나님의 말씀 검증**(Word Check)은 지도자가 하나님의 말씀을 이해하거나 받아들여서 말씀의 권위를 강화하는 목적으로 지도자의 삶에 적용되는 것을 갈망하는 시험 항목이다.

이 세 가지 검증 항목들이 복잡한 삶에서 분명하게 분리되어 작용하지 않는다. 자주 하나의 검증은 다른 것들과 겹치는 부분들이 있다. 클린턴은 이것을 하나의 다이어그램으로 도식화했다.

표 3-4 중첩된 시험 항목을 보여 주는 다이어그램[18]

셋째 국면은 사역 성숙(Ministry Maturing)인데, 지도자는 다른 사람들을 도우면서 자신의 영적 은사들을 실험한다. 효과적인 사역을 준비하기 위해 비공식 혹은 공식적 훈련을 받는다.

클린턴은 이 국면을 다시 네 단계로 세분화시켰다.

- **진입**(Entry) 단계에서 사역 과제와 사역 도전이 있다.
- **훈련**(Training) 단계에서 사역 기술, 훈련 경험, 은사 발견이 이루어진다.

---

18 Clinton, *The Making of a Leader*, 73.

- **관계적 배움**(Relational Learning) 단계에서 권위에 대한 통찰력과 관계성에 대한 통찰력과 갈등 다루기와 리더십 반발이 있게 마련이다.
- **분별**(Discernment) 단계에서 지도자는 영적 전쟁과 능력 항목들과 믿음에 대한 도전과 기도에 대한 도전, 영향력 도전과 사역 확증 등을 경험하게 된다(표 3-5 참조).

넷째 국면은 성숙한 삶(Life Maturing)이다.

지도자는 어떻게 자신의 은사를 최대한 활용할 수 있을지 알게 되며, 사역의 우선순위를 인식하게 된다. 이 과정에서 지도자는 하나님과 더 깊은 교제를 나누게 되고 이를 통해 영적 권위가 증가한다.

다섯째 국면은 수렴(Convergence)이다.

하나님은 지도자를 그의 은사와 경험에 알맞은 곳으로 움직이신다. 지도자 삶의 성숙과 사역의 성숙은 이 기간에 이루어진다.

여섯째 국면은 잔광(殘光, Afterglow)이다.

일생을 통한 사역과 성장의 열매가 광범위하게 영향을 끼치는 기간이다. 이 단계에 이른 지도자는 대개 공식적인 사역과 책임으로부터 자유로운 때를 갖는다.

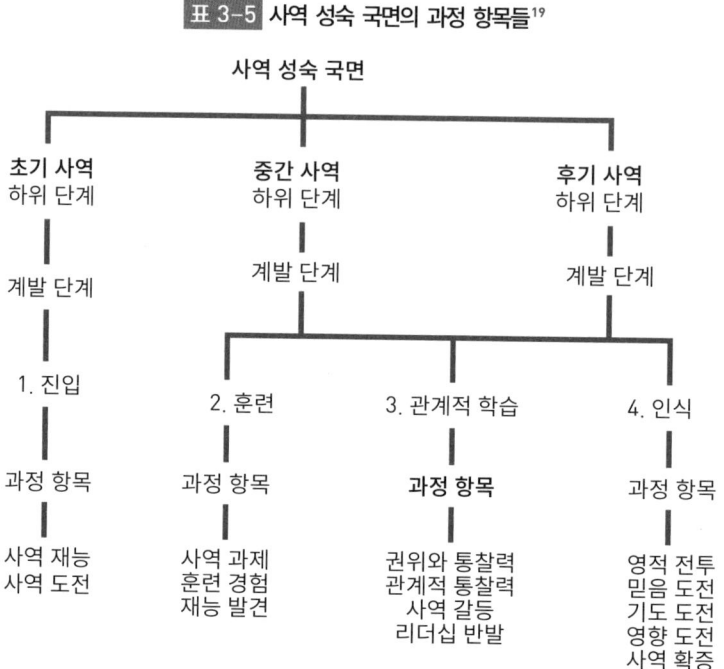

표 3-5 사역 성숙 국면의 과정 항목들[19]

3. 성경적 리더십 유형

지도자의 중요한 역할은 그의 영향력을 통해 사람들의 삶에 변화를 일으키는 것이다. 마찬가지로 영적 지도자도 다른 사람이 하나님의 말씀에 순종하도록 동기를 부여하고 이를 통해 그들의 삶이 거룩해질 수 있도록 영향력을 행사하는 것이다. 이 같은 영향력을 구현하는 방법에 따라 영적 리더십의 유형을 종의 리더십, 목자 리더십, 그리고 청지기 리더십의 세 가지로 구분할 수 있다.

19　Clinton, *The Making of a Leader*, 80.

1) 종의 리더십

1970년 그린리프(Robert Greenleaf)는 "종의 리더십"(Servant leadership) 개념을 제안했다. 그리고 그것이 그의 책 이름이 되었다.

스피어스(L. Spears)는 후에 종의 리더십의 열 가지 공통 요소를 다음과 같이 말했다.[20]

1. 경청
말로 표현된 것이나 내면의 표현되지 못한 모든 것을 수용하는 태도이다.

2. 공감하는 자세
섬기는 지도자는 타인의 독특성을 이해하고 그들과 공감하기 위해 노력해야 한다.

3. 치유에 관한 관심
섬기는 지도자는 상처와 아픔으로 고통 중에 있는 추종자에게 관심을 가져야 한다.

4. 분명한 상황 인식
섬기는 지도자는 상황에 대한 인식을 기반으로 근거가 타당한 대안을 제시하고, 그가 보인 결정이 분명한 상황 인식을 통해 나온 것임을 추종자들이 알게 해야 한다.

5. 설득력
섬기는 지도자는 지위의 권위를 가지고 추종자들이 순종하도록 강요하기보다는 그들을 설득하여 이해하도록 주력해야 한다.

---

[20] L. C. Spears, ed. *Insights on Leadership: Service, Stewardship, Spirit, and Servant-leadership* (New York: Wiley 1998), 3-6.

6. 폭넓은 사고

단기적 목표를 성취하기 위해 그의 에너지를 소진하는 것이 아니라 장기적 안목을 가지고 현실에 적합한 조처를 하기 위해 노력해야 한다.

7. 통찰력

섬기는 지도자는 자신의 통찰력을 통해 추종자들이 과거의 교훈을 이해하도록 돕는다. 그 결과 추종자는 현실을 제대로 인식하게 되며, 어떤 결정이 미치게 될 결과를 예측할 수 있게 된다.

8. 청지기 의식

섬기는 지도자는 자신이 추종자를 섬기기 위해 리더십을 위임받았다고 생각한다. 그러므로 그는 추종자를 섬기는 일을 최우선적인 과업으로 생각하고 일한다.

9. 추종자의 성장에 대한 헌신

섬기는 지도자는 추종자의 현재 일의 성과만을 보는 것이 아니라 그들의 발전과 양성을 돕기 위해 헌신한다.

10. 공동체 형성

섬기는 지도자는 추종자들이 공동체 의식을 가지고 일할 수 있도록 노력한다.

그린리프는 추종자에 대한 봉사가 지도자의 주요 책임이며, 윤리적 지도자의 본질이라고 주장했다. 종의 리더십은 개인 양성, 권한 부여, 집단 작업을 촉진하고 다른 사람들이 공동 목표를 달성하도록 돕는 역할을 한다. 종의 리더십은 추종자의 필요에 부응해야 하며, 그의 책임감을 지혜롭고 자원하는 마음으로 받아들인다.

종의 리더십 섬김에는 추종자를 양육하고, 보호하고, 권한을 부여하고, 추종자의 필요와 열망을 이해하고, 그들의 고통과 좌절을 함께 나눔으로 섬긴다. 추종자의 신뢰는 철저한 정직과 개방과 가치관과 일관된 행동을

통해 얻게 된다.[21]

종의 리더십이 갖는 장점들이 있다. 종의 리더십은 든든한 지지와 강력한 리더십, 견고한 신뢰, 추종자의 양성과 권한 부여에서 오는 참여적 지도자, 공평성과 형평성을 보장하려는 데서 오는 충성도와 만족도, 추종자의 추천으로 재능 있고 헌신적인 다른 추종자를 끌어들이고 유지하는 추종자 중심 문화를 형성할 수 있다는 면들이다.

그러나 추종자가 공동체의 이윤보다 자신의 복지를 더 중시하거나, 복리후생 삭감의 어려움, 지도자와 추종자의 분명한 위치나 역할의 불분명한 부분은 더 많은 연구가 필요하다.[22]

많은 신약성경 구절은 교회의 지도자 역할을 종처럼 섬기는 자로 설명한다. 예를 들면, 마태복음 21:34-40은 "종들"로 마태복음 22:2-14은 결혼 잔치에서 일하는 "종"으로, 마태복음 24:45-51과 25:14-30은 주인의 집을 맡은 "종"으로, 누가복음 12:35-40은 혼인집에서 돌아오는 주인을 기다리는 "종"으로 각각 비유하고 있다. 마태복음 18:1-6에서 예수 그리스도는 어린아이와 같이 자기를 낮추는 사람이 천국에서 큰 자라고 말씀하신다. 마태복음 20:20-28에서 예수 그리스도는 누구든지 크고자 하는 자는 섬기는 자가 되어야 한다고 말씀하셨다.

예수 그리스도께서 보이신 겸손의 본은 요한복음 13:1-20에서 그 절정을 이룬다. 그리고 예수 그리스도는 자신이 주와 선생이 되어 제자들의 발을 씻었으니 제자들도 서로 발을 씻어 주는 것이 옳다고 하시며, 지도자가 되고자 하는 사람은 다른 사람을 섬겨야 할 것을 도전하셨다.

21　R. K. Greenleaf, *Servant Leadership: A Journey into the Nature of Legitimate Power and Greatness* (Mahwah, NJ: Paulist Press, 1977); Yukl, *Leadership in Organizations*: 337에서 재인용.

22　Yukl, *Leadership in Organizations*, 337.

빌립보서 2:4-11에서 바울은 예수 그리스도께서 비천한 인간이 되신 겸손의 본을 보이셨듯이, 모든 성도는 그분의 본을 본받아 겸손할 것을 권면한다. 이처럼 신약 전체에서 지도자를 포함한 모든 기독교인이 예수 그리스도를 본받아 겸손히 다른 이들을 섬길 것을 명령한다. 이와 같이 성경에서 찾아볼 수 있는 영적 리더십은 종의 리더십이다.

2) 목양의 리더십

성경에서 볼 수 있는 또 다른 리더십 모델은 목자 리더십이다. 성경에는 하나님이 이스라엘의 목자요 백성은 그분의 양으로 묘사된 구절이 많이 있다.[23] 야곱은 그의 아들들을 축복하면서 하나님이 자신의 목자라고 표현한다.

> 내 조부 아브라함과 아버지 이삭이 섬기던 하나님, '나의 출생으로부터 지금까지 나를 기르신 하나님'(the God who has been my shepherd all my life to this day, NIV)(창 48:15).

다윗은 시편 23편에서 하나님을 목자라고 칭하면서 양의 필요를 채우시고, 생명을 보호해 주시고, 삶을 인도해 주시는 분이라고 고백한다. 하나님께서 세우신 관계는 단지 개인들뿐만 아니라 하나님의 백성 전체와 맺으신 것이기도 하다. 그들은 하나님의 언약 백성이며, "양"이요 "양 떼"라는 용어로 묘사된다.

---

[23] Timothy Z. Witmer, *The Shepherd Leader: Achieving Effective Shepherding in Your Church* (Philipsburg, NJ: P & R Publishing Co., 2010), 11-13.

요셉을 양 떼 같이 인도하시는 이스라엘의 목자여 귀를 기울이소서 그룹 사이에 좌정하신 이여 빛을 비추소서(시편 80:1).

시편 95:6-7에서 시편 기자는 언약 백성에게 성실하신 하나님으로 인해 기뻐한다.

오라 우리가 굽혀 경배하며 우리를 지으신 여호와 앞에 무릎을 꿇자 그는 우리의 하나님이시요 우리는 그가 기르시는 백성이며 그의 손이 돌보시는 양이기 때문이라(시 95:6-7).

그의 백성, 양 무리의 목자로서 여호와에 관한 묘사는 구원 맥락에서 자주 발견된다.

주의 백성을 양 떼 같이 모세와 아론의 손으로 인도하셨나이다(시 77:20).

홍해를 통과하여 목자처럼 애굽의 속박에서 자기 백성을 구원하신 하나님을 회상하고 있다.

그가 자기 백성을 양 같이 인도하여 내시고 광야에서 양 떼 같이 지도하셨도다(시 78:52).

하나님께서 이집트인에게 재앙을 내리신 것과 대비시킨다.

이사야는 하나님의 백성이 하나님을 떠나 방황할지라도 그들에게 성실하신 하나님을 확신하고 있다.

그는 목자같이 양 떼를 먹이시며 어린 양을 그 팔로 모아 품에 안으시며 젖먹이는 암컷들을 온순히 인도하시리로다(사 40:11).

성경은 하나님이 목자요 그분의 백성은 그분의 양 무리라는 비유적 표현으로 그치지 않는다. 하나님은 그분 양 떼를 인도하고 보살피기 위해서 부르신 자들을 목양하시는 분으로 묘사하고 있다.[24]

이사야 63:11은 모세가 이스라엘 백성의 목자임을 상기시킨다.

> 백성이 옛적 모세의 때를 기억하여 이르되, 백성과 양 떼의 목자를 바다에서 올라오게 하신 이가 이제 어디 계시냐, 그들 가운데에 성령을 두신 이가 이제 어디 계시냐(사 63:11).

문법적으로 단정하기는 쉽지 않지만, 영(E. J. Young)은 이 구절에서 목자는 모세라고 확신했다.[25]

성경은 다윗의 리더십도 목자의 상으로 묘사하고 있다. 이스라엘 백성이 다윗을 왕으로 세우면서 그를 이스라엘의 목자로 부르고 있다.

> 전에 곧 사울이 우리의 왕이 되었을 때도 이스라엘을 거느려 출입하게 하신 분은 왕이시었고 여호와께서도 왕에게 말씀하시기를 네가 내 백성 이스라엘의 목자가 되며 네가 이스라엘의 주권자가 되리라(삼하 5:2).

시편 기자는 다윗이 목양을 잘한 것으로 영광스러운 통치를 묘사한다.

> 이에 그가 그들을 자기 마음의 완전함으로 기르고 그의 손의 능숙함으로 그들을 지도하였도다(시 78:72).

---

24 Witmer, *The Shepherd Leader: Achieving Effective Shepherding in Your Church*, 14-17.
25 E. J. Young, *The Book of Isaiah* (Grand Rapids: Eerdmans, 1972), 484.

그러나 하나님의 백성을 목양하도록 부름을 받은 모세와 다윗은 목자로서 사명을 다하지 못했다.[26] 모세는 목자의 상징으로 받은 지팡이로 하나님을 불신하는 데 사용했고(민 20:12), 목자와 왕의 상징인 왕관을 쓴 다윗은 하나님의 백성을 자신의 정욕을 채우는 데 이용했다. 그들뿐만 아니다.

에스겔은 34장에서 목양에 실패한 목자들의 모습을 그리며, 그들이 당할 무서운 심판을 예언한다. 이와 더불어 에스겔은 완전한 목자가 올 것을 예언한다.

> 내가 한 목자를 그들 위에 세워 먹이게 하리니 그는 내 종 다윗이라 그가 그들을 먹이고 그들의 목자가 될지라(겔 34:23).

다윗은 이미 오래전에 죽었지만, 다윗처럼 목자-왕의 역할을 감당하게 될 완전한 목자가 오실 것을 예언했다.

예수 그리스도는 "나는 선한 목자라"(요 10:11)라고 선포하신다. 그분의 선포는 에스겔의 예언 성취를 기다리던 이스라엘 백성에게 큰 기쁨의 소식이었다. 예수 그리스도는 선한 목자로서 그분의 양들을 아시고(요 10:14, 15), 그들의 필요를 채우시며(요 6:35), 그들을 인도하시고(눅 9:23), 자기 양들을 위하여 목숨을 버리신다(11절). 그리고 천국에서 그분의 양들이 자기와 영원히 함께 있을 처소를 예비하신다(요 14:2-3).

예수 그리스도는 갈릴리 도시와 마을을 다니시며, 목자 없는 양처럼 유리하는 무리를 보시고 안타까워하셨다(마 9:36). 예수 그리스도는 제자들에게 하나님께 기도할 것(마 9:38)을 명하시고, 그분의 제자들을 이스라엘의 잃어버린 양들에게 보내셨다(마 10:6).

---

26 Witmer, *The Shepherd Leader: Achieving Effective Shepherding in Your Church*, 18-19.

죽음에서 부활하시고 하늘로 승천하시기 전, 예수 그리스도는 그의 제자들에게 목양의 일을 위임하셨다. 전업으로 돌아가 고기를 잡던 제자들에게 부활하신 예수 그리스도가 나타나셔서 시몬 베드로에게 세 번 물으신다.

> 요한의 아들 시몬아 네가 이 사람들보다 나를 더 사랑하느냐 … 내 어린 양을 먹이라 … 요한의 아들 시몬아 네가 나를 사랑하느냐 … 내 양을 치라 … 요한의 아들 시몬아 네가 나를 사랑하느냐 … 내 양을 먹이라(요 21:15-17).

"내 양을 먹이라" 혹은 "내 양을 치라"라고 번역된 이 단어는 ποιμαίνω(포이마이노)와 βόσκω(보스코)라는 말로 사용되었다.[27] NIV는 이 단어를 'feed'와 "take care"로 번역함으로써 헬라어 의미를 살리려 했다.

ποιμαίνω와 βόσκω는 '양을 치다', '양 떼를 돌보다', '양 떼를 다스리다'라는 뜻이다. 트렌치(Richard Trench)는 ποιμαίνω가 단순히 '먹이다'의 뜻을 넘어, 인도하고, 보호하고, 감싸 안고, 기름진 목초지를 찾는 목자의 일 전체를 포함한다고 했다.[28]

이같이 선한 목자이신 예수 그리스도는 제자들에게 목양 사명을 위임하셨다. 승천하시기 전 예수 그리스도는 제자들에게 성도들을 보호하고, 훈련하고, 관리하는 목자 리더십을 위임하신 것이다.[29]

직접 예수 그리스도의 위임을 받은 베드로는 이 말씀과 유사한 내용으로 그의 다음 세대 교회 장로들에게 교훈했다.

---

[27] Kurt Aland, Matthew Black, Carlo M. Martini, Bruce M. Metzger, Allen Wikgren, The Greek New Testament. 3rd ed. (West Germany: United Bible Societies, 1975), 414.
[28] Richard Trench, *Synonyms of the New Testament* (London: Kegan, Paul, Trench, Trubner, and Company, 1894), 85.
[29] Aubrey Malphurs, *Being Leaders* (Grand Rapids: Baker Books, 2003), 28.

> 너희 중 장로들에게 권하노니 나는 함께 장로 된 자요 그리스도의 고난의 증인이요 나타날 영광에 참여할 자니라 너희 중에 있는 하나님의 양 무리를 치되 억지로 하지 말고 하나님의 뜻을 따라 자원함으로 하며 더러운 이득을 위하여 하지 말고 기꺼이 하며 맡은 자들에게 주장하는 자세를 하지 말고 양 무리의 본이 되라 그리하면 목자장이 나타나실 때에 시들지 아니하는 영광의 관을 얻으리라(벧전 5:1-4).

그의 교훈은 에스겔 34장에 언급된 "거짓 목자"와 대조를 이룬다. 그는 교회 지도자들이 목양하되 거짓 목자들처럼 억지로 하지 말고, 더러운 이득을 위해 하지 말고, 권위를 앞세워서 하지 말고, 자원하는 마음으로 양의 본이 되는 목양을 하라고 권유한다. 여기에서 베드로는 예수 그리스도를 "목자장"(ἀρχιποίμην, 아르키포이멘)으로 묘사하고 있다.

셀윈(Selwyn)은 이 단어가 목양하는 사역자와 그리스도와의 관계를 묘사한 말인데, 그리스도께서 그들의 목자로서 그들을 목양하고, 그들이 어떻게 목양해야 할지 본을 보이는 관계로 해석했다.[30] 그러므로 목자 리더십은 목자장이신 그리스도께 책임지는 리더십이라 할 수 있다.

다메섹 도상에서 부활하신 예수 그리스도를 만나 사도가 된 바울은 교회의 지도자를 세울 때 리더십 자질에 대해 다음과 같이 말했다.

> 그러므로 감독은 책망할 것이 없으며 한 아내의 남편이 되며 절제하며 신중하며 단정하며 나그네를 대접하며 가르치기를 잘하며, 술을 즐기지 아니하며 구타하지 아니하며 오직 관용하며 다투지 아니하며 돈을 사랑하지 아니하며, 자기 집을 잘 다스려 자녀들로 모든 공손함으로 복종하게 하는 자라야 할지며, 사람이 자기 집을 다스릴 줄 알지 못하면 어찌 하나님의 교회를 돌보리요(딤전 3:2-6).

---

30   Edward Selwyn, *The First Epistle of Peter* (Grand Rapids: Baker, 1981), 231-232.

바울은 여러 자질을 열거한 후 '다스리다'의 뜻을 가진 προϊστημι(프로이스테미)를 사용했다. 이 단어의 의미는 '앞'을 의미하는 προ와 '서다'는 뜻을 가진 ἵστημι의 결합어이다.³¹ 결국, '다스리다'라는 말은 앞에 서서 본이 된다는 뜻이다. 로마서 12:8과 디모데전서 5:17에도 감독이 수행해야 하는 일로서 보호하고, 가르치고, 다스리는 일을 언급할 때도 이 단어를 사용했다.

위트머는 효과적인 목양을 위한 일곱 가지 원리를 언급했다.³²

1. 성경의 확신에 기초한 목양
2. 조직적 목양
3. 포괄적 목양
4. 관계 중심적 목양
5. 네 가지 역할을 자세히 알고(micro-knowing), 적극적으로 양육하고(micro-feeding), 모든 삶에서 본이 되며(micro-leading), 구체적으로 성도를 보호하는(micro-protection) 목양
6. 매달 혹은 매년 감당할 일들을 책임지는 목양
7. 기도하는 목양

이상에서 살펴보았듯이, 성경에서 볼 수 있는 영적 리더십은 목자 리더십이다.

---

31 Joseph Henry Thayer, *Greek English Lexicon of The New Testament* (Grand Rapids: Zondervan Publishing Company, 1988), 593.
32 Witmer, *The Shepherd Leader: Achieving Effective Shepherding in Your Church*, 194-224.

3) 청지기 리더십

성경에서 찾아볼 수 있는 또 다른 영적 리더십 모델은 청지기 리더십이다. 몇몇 학자가 청지기를 리더십과 연관해서 연구했으나 청지기 리더십까지는 주장하지 못했다.

드프리(M. DePree)는 "리더십 예술은 우리가 관계성, 자산과 유산, 추진력과 효율성, 예의와 가치관과 관련하여 청지기로서 지도자를 생각할 것을 요구한다"[33]라고 썼는데, 실제로 그는 그린리프를 존경했기 때문에, 청지기 리더십이란 개념을 양성하기보다는 종의 리더십 개념 속에 포함했다.

그러나 클린턴(Robert Clinton)은 청지기 리더십 모델을 성경의 네 가지 주 모델 중 하나로 기술했다. 그는 청지기 모델은 재능과 관계없이 모든 지도자에게 적용된다고 했다. 그는 청지기 리더십의 여덟 가지 기본 가치를 다음과 같이 말하고 있다.[34]

1. 사역 과제와 임무는 궁극적으로 하나님에게서 온다.
2. 하나님은 지도자의 영향력과 추종자의 성장과 행동의 결과에 대해 지도자에게 책임을 물으신다.
3. 지도자는 리더십 이행에 대해 영원히 하나님께 궁극적인 책임을 진다.
4. 지도자가 주어진 능력, 기술, 재능, 기회에 충실할 때 보상을 받는다.
5. 하나님은 지도자가 능력, 기술, 재능을 양성하고, 그것의 잠재력을 극대화하고 하나님을 위해 사용할 것을 기대하신다.

---

33 Max DePree, *Leadership is an Art* (NY: Bantam Doubleday Dell Publishing Group Inc., 1989), 12-13.
34 Clinton, *Leadership Emergence Theory: A Self-study Manual for Analyzing the Development of a Christian Leader*, 57-58.

6. 하나님은 지도자에게 재능과 배움을 효과적으로 사용할 수 있도록 선물로 주신다.

7. 하나님은 지도자가 하나님을 위해 사용하도록 주신 능력, 기술, 재능, 기회를 열심히 사용해 맺은 열매에 대해 보상하신다.

8. 지도자는 추종자들이 가질 수 있는 비난이나 그들이 받는 영향보다 높은 기준을 가져야 한다.

이 모든 요소는 청지기로서의 리더십과 연관이 있다.

성경에도 지도자를 청지기 개념으로 설명한 구절이 많다. 구약 성경에서 가장 많이 사용된 청지기라는 단어는 עַל־הַבַּיִת(알 하바이트)이다. עַל은 접두사로 '위에'라는 뜻이고[35], בַּיִת는 '집' 혹은 '가정'이란 뜻이다.[36] 그러므로 이 단어는 '가정을 살피는 사람'이란 의미를 지니며, 중요한 위치에서 책임을 맡은 자이다.

구약성경에서 먼저 살펴볼 구절은 시편 24:1이다.

> 땅과 거기에 충만한 것과 세계와 그 가운데에 사는 자들은 다 여호와의 것이로다 (시 24:1).

이 구절에서 하나님은 모든 창조물의 소유자이시고, 여기에서 청지기 개념이 시작된다.[37] 성경은 하나님이 모든 것을 소유한 유일하신 분임을 선포하고 있다.

---

35 F. Brown, S. R. Driver, & C. A. Briggs. *A Hebrew and English Lexicon of the Old Testament with an Appendix Containing the Biblical Aramaic* (Oxford: Clarendon, 1907), 755.

36 Brown, Driver, & Briggs. *A Hebrew and English Lexicon of the Old Testament with an Appendix Containing the Biblical Aramaic*, 110.

37 Kent R. Wilson, "Steward Leadership: Characteristics of The Steward Leader In Christian Nonprofit Organizations," (Ph. D. diss., University of Aberdeen, 2010), 141.

하늘과 모든 하늘의 하늘과 땅과 그 위의 만물은 본래 네 하나님 여호와께 속한 것이로되(신 10:14).

인간이 땅을 소유하지만 그것은 일시적이며 영원하지 않다. 일시적으로 매매한 땅이라 할지라도, 50년마다 돌아오는 희년 규정에 따라 원래 사용자에게 다시 돌려줘야 한다.

토지를 영구히 팔지 말 것은 토지는 다 내 것임이니라 너희는 거류민이요 동거하는 자로서 나와 함께 있느니라(레 25:23).

하나님은 인간의 영구적 소유권을 금하시는데, 그 이유는 땅이 하나님의 것이요, 인간은 거류민이요, 세입자이기 때문에 영원히 팔아서는 안 된다는 것이다. 결국, 청지기 리더십은 창조주 하나님이 모든 만물의 소유주이심을 인정하는 것에서 시작된다.

하나님이 그들에게 복을 주시며 하나님이 그들에게 이르시되 생육하고 번성하여 땅에 충만하라, 땅을 정복하라, 바다의 물고기와 하늘의 새와 땅에 움직이는 모든 생물을 다스리라 하시니라(창 1:28).

여호와 하나님이 그 사람을 이끌어 에덴동산에 두어 그것을 경작하며 지키게 하시고(창 2:15).

이 두 구절에서 인간이 창조물을 통치하는 사명에 근거를 둔 청지기 직분을 살펴볼 수 있다. 위에 인용한 성경 구절은 성경의 청지기 직분과 관리에 대한 본질을 이해하는 기초가 된다. 인간은 하나님에게서 피조물을 정복하고 다스리라는 분명한 명령을 받는다. 남녀 모두가 창조물을 돌봄으로써 다스리게 된다. 하나님은 창조한 모든 것의 창조주이시고 소유주이시지만, 인간에게 피조물을 다스리는 신적 통치권과 능력을 주신다.

이 사실은 하나님이 인간을 자신의 형상에 따라 창조하신 것을 통해 분명히 드러난다. 따라서 인간은 신성한 소유주가 설정한 패턴에 따라 평화롭고 자비로운 하나님의 형상으로 피조물을 지배함으로 청지기 직분을 수행해야 한다.

즉, 모든 피조물이 하나님의 소유이기 때문에 인간은 하나님이 모든 피조물을 다루시듯이 각 자원을 보살펴야 한다. 이 구절에서 하나님은 그분의 피조물을 다스리고 보살필 청지기로서의 인간을 창조하시되, 자신의 형상으로 창조하셨음을 알게 된다.

신약에서 청지기라는 의미로 가장 많이 사용된 단어는 οικονομος(오이코노모스)이다. 이 단어는 '가정을 관리하는 사람'이란 뜻이다.[38] 청지기는 주인 식탁의 시중을 들며, 다른 종들에게 지시를 내리고, 집안의 재무를 담당하는 역할을 했다. 따라서 청지기와 종은 다르다.

종이 수동적으로 주인의 명령에 순종한다면, 청지기는 능동적으로 자신의 임무를 수행한다. 주인은 청지기에게 종과 다르게 자유와 보상을 주며, 종에 대한 인사권과 관리의 권한을 준다.[39]

예수 그리스도는 영적이고 도덕적인 교훈을 가르치기 위해 일상생활의 짧은 이야기를 비유로 많이 사용하셨다. 그중의 하나가 누가복음 12:42-48의 충성된 청지기 비유이다. 이것은 οικονομος(오이코노모스)를 언급한 복음서의 첫 비유이다. 그것은 청중에게 반대되는 두 가지 유형의 청지기를 보임으로써 청지기의 의무와 태도가 무엇인지 알려 준다.[40]

---

[38] Jay P. Green, *The Interlinear Hebrew-Greek-English Bible* (Lafayette: Associated Publishers& Authors, 1979), 182.
[39] 이용락, "리더십 계승의 성경적 원리와 방법 연구" (박사 논문, 총신대학교, 2014), 46.
[40] Wilson, "Steward Leadership: Characteristics of The Steward Leader In Christian Non-

"충성되고 지혜로운" 청지기는 다른 노예들에게 식량을 분배하거나 섬김으로 그의 책임을 다한다. 그는 주인의 신뢰를 얻어 주인의 모든 소유물을 담당하게 될 것이다. 반면에 다른 청지기는 주인의 부재를 이용하여 종들을 학대하고, 자기 만족을 위해 과도한 소비를 일삼는다. 주인은 이 악한 청지기를 혹독하게 심판할 수밖에 없다.

이 비유의 결론에서, 예수 그리스도는 청지기의 잠재적 역할과 책임에 대해 말씀하신다. 청지기가 주인의 뜻을 알고 있는 것으로 충분하지 않다. 그는 주인의 뜻에 따라 자기 책임을 다 감당해야 한다. 예수 그리스도는 이 청지기 비유에서 청지기의 여러 특성과 책임을 다루고 있다.

예를 들면, 청지기가 감독하는 자원은 자신의 것이 아니라 주인의 것이라는 태도, 자신의 의지나 목적대로가 아니라 주인의 의지와 뜻에 따라 전적으로 그것들을 사용할 책임, 충성심과 신뢰와 명철과 합리성을 가진 청지기의 자질, 언젠가 주인이 돌아와 자신의 행적을 평가할 때가 올 것을 알고 일하는 것, 충실한 봉사로 주인의 자산을 증식시키는 일, 다른 종들을 돌보고 감독하는 일의 우선순위, 자신의 안락과 즐거움을 위해서 주인의 자원을 사용하지 않는 것 등이다.

청지기가 관리하는 책임이라는 개념이 완전히 성립된 것은 신약의 바울과 사도들의 서신서를 통해서이다. 바울은 영적 권위에 대한 묘사, 영적 은사와 자원의 올바른 사용, 은혜의 복음을 관리하는 특권으로 οικονομια(오이코노미아)를 사용했다. 청지기라는 용어는 장로와 감독에게 적합한 이름이다. 교회가 하나님의 가정으로 이해되기 때문에(딤전 3:15), 그것을 관리하는 장로와 감독은 하나님의 청지기라고 불릴 수 있다. 이런 차원에서 바울은 하나님의 청지기인 장로는 비난받는 사람이어서는 안 된다고 강조한다.

---

profit Organizations," 157.

4. 소결론

영적 리더십은 일반 리더십에서 말하지 않는 리더십 자질과 과정을 말하고 있다. 정의에서부터 분명한 차이점이 있다. 영적 리더십이란, 하나님의 부름을 받은 사람이 특정한 그룹에게 향하신 하나님의 목적을 향해 그 그룹에 영향력을 미침으로 하나님의 목적을 이루어 가는 지도자이다.

이와 더불어 영적 리더십의 자질에는 일반 리더십에서 리더십 자질이라고 말하기 어려운 요소들이 많다. 하나님의 부르심에 대한 확신, 믿음, 영적 민감성, 영적 감화력, 성령 충만함, 예수 그리스도를 닮아 가는 자, 무조건적 사랑, 자기 희생, 하나님께 순종이라는 요소들 때문이다.

하나님은 지도자를 쓰실 때, 지도자의 전 생애를 통하여 단계마다 그에게 필요한 훈련과 경험을 통해 지도자를 준비시키시고 사용하신다. 가족, 자라난 배경, 역사적 사건들을 통해 지도자의 기본적인 기반을 주권적으로 세우시며, 기도와 하나님의 말씀을 통해 하나님을 더 깊이 알아 가는 내적 성장의 기회를 주신다. 시간이 되면 하나님은 지도자에게 영적 은사를 실험할 수 있는 사역들을 허용하시며, 자신의 은사를 최대한 활용하면서 우선순위에 따라 살 수 있는 성숙한 삶으로 인도하신다.

다음 단계로 하나님은 지도자가 경험한 모든 것을 가장 적합한 곳에서 꽃을 피우게 하시며, 은퇴 후에도 일생을 통한 사역과 성장의 열매가 광범위하게 영향을 끼칠 수 있는 잔광(殘光, Afterglow)의 장으로 인도하신다.

많은 성경 구절이 지도자의 역할을 종처럼 섬기는 자로, 목양의 사명 받은 목자로, 모든 만물의 주인이신 창조주 하나님께서 맡겨 주신 사명에 충성하는 청지기로 묘사하고 있다. 그러나 영적 리더십의 최고 모델은 예수 그리스도이시다. 자기 몸까지도 버려 죄인들을 섬기신 종으로서의 리더십(막 10:45), 선한 목자로 오셔서 잃어버린 자기 양을 찾아 안전하게 보호하시고 인도하시는 목자로서의 리더십(요 10:14-15), 하나님 아버지의 뜻을 온전히 이루기 위해 십자가에서 죽기까지 맡겨 주신 사명을 다하신 청지기로서의 리더십(요 6:23)을 완벽하게 보여 주셨다.

제3장은 선교사가 동부아프리카 기독교 리더십 양성의 목표가 무엇인지 보여 주고 있다. 선교사는 성경에서 제시하는 지도자를 양성해야 한다. 성경적 지도자 양성은 예수 그리스도가 보여 준 리더십을 본받는 것이다. 선교사는 지도자가 섬김을 받는 자가 아닌 섬기는 자로, 착취하는 자가 아닌 주는 자로, 자기의 야망을 이루는 자가 아닌 맡은 바 사명을 다하는 자로 양성될 수 있도록 해야 한다.

이번 장에서 성경적 리더십을 동부아프리카 기독교 지도자 양성의 모델로 설정했다.

그렇다면 '동부아프리카에서 살고 있는 지도자가 어떻게 성경적 지도자로 양성될 수 있는가?'

제4장에서 이 질문에 답하려고 한다.

제4장

성경적 지도자 양성을 위한 문화와 세계관 이해

　성경적 리더십 모델을 동부아프리카 기독교 지도자 양성의 모델로 삼는 것뿐만 아니라, 동부아프리카인을 기독교 지도자로 양성하기 위해서 동부아프리카의 문화와 세계관, 그리고 세계관 변혁에 관해 연구할 필요가 있다.

1. 문화와 세계관 연구

　선교사가 문화, 세계관, 성경적 세계관, 세계관 변혁에 대해 이해하고, 그것들을 지도자 양성에 적용할 때 영적 지도자를 양성할 수 있다.

1) 문화 이해

　많은 학자가 '문화'에 관한 정의를 내렸다. 그중 클러크혼(C. Kluchholn)의 정의는 고전적인 것으로 알려져 있다. 그는 문화란 예술품을 포함한 다양한 상징을 통해서 획득되고 전달되는 생각과 느낌과 반응의 패턴이라고 보았다.[1] 특별히 클러크혼은 역사적으로 선별되고 전승된 전통과 그 속에 숨겨진

---

[1] C. Kluckhohn, "Values and Value-orientations in the Theory of Action: An Exploration in Definition and Classification," in *Toward a General Theory of Action,* eds. T. Parsons & E. Shils (Cambridge, MA: Harvard University Press, 1951), 86.

가치들이 문화의 핵심이라고 주장했다.

선교학자 히버트(P. Hiebert)는 문화를 가리켜 한 사회를 특징짓는 행동, 사상, 산물의 습득된 패턴에 관한 통합된 제도²라고 했는데, 그는 한 사회를 구별 짓는 습득된 패턴을 문화라고 보았다.

문화와 리더십의 상호관계성 연구에 크게 이바지한 홉스테드(G. Hofstede)는 문화란 한 공동체의 통합된 정신적 프로그램으로서 그들을 다른 공동체와 구분 짓는 요소가 되는 것이라고 했다.³ 홉스테드의 정의에서 문화는 한 공동체의 가치 시스템을 보여 주는 것임을 알 수 있다.

김성태는 문화란 "특정 개인의 산물이 아니라 사회공동체의 산물이며 세계관의 구현으로서 사상, 행동 양식, 생산물 등에 나타나며, 사회를 통해 전수되는 통합적인 체계이다"⁴라고 정의했다. 즉, 그는 문화를 한 공동체 안에서 전수되는 세계관적 구현으로 보았다.

그렇다면 언제 어떤 것이 문화 일부분이 되는가?

카바후(D. Carbaugh)는 문화의 요소 세 가지를 언급했는데, 그것은 깊이 느끼고 붙잡고 있는 것, 공통으로 이해할 수 있는 것, 그 문화공동체가 쉽게 접근할 수 있는 것이다.⁵

이외에도 문화가 되게 하는 다른 요소들이 있겠지만, 나는 키톤(J. Keyton)이 주장한, "한 문화의 요소들은 다른 문화들과 연관성을 가지고 있고, 문화의 한 요소나 한 가치가 분리되어 존재할 수 없다"⁶는 주장에 동의한

---

2   Paul G. Hiebert, *Cultural Anthropology* (Philadelphia: J. B. Lippincott Company, 1976), 25.
3   G. Hofstede, *Cultures Consequences: International Differences in Work Related Values* (Beverly Hills: Sage, 1980), 21.
4   김성태, 『선교와 문화』, 112.
5   D. Carbaugh, "Comments on Culture in Communication Inquiry," *Communication Reports* 1 (2009): 38-41.
6   J. Keyton, *Communication & Organizational Culture: a Key to Understanding Work Experiences* (Sage: Thousand Oaks, 2011), 18.

다. 왜냐하면, 공동체마다 자신만의 독특한 문화적 요소를 가지고 있지만 주변 공동체에 의해 영향을 받기도 하고 역으로 영향을 끼치기도 하며, 그 공동체를 전혀 모르는 사람일지라도 타 문화에 적응할 수 있는 기본적인 생활 방식을 이미 가지고 있기 때문이다.

2) 비평적 사실주의(Critical Realism)

모든 사회가 각자 특유의 생각과 느낌과 반응의 형태를 가지고 있는데, 어떻게 이 같은 다양한 패턴이 만들어지는가?

문화의 다양성은 각 사회에서 이루어지는 사물의 인식 과정이 다르기 때문이다.

인식론은 인간 창조물로서 실제에 관한 반영이며, 실제를 알기 위한 해석이다.[7] 인식론을 하나님의 계시와 동일시할 수 없지만, 어떤 인식론적 방법들은 이와 유사한 부분들이 많다. 그중 비평적 사실주의를 들 수 있다. 비평적 사실주의는 사회과학 안에서 한 번에 일어난 운동이 아니다. 이 이론은 다양한 관점과 발전 단계가 있었다.[8]

예를 들면, 창시자라고 할 수 있는 바스칼(R. Bhaskar)은 수년간 경험주의자들과 자연주의자들의 비판들에 맞서 사실주의를 지키기 위해 노력했다. 그 과정을 통해 이 이론이 발전되었다. 한마디로 비평적 사실주의는 한 철학적 관점으로서 실제 세계의 구조와 메커니즘이 사회 구성과 이해를 결정하는 반면에, 현실은 사회적으로 구성된다고 주장하는 존재론이다.[9]

---

7 Hiebert, *Transforming Worldviews: An Anthropological Understanding of How People Change*, 274.
8 Berth Danermark, Mats Ekstrom, Liselotte Jakobsen & Jan Ch. Karlsson, *Explaining Society: Critical Realism in the Social Sciences* (London: Routledge, 2002), 1.
9 J. Hughes & W. Sharrock, *The Philosophy of Social Research*, (London & New York: Longman, 1997), 164.

비평적 사실주의는 문화적 구조를 초월하는 현실적이며 객관적인 세계와 역사적인 사실을 긍정한다. 또한, 그것은 지식이 주관적 차원을 가지고 있으며, 개인과 사회에 의해서 구성되고, 문화 안에서 암호화되는 것을 인정한다. 비평적 사실주의에서 기호 체제는 객관적인 외부 실제와 그 실제에 관한 주관적 내부 인식 사이를 연결한다.

비평적 사실주의는 우리에게 다음 몇 가지 차원에서 중요한 의미가 있다.

첫째, 우리의 이해는 공동체에 의해서 문화적으로 형성되었다고 본다.
둘째, 우리의 세계관 이해는 다수의 특별한 역사적 경험에서 추출되어야 한다.
셋째, 비평적 사실주의 공동체로서 교회는 진리를 이해하고 삶에서 그 진리를 적용하기 위해 노력해야 한다.
넷째, 세계관은 역사 안에서 계속해서 변해 왔지만, 하나님 자신이신 예수 그리스도를 통해 실제에 관한 하나님의 마지막 계시가 주어졌다.
다섯째, 비평적 사실주의가 진리를 통합적으로 알기 위해서 지식과 감정과 도덕을 모두 인정하듯이 성경도 단지 진리만 강조하는 것이 아니라 아름다움과 거룩함도 동시에 강조한다.

그렇다면 비평적 사실주의에 대한 기독교인의 접근은 비기독교인의 접근과 어떻게 다른가?

첫째, 기독교인은 지식의 근원인 성경이 하나님을 찾는 인간에 관한 것이 아니라, 인간에게 주어진 하나님의 계시임을 선언한다. 다시 말해서, 성경은 인간 역사의 기록일 뿐만 아니라 인간 역사에 관한 하나님의 이해를 우리에게 전달한 책이다.

둘째, 기독교인은 성경이 진리가 무엇인지 계시해 줄 뿐만 아니라, 성경을 바르게 해석하도록 성령 하나님께서 마음에서 역사하심을 선언한다.
셋째, 기독교인은 성경이 하나님 자신의 계시를 드러내며, 구약은 성경 전체를 이해하는 데 중요한 기초가 되며, 그리스도가 하나님과 그의 목적에 관한 최종적이고도 확실한 계시가 됨을 믿는다.
넷째, 기독교인은 인간적인 지식이 언제나 제한적이고 불완전하며, 하나님께서 아시는 진리와 동일시될 수 없음을 인정한다.
다섯째, 기독교인은 성경 해석이 주님의 진리와 아름다움과 거룩함을 이해하고 실천하기 위해 노력하는 믿음의 공동체인 교회에 속해 있음을 선언한다.

3) 세계관 이해

세계관이 많은 사상 분야에 사용되기 시작한 것은 불과 수십 년밖에 되지 않는다.[10] 세계관 개념이 철학, 과학철학, 역사, 인류학, 기독교 사상 등 많은 분야에서 사용되기 시작한 것이다. 이처럼 세계관이 중요한 개념이기는 하지만 그 단어의 모호성과 일치된 정의가 없으므로 많은 혼란과 오해를 불러일으키고 있다.

이러한 어려움에도 불구하고 동부아프리카 지도자 양성을 효과적으로 수행하기 위해 나는 세계관 연구를 시도했다.

---

10 Hiebert, *Transforming Worldviews: An Anthropological Understanding of How People Change*, 13.

(1) 세계관 정의

세계관 개념은 다양한 기원을 갖는다. 서양 철학자들, 특히 임마누엘 칸트(Immanuel Kant), 키르케고르(Kierkegaard), 엥겔스(Engels), 딜타이(Dilthey)와 같은 철학자들이 서양 문화를 상고하면서 세계관을 소개하기 시작했다.[11]

19세기 역사학자들은 문화 형태가 어떻게 형성되는지, 어떻게 한 지역에서 다른 지역으로 전파되는지, 왜 어떤 문화들은 사라지고 다른 것들은 수 세기 동안 지속하고 있는지 질문하기 시작했다. 그와 동시에 문화인류학자들은 부족 문화에 따라 그들 특유의 요소를 발견하기 시작했다.

학자들의 이런 발견을 통해 말과 행동 근저에 신념과 가치가 있음을 알게 되었다. 그렇다면 문화 속에 있는 신념들은 어떻게 형성되는지 질문할 수밖에 없었고, 이것을 '세계관'이라는 말로 설명하기 시작했다.

먼저 문화인류학자 크래프트(C. Kraft)의 세계관 정의를 살펴보자. 세계관이란 한 민족이 근본적으로 실제를 인식할 수 있도록 하는 구조화된 문화적 가정, 가치, 헌신이라고 정의했다.[12]

선교학자 히버트는 세계관을 한 그룹의 사람들이 질서 있는 삶을 영위하기 위해 사용하는 사물들에 관한 인식론적이고 정서적이고 평가적인 가정들이라고 정의했다.[13] 즉, 세계관이란 한 공동체의 사람들이 현실을 살기 위해 사용하는 지도를 만드는 것이라 할 수 있다.

김성태 교수는 "세계관은 … 본질적으로 종교적인 것이요 총체적인 것으로, 문화의 모든 영역에 영향을 미치고 인간의 인식뿐 아니라 정서적인 면과 윤리적인 행동에도 영향을 미치는 기본적인 가치체계"라고 정의했다.[14]

---

11 Hiebert, *Transforming Worldviews: An Anthropological Understanding of How People Change*, 13.
12 Charles H. Kraft, *Christianity with Power* (Ann Arbor: Servant, 1989), 20.
13 Hiebert, *Transforming Worldviews: An Anthropological Understanding of How People Change*, 15.
14 김성태, 『선교와 문화』, 76.

초기 문화인류학자들은 세계관을 '문화'라는 개념으로 설명했다. 그들은 한 지역 사람들 모두에게 의미 있는 신념들과 관행들의 모음을 문화로 소개했다.

프란츠 보아스(Franz Boas)와 앨프리드 크로버(Afred L. Kroeber)는 문화란 인간 활동의 질서를 유지하는 습득된 신념과 행동의 패턴이라고 했으며, 룻 베네딕트(Ruth Benedict)는 문화적 특성들을 문화 전체에 비추어 이해해야 한다고 주장했으며, 마리 더글라스(Mary Douglas)는 순수한 문화적 신념과 오염된 문화적 신념 사이의 관계성을 연구했다.

에드워드 사피르(Edward Sapir)와 벤자민 워프(Benjamin Whorf)는 사람들은 그들이 사용하는 언어에 따라 세상을 보는 시각의 다양성을 주장했으며, 로버트 레드필드(Robert Redfield)는 특정한 사회에 속한 한 사람이 자신을 다른 모든 것과 연계하여 보는 방법이 세계관이라고 정의했으며, 마이클 키어니(Michael Kearney)는 사람들이 실제를 보는 그들의 방법으로서 그것은 반드시 외부의 실제들과 연계성을 가져야 한다고 주장했다.

그 외에도 여러 학자가 세계관에 관련된 연구 분야들을 언급하고 있다. 모리스 오플러(Morris Opler)는 사람들이 세계를 어떻게 보는가를 연구함으로 세계관의 주제들을 찾아가야 한다고 주장했고, 아담슨 호벨(Adamson Hoebel)은 문화를 세계 안의 다양한 주제를 함께 묶는 근본적인 가정들로 보았고, 월터 옹(Walter Ong)은 문화를 의사소통으로 보면서 의사소통은 인간과 다른 피조물 사이의 즉각적인 만남과 교류이며, 감정과 개인적인 관심을 드러내는 것이 의사소통이고 또한 세계관의 표현이라고 보았다.

스티븐 페퍼(Stephen Pepper)는 세계관을 "세계 가설들"(World Hypotheses)이라고 지칭했는데, 사람들이 세계를 이해하도록 체계화하는 것이라 주장했고, 클리포드 기어츠(Clifford Geertz)는 사람들이 자연 개념, 자아 개념, 사회 개념을 이해하는 방식에 관한 그림으로서 세계관을 정의했으며, 텔컷 파슨스(Talcott Parsons)와 에드워드 쉴즈(Edward Shils)와 크라이드 클럭혼

(Clyde Kluckhohn)은 세계관은 지적이고 감성적이고 평가적인 차원을 가지고 있다고 주장했다.[15]

히버트의 문화 차원(표 4-1)은 앞에서 설명한 세계관을 종합적으로 이해하는 데 유용한 도식이라 본다. 히버트는 오플러의 주제별 모델과 파슨스와 그의 동료들이 주창한 문화적 차원을 기초로 사물을 이해하고, 느끼고, 옳음과 잘못을 판단하는 문화 차원들을 도식화했다. 이 과정에서 히버트는 세계관의 세 차원을 지성적이고 감성적이고 윤리적인 차원으로 수정했고, 이것을 아래와 같은 세계관 분석 모델로 사용했다.

표 4-1 문화 차원[16]

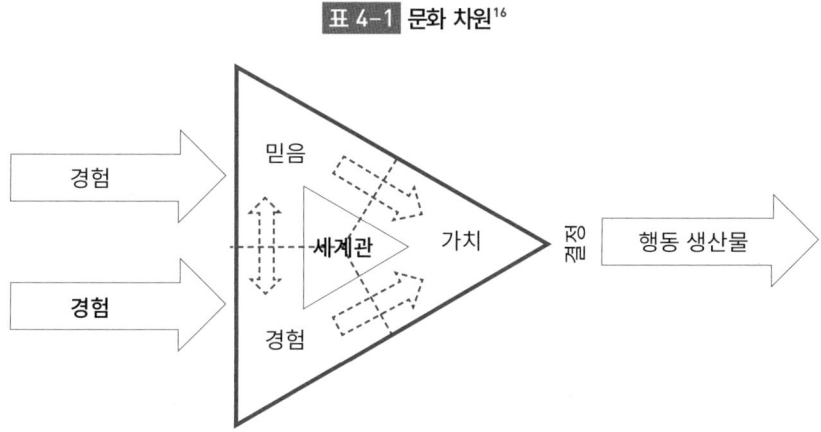

이상의 정의에서 보는 바와 같이 세계관은 사물의 본질을 이해하고 해석할 수 있도록 하고, 우주와 삶과 관련된 궁극적인 물음에 답을 제시하며, 문화와 정서와 윤리에 깊은 영향을 미치는 가치체계라 할 수 있다.

---

15 Hiebert, *Transforming Worldviews: An Anthropological Understanding of How People Change*, 15-25.
16 Hiebert, *Transforming Worldviews: an Anthropological Understanding of How People Change*, 26.

(2) 세계관 기능

히버트는 세계관이 갖는 문화적이고 사회적인 역할들에 대해 여섯 가지로 설명했다.[17]

첫째, 세계관은 궁극적인 질문들, 즉 우리는 어디에서 왔으며, 우리는 누구인가, 무엇이 문제인가, 해결책은 무엇인가에 대한 답을 제공하는 신뢰성 구조이다. 실제에 관해 인식을 체계화하는 모델 혹은 로드맵이라 할 수 있고, 이것은 삶을 위한 로드맵으로 사용된다.

둘째, 세계관은 감정적 안전을 제공한다. 사람들이 살고 있는 세계는 기근, 질병, 죽음, 전쟁, 테러, 장래에 대한 불확실성으로 가득하지만 인간은 문화적 신념을 통해 위로와 안전을 찾게 된다. 이와 같은 세계관적 기능이 출생, 성인식, 결혼, 장례식, 추수감사제 등에 잘 나타나 있다.

셋째, 세계관은 우리의 경험을 평가하고 행동 방향을 정할 때 사용하는 인간의 가장 근본적인 척도가 된다.

넷째, 세계관은 문화를 융합시키도록 돕는다. 그것은 실제에 대한 우리의 인식과 감정과 판단을 통합된 한 관점으로 체계화한다.

다섯째, 세계관은 문화 변화를 감독한다. 인간은 끊임없이 사회 안팎으로 일어나는 새로운 아이디어와 새로운 행동과 새로운 생산물을 접한다. 이때 세계관이 우리가 어떤 것들을 받아들이고 어떤 것들을 버릴지 선택하는 과정을 돕는다.

여섯째, 세계관은 우리가 보고 있는 이 세계가 진정한 세계이며 우리가 살고 있는 이 세계에서 평화와 안정을 느낄 수 있다는 정신적인 재확신을 제공한다. 사람들은 그들의 세계관과 실제 경험 사이에 간격이 생기게 되

---

17 Hiebert, *Transforming Worldviews: an Anthropological Understanding of How People Change*, 28-30.

면 세계관의 위기를 경험하게 된다.

찰스 크래프트도 세계관 기능에 대해 네 가지로 언급했다.[18]

첫째, 세계관은 문화 형태를 통해 나타나는 모든 행동 양식에 대해 해석을 제공한다.
둘째, 세계관은 각 개인이 정서적이며 윤리적인 판단을 제공함으로써 공동체 안에서 적절한 행동을 하도록 돕는다.
셋째, 세계관은 동일한 세계관을 소유하고 있는 사람들이 비슷하게 행동함으로써 집합적인 유사성을 소유하게 하고 이로 인해 민족적 동질감과 정서적 안정감을 가져다준다.
넷째, 사람이 새로운 가치관의 도전을 받았을 때, 기존 세계관을 유지하면서 부분적으로 새로운 것을 받아들이든지, 기존 세계관을 버리고 새로운 가치관을 전적으로 수용하든지, 기존 세계관과 새로운 가치관을 혼합하여 새로운 가치관을 형성하려는 태도를 보일 수 있다. 이때 세계관은 새로운 변화를 통합하고 이에 적응할 수 있도록 돕는다.

3) 세계관의 보편적 요소

크래프트는 세계관의 보편적 요소들을 여섯 가지로 제시했다.[19]

첫째, 범주화(Classification)로서 한 언어의 문어체에 나타나는 동의어와 반의어의 특성을 사용하여 사물의 선과 악, 유익한 것과 해로운 것, 기쁨과 슬픔, 정한 것과 부정한 것, 성스러운 것과 세속적인 것 등으로 분류하

---

18 Charles H. Kraft, *Anthropology for Christian Witness*, vol. 1 (Pasadena: Fuller Theological Seminary, 1994), 118-132.
19 Kraft, *Anthropology for Christian Witness*, 134-136.

는 방법이다.

둘째, 개체와 집합체(Person and Group)로서 세계관은 한 개인이 자신과 주변 사람들과 사물과의 관계성을 규명하면서 시작된다. 이런 차원에서 세계관은 기본적으로 자신과 자기 밖의 사물들에 대한 이해 요소가 들어 있다.

셋째, 인과성(Casuality)으로서 인간의 삶에서 일어나는 모든 일에 대해 그 원인을 규명하고자 하는데, 어떤 세계관을 가졌는가에 따라 원인이 달라진다. 예를 들면, 누군가 병에 걸렸을 때 자연주의 세계관을 가졌다면 생물학적 원인에서 그 요인을 찾고 약을 써서 병을 치료하려 할 것이다. 하지만 초자연주의적 세계관을 가진 사람은 귀신이나 영적 능력에서 그 요인을 찾아 주술이나 영매를 통해 병을 치료하려고 할 것이다.

넷째, 시간(Time)으로서 한 문화의 시간 개념은 대체로 그 문화의 세계관의 기원과 발전에 관련된 시간관이다.

다섯째, 공간(Space)으로서 세계관이 문화 형태로 구현될 때 공간에 따라 그 의미가 달라진다. 예를 들면, 불교의 법당이나 신들을 섬기는 전각, 이슬람의 모스크, 로마가톨릭 성당의 내부 조형물들은 각각의 세계관을 표출한다.

여섯째, 관계성(Relationships)으로서 한 문화 속에 있는 개체나 집합체에 대하여 세계관은 범주화 기능을 통해 관계성을 정립한다. 예를 들면, 부계사회에서는 아버지를 중심으로 친인척의 관계성이 구별되고, 모계사회에서는 어머니를 중심으로 그 관계성이 구별된다.

(4) 세계관의 특성

히버트는 세계관의 보편적 요소에서 한 걸음 더 나아가 세계관의 특성에 대해서 공시적 구조(Synchronic Structures)와 통시적 구조(Diachronic Structures)로 구분하여 설명했다.[20]

① 공시적 구조(Synchronic Structures)

비록 세계관을 측정하기 어렵기는 하지만 세계관은 측정할 수 있는 공통적 특징들이 있다.

㉮ 공시적 구조는 핵심 문화 구조(Core Culture Structure) 혹은 심연 구조(Deep Structure)이다[21]

이것은 세계관이 문화의 명확한 표면보다 그 심층에 깊이 자리하고 있음을 의미한다. 또한, 이것은 문화의 깊이가 다양함을 보여 준다. 문화 표면에 보이는 요소는 문화적 산물, 행동 유형, 기호, 의식 등을 예로 들 수 있다. 그 밑으로 신념, 느낌, 가치 등이 기저에 자리하고 있고, 가장 밑에 보이지 않는 구조인 심연에 바로 세계관이 자리하고 있다(표 4-2참조).

---

20 Hiebert, *Transforming Worldviews: An Anthropological Understanding of How People Change*, 31.
21 Hiebert, *Transforming Worldviews: An Anthropological Understanding of How People Change*, 32.

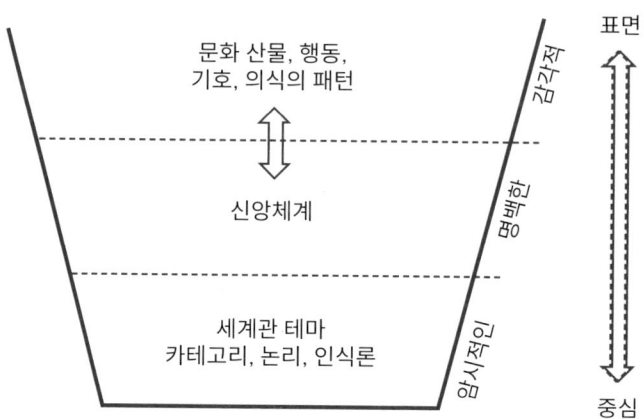

표 4-2 문화 수준[22]

에드워드 홀(Edward Hall)은 우리가 행하는 모든 것을 조정하는 숨어 있는 문화는 각각의 수준이 다르다고 주장했다. 이것은 숨어 있는 문화적 원리로서 사람이 세계를 보고 가치를 결정하는 방법이며, 삶의 기본적인 템포와 리듬을 정하는 규칙이다. 사람들이 규칙을 위반하거나 변경할 수 있으나, 그들은 무엇인가 잘못되었음을 안다. 한동안 규칙이 유지되지만, 내부의 역학에 따라 변경되게 된다.[23]

이처럼 문화의 깊이가 존재한다면 세계관 자체의 깊이와 단계도 있는가? 다음 몇 가지로 세계관의 깊이와 단계를 식별할 수 있다.

---

22 Hiebert, *Transforming Worldviews: An Anthropological Understanding of How People Change*, 33.
23 Edward Hall, *Hidden Differences: How to Communicate with the Germans* (Hamburg: Stern, 1983), 6-7.

첫째, 카테고리이다.[24]

문화의 기초는 카테고리를 만드는 것이라 할 수 있다. 여기에는 디지털과 아날로그 카테고리, 내면적인 것과 외면적인 것에 관한 카테고리, 토속적인 것과 형식적인 분류체계 카테고리가 있다.

우리는 디지털과 희미한 세트와 내면적인 것과 외면적인 것 세트를 함께 묶을 수 있다. 이를 통해 우리는 세계를 네 종류로 구분하는 방법을 갖게 된다. 문화마다 강조하는 부분이 다르지만 모든 문화가 이 네 가지 다른 방법들을 사용하고 있다(표 4-3).

표 4-3 유형학 세트(A Typology Sets)[25]

	잘 형성된 세트	불명확한 세트
내면적 세트	유한한 세트	내면적이며 희미한 세트
외면적 세트	중앙집중 세트	외면적이며 희미한 세트

24　Hiebert, *Transforming Worldviews: An Anthropological Understanding of How People Change*, 33.
25　Hiebert, *Transforming Worldviews: An Anthropological Understanding of How People Change*, 36.

둘째, 기호(Signs)다.

기호에 관한 세계관의 이슈는 카테고리와 실제에 관한 기호의 관계성이다. 이에 대한 주장이 다양하다.

- '나무'라는 말처럼 기호는 객관적 실제를 지칭한다고 보는 견해다. 그러므로 기호는 객관적 진리를 전달한다고 본다.
- 말과 같은 기호는 사람들이 세계를 보는 방법을 만드는 문화 구성이라고 보는 견해다.[26] 기호는 객관적 실제를 지칭하는 것이 아니라 사람이 실제를 어떻게 보는가를 의미한다고 본다.
- 찰스 피어스(Charles Peirce)가 주장하는 견해로 기호는 실제의 외부를 가리키는 것이고 마음에 주관적인 이미지를 불러일으킨다고 본다.[27]

기호는 기호형태를 가지고 있다. 기호는 그것이 가리키는 객관적 실제가 있으며, 그 기호가 마음 안에 만드는 주관적 이미지가 있다. 따라서 외부의 실제와 내부의 이미지 사이의 관계는 기호에 의해서 연결된다. 기호를 이해하는 것은 특별히 기도와 제사의식 같은 종교적 문제를 다룰 때 중요하다. 예를 들면, 성찬식에서 떡과 포도주는 그리스도의 몸과 피를 상징한다.

마지막으로 매개 변수기호와 비매개 변수기호를 구분하는 것이 필요하다. 말 대부분은 매개 변수적 기호에 속하는데 그것은 인식된 실제를 직접적으로 지칭하는 것이다. 반면, 비매개 변수기호는 담론적 기호로 표현될 수 없는 의미, 느낌, 가치 등을 전달한다. 예를 들면, 신랑이 신부에게 부

---

26 Hiebert, *Transforming Worldviews: An Anthropological Understanding of How People Change*, 37-39.
27 Charles Peirce, *Philosophical Writings of Peirce*, ed. J. Buchler (New York: Dover, 1955), 98-101.

케를 줄 때, 그것은 단지 한 다발의 꽃이 아니다. 그것은 신랑이 신부를 사랑한다는 특별한 의미를 담고 있다.

셋째, 논리(Logics)이다.

사람들은 다양한 환경에서 다양한 논리를 사용한다. 그러나 최상의 차원에서 한두 개의 논리를 근본적인 것으로 생각하고 그것들을 신뢰한다. 예를 들면, 현대인들은 알고리즘 혹은 명제 논리를 가장 신뢰했다. 다른 문화에서는 유추 혹은 관계적 논리를 가장 중요한 것들로 주장했다.

논리의 종류는 다양하다.[28]

어떤 문제를 논리적으로 해결하기 위해 밟아야 하는 절차, 방법, 명령어들을 모아 놓은 알고리즘 논리(Algorithmic Logic), 세계를 이원론적 대립과 기계적 논리로 축소하지 않는 유추 논리(Analogical Logic), 우리가 이미 알고 있는 것들과 복잡한 실제를 비교함으로 시험하는 위상 논리(Topological Logic), 근본 실제를 자체 내장된 카테고리로 보는 관계적 논리(Relational Logic), 현대 지식에 기초하고 관련된 요소들과 과거의 경험을 비교하여 평가할 수 있는 평가 논리 혹은 지혜(Wisdom)이다.

넷째, 인과성(Causality)이다.

세계관은 인간에게 일어나는 모든 일에 대한 원인을 규명하여 찾는다. 인간에게 어떤 불행이 닥치면, 대부분은 그 위기를 극복하고 성공하려고 노력한다. 가장 먼저 하는 일은 그 상황을 설명할 수 있는 바른 신앙체계를 발견하는 것이다. 그 후 그 상황을 점검하고 적절한 해결책을 선택한다. 이처럼 대부분 문화는 사람들에게 무슨 일이 왜 생기는지 설명할 수 있는 다양한 신앙적 체계를 가지고 있다.

---

28 Hiebert, *Transforming Worldviews: An Anthropological Understanding of How People Change*, 39-44.

신앙적 체계는 인간, 영, 귀신, 하나님과 같은 존재와 연관하고 있으며, 여기에는 샤머니즘, 무당, 영혼의 죽음, 조상, 도덕적 심판 등이 포함된다. 어떤 이들은 비인격적 능력인 마술, 점성술, 운명, 부정함, 생물리학적 요소에 관심을 둔다. 철학적 혹은 형식적 종교와 과학은 참된 인과관계를 찾고자 추상적이고 분석적인 사고를 사용한다.[29]

다섯째, 테마와 역테마(Themes and Counter Themes)이다.

모리스 오플러(Morris Opler)와 로버트 레드필드(Robert Redfield)는 테마 개념으로 세계관을 조사했다. 오플러의 모델은 이 분야에 큰 도움을 주었다. 그는 문화 테마를 정의하기를 테마는 공표되고 적용되는 가정으로서 행동을 통제하거나 활동을 자극하는데, 이것은 암묵적으로 승인되거나 사회에서 공개적으로 증진된 것이라고 했다.[30]

여섯째, 인식론적 가정(Epistemological Assumptions)이다.

문화의 또 다른 차원은 문화가 실제와 인간 지식의 특성을 만드는 인식론적 가정이다. 예를 들면, 미국인들은 그들 주변의 세계를 사실적이고, 질서정연하고, 예측 가능하다고 가정하기 때문에 정확한 척도로 세계를 경험할 수 있다고 생각한다. 그러나 많은 힌두교도가 궁극적 실제는 사람의 마음에 존재하는 것을 보는 것으로 생각한다. 그들은 감각적 경험과 이성적 분석은 환영에 불과하고 신뢰할 수 없다고 본다.

결과적으로 우리는 참된 실제를 경험적 실험과 분석으로 발견할 수 없고, 다만 우리가 진정으로 별개의 개인으로 존재하지 않고 하나의 궁극적인 우주 에너지 세계의 일부라는 점을 보여 주는 통찰의 내면적 섬광을 통

29　P. Hiebert, D. Shaw & T. Tienou, *Understanding Folk Religion: Christian Response to Popular Religious Beliefs and Practices* (Grand Rapids: Baker Academic, 1999), 133-174.

30　Morris Opler, "Themes as Dynamic Forces in Culture," *American Journal of Sociology* 51 (1945), 198.

해서 찾을 수 있다.³¹

㉯ 공시적 구조는 내면적 구조(Implicit Structure)이다

세계관은 심층에 있어서, 일반적으로 조사할 수 없다. 깊이 내재해 있다.³² 세계관의 내면적 구조로서 언어를 들 수 있다. 사람이 말할 때 표현하고자 하는 아이디어와 느낌을 생각하게 된다. 그리고 입으로 소리를 만드는 방법을 생각하는데, 그 소리는 각 문화의 언어에서 단어를 만들 때 사용하는 특별한 것이다.

만약 말의 음성학적 및 형태학적 구조를 따르지 않으면, 전달하고자 했던 메시지를 전할 수 없게 된다. 이와 비슷하게 세계관이 어떻게 각 사람의 사고와 행동을 형성하는지 찾아내기 어렵다.

에드워드 홀도 아직 문화의 자각 밖에 있어서 뚜렷하게 드러나지 않은 문화적 무의식 상태가 있다고 보았다.³³ 그저 단순히 이 세계는 우리가 보는 것처럼 존재한다고 가정하면서, 다른 사람들도 동일한 방법으로 세계를 인식하리라 생각한다. 하지만 우리가 설명할 수 없는 외부의 사건들에 의해 도전을 받게 되면 그때 자신의 세계관을 인식하게 된다.

㉰ 공시적 구조는 구성과 경쟁 구조(Constructed and Contested Structure)이다

인간의 지식은 정신적 구성과 경험에 관한 감각을 만드는 모델로 이루어져 있다. 그것들이 유용하게 사용되기 위해서는 실재와 교신이 이루어져야

---

31 Hiebert, *Transforming Worldviews: An Anthropological Understanding of How People Change*, 46.
32 Hiebert, *Transforming Worldviews: An Anthropological Understanding of How People Change*, 46-47.
33 Hall, *Hidden Differences: How to Communicate with the Germans*, 166.

한다. 그것들은 실재의 복사물은 아니지만, 경험이 선택할 수 있도록 돕는 동형 모델이다.[34] 물리적 세계에 관한 지식은 실험적 경험에 기초를 두지만, 그 목적물 자체와 다른 경험에 대한 추상적 반향을 포함한다.

이 추상적 반향은 경험적 정보를 마음 판 위에 단순히 기록하거나, 외부의 실재 안에 이미 존재하는 것을 찾는 것이 아니다. 다른 말로 하면, 마음이 수동적으로 실재를 반영하는 것이 아니라, 실재에 대해 반응하고, 어떤 시스템 안에서 실재에 관한 지식을 작동시킨다는 것이다.

이런 차원에서 문화는 단순히 감각적 데이터의 종합이라고 할 수 없다. 그것은 몸짓 또는 감각 데이터와 메모리의 통합, 개념 형성, 구술과 다른 상징적 요소, 조건부 행동과 기타 여러 요인으로 구성된다.[35]

라) 공시적 구조는 전체 통합 시스템(More or less Integrated Systems)이다

세계관은 전체를 통합하는 정신적 구조이다. 지식은 부분적인 정보의 집합이 아니다. 지식은 여러 단편적 정보의 관계로부터 나타나는 것과 전체에 의미를 부여하는 것에 대한 해석 시스템이다. 그런 의미에서 세계관은 패턴에 관한 것이며, 부분들의 통합보다 더 큰 전체를 보는 것이다. 즉, 세계관은 본질상 패러다임적이고 오랫동안 지속되는 내적 논리와 구조적 규칙성이라 할 수 있다.[36]

아래 그림표 〈4-4〉는 지식의 패러다임이고 통합적 성격을 보여 준다.

---

[34] Ino Rossi, *From the Sociology of Symbols to the Sociology of Signs: Toward a Dialectical Sociology* (New York: Columbia University Press, 1983), 10-11.
[35] Hiebert, *Transforming Worldviews: An Anthropological Understanding of How People Change,* 47-48.
[36] Hiebert, *Transforming Worldviews: An Anthropological Understanding of How People Change,* 48-49.

표 4-4 지식의 구성적 본질(The Configurational Nature of Knowledge)[37]

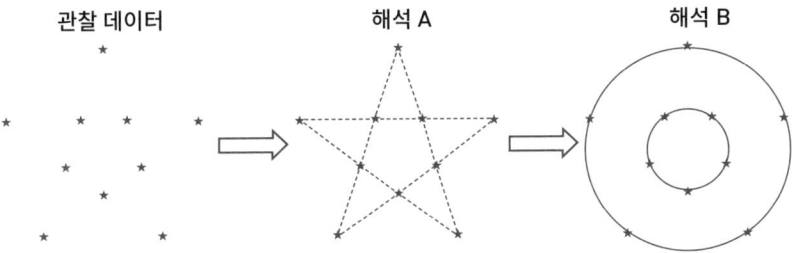

점을 보는 사람들은 점들을 함께 연결하여 큰 패턴을 구성하여 그 의미를 부여하고자 노력한다.

어떤 이들은 별을 보고, 다른 이들은 원을 본다. 별과 원이 실제로 존재하는가?

아니면 보는 이들의 마음으로 만들어 낸 것인가?

답은 둘 다이다. 그러나 만약 점들이 이러한 방식으로 해석하도록 배열되어 있지 않았다면 그들은 별도 원도 볼 수 없을 것이다. 이것이 배경적 질서 또는 이야기를 통해 해석되지 않은 경험에 의미를 부여하는 지식의 구성적 본질이다. 구성은 마음에 들어온 산만하게 흩어진 경험적 데이터가 의미가 있도록 지식에 일관성을 제공한다. 결국, 이를 통해 사람들은 실제에 대해 그림을 갖게 된다.

(마) 공시적 구조는 생산성(Generativity)이다

세계관은 인간의 말과 행동의 특별한 예가 아니라 그것들을 산출해 낸다. 이것의 가장 좋은 실예는 체스 게임이다. 게임마다 달라도 모든 게임에는 주어진 것들이 있다. 각각 다른 특성을 가진 서른두 개 조각이 있어

---

37 Hiebert, *Transforming Worldviews: An Anthropological Understanding of How People Change*, 49.

서 각 조각이 어떻게 움직이고 어떻게 이기는지에 대한 규칙이 있다. 경기자는 주어진 것들을 기초로 전략을 세운다.

또 다른 예는 언어이다. 전에 한 번도 들어본 적이 없는 문장을 들어도 청자들은 그것을 이해한다. 이것이 가능한 것은 언어의 소리와 단어와 규칙을 사용하여 무한대에 가까운 문장들을 산출하기 때문이다.[38]

㈓ 공시적 구조는 세계관 차원(Dimensions of Worldview)이다

문화의 차원과 마찬가지로 세계관에도 인식과 감정과 가치라는 세 차원이 있다.[39]

첫째, 인식적 테마(Cognitive Themes)

세계관은 인식적 차원을 가진다. 이 차원은 한 그룹의 구성원들에 의해서 공유되는 실제의 본질에 관한 심연의 가상을 포함한다. 이것은 사람이 사고를 위해서 사용하는 정신적 카테고리와 논리, 그리고 문화 저변에 있는 인식적 테마와 역테마를 포함한다.

또한, 이것은 사람이 실제를 정의하고 설명하기 위해 사용하는 근본적인 정신적 구조를 제공한다. 이에 해당하는 요소들로는 시간, 공간, 유기체 대 기계적, 개인 대 그룹, 그룹 대 다른 이들, 현세와 내세가 있다.

시간은 모든 문화에서 발견할 수 있는 인식 테마로서, 시간에 관한 감각이다. 사람들은 어떤 반복되는 것, 즉 날짜, 달, 계절, 년, 일생을 경험한다. 어떤 것들은 한 번 일어나고, 다시 반복해서 발생하지 않음도 경험한다. 인간은 이것들을 시간이란 세계관 안에서 다양하게 조합하고 구성한다.

---

38 Hiebert, *Transforming Worldviews: An Anthropological Understanding of How People Change*, 49-50.
39 Hiebert, *Transforming Worldviews: An Anthropological Understanding of How People Change*, 50-65.

예를 들면, 균일 선형 시간(Uniform Linear time), 주기적 시간(Cyclical Time), 진자적 시간(Pendular Time), 결정적 사건 시간(Critical Event Time) 등이 있다.

균일 선형 시간은 진보와 진화, 미래 중심적인 기계적 세계관과 잘 조화를 이룬다. 균일 선형 시간 관점은 중세에 시계를 발명함으로써 생겨났다. 오늘날 산업사회에서 교통과 생산품을 운송하기 위해 스케줄을 짜고 정확한 시간을 맞추는 것은 매우 중요한 일이다.[40]

고대 그리스와 중국 문화에서는 시간이 순환되는 것으로 이해했다. 또 다른 문화에서는 시간을 시계추의 움직임처럼 이해했다. 낮과 밤, 여름과 겨울, 가뭄과 홍수, 삶과 죽음처럼 정반대의 진자적 움직임으로 이해하는 것이다. 또 다른 시간 이해는 결정적 사건 시간이다. 여기서 사건들은 시작과 진행과 종말이 있다. 예를 들면, 남수단의 누에르(Nuer)족은 소 떼를 치는 순서에 따라 시간을 이해한다.

음비티는 사건과 상관없이 과거에 일어난 것(Zamani)과 현재 일어나고 있거나 곧 일어날 것(Sasa)으로 구분하여 전통적인 동부아프리카인의 시간에 관해 설명했다.[41] 그러므로 이들에게 시간은 과거의 재앙을 기억하고 이야기 형태로 사용하는 오랜 과거와 최근 일어나거나 아니면 가까운 장래에 일어날 것을 예견할 수 있는 시간을 의미한다고 볼 수 있다.

모든 인간은 그들 주변에 있는 정신적 세계 지도라고 할 수 있다. 중세 서양의 기독교인들은 지구를 여러 대양으로 만들어진 섬으로 보았다. 그리고 그 중앙에 예루살렘이 있고 하나님께서 통치한다고 보았다. 반면, 이슬람교도에게 세계의 중심은 메카이다. 힌두교인들에게 신은 산에 거한다. 이런 점에서 시간보다 공간이 더 중요하다. 시간은 과거와 현재를 구분하지만 공간은 그것을 하나로 통합한다.

---

40 Edward Hall, *Silent Language* (Garden City, NY: Doubleday, 1959), 28.
41 Mbiti, *African Religions and Philosophy*, 22-23.

개인 대 그룹 테마에서 보면, 모든 인간은 공동체, 즉 가족, 부족, 클럽, 기관, 민족에 속해 있다. 공공의 정체성이 사회에서 그들의 지위를 제공한다. 그룹 중심의 사회에서는 그들의 정체성을 다른 사람들과의 관계성과 사회에서 그들의 위치에서 찾는다.

이와 반대로 개인주의를 선호하는 현대에서는 각 개인이 자기 정체성의 중심에 서 있다.[42] 모든 인간은 그룹에 속해 있어서 '우리'와 '그들' 사이를 구분한다. 더 나아가 모든 인간은 인간 특성의 개념을 가지고 인간과 비인간, 즉 인간과 동물, 인간과 나무, 인간과 별, 인간과 특정한 영들을 구분한다.

둘째, 정서적 테마(Affective Themes)

세계관은 또한 기쁨, 슬픔, 두려움과 반감, 경외와 예배에 관한 깊은 감정을 형성한다. 그것은 사람들이 다른 사람들과 삶에 대한 일반적인 느낌뿐만 아니라 음악, 미술, 의상, 음식, 건축에 대한 취향에도 영향을 준다. 이 정서적인 부분은 문화 속의 아름다움과 스타일과 미학에서 발견할 수 있는 관념에 근거한다. 많은 사람이 이성적 논의에 기초할 뿐만 아니라 감정과 경험을 근거로 종교적 결정을 내린다. 인간은 종교생활에서 감정과 이성이 모두 필요하다.

셋째, 행동적 논제(Evaluative Themes)

평가적이고 표준적인 가정은 문화가 사회적이고 도덕적인 질서를 유지하도록 한다. 그것은 미덕, 표준, 도덕, 예절과 같은 관념을 포함하고 있으며, 사람들이 판단할 기준을 제공하며, 진리와 거짓, 좋아하는 것과 싫어하는 것, 옳고 그름을 판단하는 기준을 포함한다.

---

[42] Hiebert, *Transforming Worldviews: An Anthropological Understanding of How People Change*, 57-58.

로버트 레드필드(R. Redfield)는 도덕이 세계관의 중심에 있는 문화와 그것이 변방에 있는 문화 사이를 구별한다고 보았다. 그는 부족과 농민사회에 사는 사람들은 도덕을 중요하게 생각하고 있음을 발견했다. 이들에게는 인간과 비인간이 관계성으로 함께 묶여 있으므로 올바른 관계성이 도덕의 기초가 된다.

도덕은 의무와 윤리적 판단에 근거한다. 올바른 관계성이 깨어지면 도덕적 관념을 어기는 것이 된다. 이 집단 중심 사회에서 규범 위반은 수치심을 심어 주며 가장 큰 처벌은 추방이다. 사람들은 추방된 사람을 보거나 그에게 이야기하지 않으며, 결국, 그가 회개하든지 아니면 공동체를 떠나게 된다.[43] 이것을 다음 〈표 4-5〉에서 잘 살펴볼 수 있다.

표 4-5 도덕 질서이 이미지 (Images of Moral Order)[44]

초점	법적 체계	바른 관계성	청결함
죄	법을 어김	관계를 깸	오염
반응	죄의식	수치심	혐오감
구원	형벌	용서	씻음
구원	도덕 회복	화해	정결 의식
구원	질서	관계 회복	정결함 회복
이미지	의	샬롬, 평화	거룩, 정결
예	미국	일본	인디아

인간과 자연의 연합은 도시와 현대 사회로 인해 깨어졌다. 한 인간이 우주와 연합되어 있다는 관념에서 벗어나 이제는 자연과 분리되어 있고, 자기 뜻을 수행할 수 있는 어떤 존재가 되어 자연과 대치하게 된다. 우주는

---

43 Robert Redfield, *The Primitive World and Its Transformations* (Harmondsworth, UK: Penguin Books, 1968), 112.
44 Hiebert, *Transforming Worldviews: An Anthropological Understanding of How People Change,* 62.

그 도덕적 성격을 상실했기에 더 이상 인간에게 관심 없는 대상이며, 인간을 돌보지 않는 시스템이 된다.

현대 사회의 법은 문화에 의해 생겨난 비인격적 규칙에 근거한다. 이 규칙은 자율적 개인이 법에 책임지도록 한다. 개인의 범죄는 부끄러움이 아니라 죄책감으로 이끌어 간다.

평가적 기준은 각 사회에서 이상적인 남녀가 어떻게 행동해야 하는지 하는지, 바른 결혼의 구성 요소는 무엇인지, 어떻게 사람들이 서로에게, 그리고 이방인과 관계를 맺어야 하는지 결정한다. 가장 깊은 차원의 평가적 가정에서 충성을 결정하는데, 인간이 예배할 신과 인간 삶의 목적 등이 포함된다.

탤컷 파슨스(Talcott Parsons)와 그의 동료들은 일곱 가지 도덕적 차원에 대해서 언급했다. 그들은 이 일곱 가지 차원이 모든 사회에 존재한다고 주장했다. 그들은 이것을 동일선상에서 끝과 다른 끝을 이어 주는 척도 방법으로 표시했다.[45]

1. 감정을 표현하는 사회와 감정을 통제하는 사회
2. 공동체 안에서 정체성을 찾는 사회와 독립된 개인으로서 정체성을 찾는 사회
3. 현세 중심 사회와 내세 중심 사회
4. 성취에 가치를 두는 사회와 타고난 신분, 즉 왕족과 부족과 유산에 가치를 두는 사회
5. 모든 상황을 종합적으로 보는 통합적 사회와 특수한 이슈들을 깊이 생각하는 특수성 사회

---

45 Tacott Parsons, Edward Shils, eds. *Toward a General Theory of Action* (Cambridge, MA: Harvard University Press, 1952), 159-189.

6. 모든 사람을 동일하게 취급하는 보편적 사회와 개인의 지위나 역할이나 상황을 중요시하는 특수 사회
7. 가문과 출신 계급을 인정하고 상류층을 존경하는 사회와 인간이 날 때부터 평등하다고 믿는 평등주의 사회

이것들을 다음 표 〈4-6〉에서 요약했다.

표 4-6 세계관적 차원의 평가적 규범들(Evaluative Norms at the Worldview Level)[46]

1. 감정 표현 대 감정 통제	
감각과 욕구의 만족을 추구	지연된 만족, 포기
관대함	징계적임
예: 현대 소비자 문화,	예: 개신교 윤리
2. 집단주의 대 개인주의	
공동 관심사	개인 관심사
공동 책임과 결정	개인 성취와 결정
예: 부족	예: 현대
3. 다른 세상 중심 대 이 세상 중심	
저 세상에서의 상급 강조	이 세상에서의 상급 강조
예: 중세 유럽, 불교	예: 현대, 포스트모더니즘
4. 출생신분 대 성취	
출생에 기초한 관계	성취에 기초한 관계
속성에 가치를 둠	결과에 가치를 둠
예: 인디아의 카스트 제도	예: 미국의 신분체계
5. 전체 그림에 초점을 맞춤 대 구체적인 세부 사항을 봄	
폭넓은 맥락을 고려함	좁은 맥락을 고려함
예: 인디아 마을의 판챠야트(Panchayat) 사례	예: 미국 법정 사례

---

46 Hiebert, *Transforming Worldviews: An Anthropological Understanding of How People Change*, 64.

6. 보편주의자 대 배타주의자	
모든 사람을 동등하게 대우	각자에게 주어진 역할, 신분 상황에 따라 대우
우주적 진리, 율법, 표준 강조	각 상황의 유일성 강조
규격 강요	유일성과 다양성에 가치
절대 윤리	상황 윤리
예: 유대-기독교, 현대	예: 힌두교, 포스트모더니즘
7. 계급제도가 옳음 대 평등이 옳음	
사람을 본성적으로 불평등하다고 봄	사람을 본성적으로 평등하다고 봄
상류 계급에 혜택을 줌	상, 벌에 모든 사람은 평등함
후원자-고객 관계	계약적 관계
예: 인도의 카스트 사회	예: 스칸디나비아 사회

이처럼 인식론적, 정서적, 평가적 가정은 사람들에게 세상을 지각하고, 안정감을 가지며 그들이 바른 것을 하고 있다는 확신을 갖는 근거를 제공한다.

② 통시적 특성(Diachronic Characteristics)

인간은 이야기를 즐긴다. 삶에 의미를 부여하기 위해 사람들은 신비하고, 로맨틱하고, 비극적이고, 웃음을 자아내는 드라마를 이야기로 전달한다. 이야기로 아는 것은 비판적이고 해석적으로 아는 것과 다르다. 이성적 해석은 확실한 객관적 증거와 논리적이고 추론적인 분석에 기반을 두며, 현실에서 구체적 추상화를 만든다.

그러나 이야기는 상상력과 합리적인 분석에 기초하며, 이성적 사고만으로는 증명할 수 없는 인간의 여러 복잡한 경험을 잘 다룬다. 설화는 이성과 상상력과 이성과 감성과 분석 차원을 하나로 묶는다.[47] 이야기는 홀

---

47   Hiebert, *Transforming Worldviews: An Anthropological Understanding of How People*

어져 있는 조각들을 하나의 의미로 통합한다. 세계관의 중심에는 삶을 해석하는 근원적 신화와 이야기가 있다.

현대인들은 신화를 단지 사실이 아닌 상상력으로 꾸며낸 '옛날 옛적' 이야기로만 여긴다. 그러나 문화인류학에서 신화는 전문적 용어이다. 신화에 대해 학자들은 모든 것을 아우르는 중요한 이야기이고, 역사보다도 크고 사실로 인정하며, 평범한 삶이 묻혀 있는 더 큰 이야기를 사람들이 이해할 수 있도록 하는 패러다임 역할을 한다고 생각한다.

신화는 패러다임 방식 이야기이며, 우주적 질서와 결합을 가져오는 최고의 설화이다. 또한, 신화는 느낌이 없는 경험과 감정과 아이디어와 일상생활의 판단에 대해 무엇이 사실이고 영원하며 지속적인지 사람들에게 전달해 줌으로써 느낌을 가져다준다.

신화는 설화적 원시 실제의 부활이다. 신화는 심오한 종교적 결핍과 윤리적 열망과 사회적 복종, 심지어 실제적 요구에 대해 만족스러운 답은 준다.[48] 신화는 신념을 요약하고 전달하며, 가장 깊은 느낌을 표현하고, 도덕성을 정의하고 강화한다. 신화는 표면에서 일어나는 것들 이면에 무엇이 일어나는가 보게 함으로 의미를 부여한다.

신화는 사람들의 삶에 의미를 부여하고 그들이 갖는 감정적이고 윤리적인 스트레스를 보통 사람들의 이야기 방식으로 전달하는 인간 존재의 원형이다. 신화는 어려운 것들에 대해 간접적으로 말함으로써 적극적인 상상력과 사고로 의미를 발견하도록 하고 진리를 알게 되도록 힘을 북돋아 준다.

신화는 윤리적인 특성도 가지고 있으며 사회 안에서 용인되는 것과 될 수 없는 것들이 무엇인지 보여 준다. 신화는 영웅과 악한 자에 관한 이야

Change, 66.

48 Bronislaw Malinowski, *Myth in Primitive Psychology* (Westport, CT: Negro Universities Press, 1926), 19.

기를 통해 선과 악을 정의하고 예를 들어준다.

끝으로 신화는 사람들이 속한 공동체와 그들의 지위에 그리고 사회의 윤리적인 규범을 제공한다. 공동체 일부분이 되는 것은 그들 이야기의 한 부분이 되는 것이다.

지금까지 세계관의 일반 이론을 살펴보았다.

선교사가 타 종족, 타 종교인의 세계관을 아는 것은 왜 중요한가?

선교사가 다른 사람들의 세계관을 진지하게 다루어야 할 이유를 세 가지로 요약해 볼 수 있다.

첫째, 다른 이들의 세계관에 동의하기 위해서가 아니라 그들에게 복음을 효과적으로 전하기 위해서이다. 세계관은 단순히 한 공동체가 그들의 구성원을 하나로 단합시키고 그들을 한 줄로 세우기 위해 고안한 상상의 그림이 아니다. 대부분의 사람에게 세계관은 모든 것이 존재하는 방식이자 궁극적 의미에서 사실이라고 단언한다.

둘째, 선교사가 현지인들의 경험과 가정과 논리에 근거한 그들의 세계관을 아는 것이 매우 중요하다. 세계를 형이상학적으로 묘사하는 것으로는 충분하지 않다. 세계관을 통한 타 종교 비교는 그 종교를 이해하고 평가할 수 있는 거대 문화적 네트워크를 발전시키게 되고, 여기에 그 중요성이 있다. 이런 비교는 타 종교의 특성뿐만 아니라 인간 마음속에 내재한 종교적 열망을 이해하는 데 무한한 가치를 제공한다.

셋째, 선교사가 섬기는 이들의 변화를 돕기 위해서 그들의 세계관을 공부하는 것이 중요하다. 선교지에서 개종이 행동과 신념의 표면적인 차원에서 일어나는 경우가 빈번하다. 그 주(主)요인은 사람들의 내면의 세계관이 변하지 않았기 때문이다. 세계관의 변화가 없는 이들은 복음의 메시지를 자신들의 세계관 관점에서 나름대로 해석하게 되고 그 결과 그들은 기독교의 이방인으로 남게 된다.

2. 성경적 세계관

선교사는 기독교 지도자 양성을 위해 성경적 세계관을 알아야 한다. 그러면 성경적 세계관은 무엇인가?

크래프트는 단일 기독교 세계관이 존재하지 않는다고 보았다. 단일 기독교 세계관이 존재하면 모든 기독교인이 윤리적 가치들과 시간과 공간과 범주화 등에서 동일하게 접근해야 하는데, 그는 이것을 반대하기 때문이다. 동부아프리카 기독교인, 아시아 기독교인, 유럽 기독교인, 혹은 다른 지역의 기독교인은 각자의 시각으로 다르게 볼 수밖에 없다.

마치 예수 그리스도께서 '하나님 나라' 세계관을 1세기 히브리인 세계관에 통합시켜 자신의 세계관으로 삼으셨던 것처럼 기독교인들도 각자의 문화적 상황에 맞는 세계관을 가질 수 있다.[49]

크래프트의 주장과는 반대로 왈쉬(B. Walsh)와 미들톤(R. Middleton)은 단일한 기독교 세계관이 존재한다고 보았다. 왜냐하면, 길과 진리와 생명 되시는 예수 그리스도에 대한 믿음에 뿌리를 둔 하나의 신앙을 가질 수 있다고 보았기 때문이다.[50]

셔우드(D. Sherwood)에 의하면 기독교 세계관은 각 개인의 타고난 가치로서 사회 노동 가치를 알려 주는 해석적 틀을 제공한다고 했다.[51] 그는 개인의 가치는 믿음과 하나님에게서 온다고 봄으로 단일 기독교 세계관을 인정했다.

49　Kraft, *Anthropology for Christian Witness*, 67-68.
50　Brain J. Walsh & Richard Middleton, *The Transforming Vision: Shaping a Christina World View* (Downers Grove, IL: IVP, 1984), 39.
51　David A. Sherwood, "The Relationship between Beliefs and Values in Social Work Practice: Worldviews Make a Difference," *Social Work and Christianity* 24. 2 (1997): 115.

홈즈(A. Holmes)는 단일한 기독교 세계관을 말하면서, 세계관은 사람의 믿음과 태도와 가치와 느낌과 세상을 보는 방법에 대해서 통일된 관점을 제공하는 반사적 개념체계라고 보았다.⁵² 또한, 그는 기독교 세계관의 중심 주제는 하나님-창조의 구분이요 관계성이며, 기독교인은 이 세계관적 틀 안에서 모든 것을 생각하고, 일하시는 하나님과 연관하여 모든 삶을 살아야 한다고 주장했다.⁵³

장훈태는 성경적 세계관은 하나님과 구원 중심적으로 기독교를 해석하며 신앙에 초점을 두어야 한다고 보았다.⁵⁴

히버트도 성경 계시 안에서 성경적 세계관을 가질 수 있다고 보았다. 그는 성경적 세계관이 없다고 주장하는 것은 통일된 한 성경적 이야기를 부인하는 것이며, 아브라함과 모세와 다윗과 예수는 다른 신들이며, 신약과 구약의 연속성이 없으며, 성경은 단순히 역사와 사회문화적 상황에서 개인적인 신앙의 기록물이라고 말하는 것과 같다고 보았다.⁵⁵

성경을 이해하기 위해서 성경 전체에 흐르는 세계관적 테마를 이해해야 한다.⁵⁶ 성경의 통일성은 모든 성경적 사건이 한 위대한 이야기의 부분이라는 사실에서 비롯된다. 이것은 성경적 세계관이 통시적 논제를 가진다는 의미이다.

공시적인 차원에서 보면, 아브라함과 다윗에게 말씀하신 하나님은 예수 그리스도 개인에게 말씀하시고, 모든 사람이 죄를 범함으로 하나님의 영광에 이르지 못하며, 하나님의 거룩한 계획 외에는 구원이 없다고 말씀하

52　Arthur Holmes, *Contours of a Worldview* (Grand Rapids: Eerdmans, 1983), 32-33.
53　Holmes, *Contours of a Worldview*, 92.
54　장훈태, "제7장 세계관 이해," 『선교를 위한 문화인류학』, 한국복음주의선교신학회 (서울: 이레서원, 2001): 194-195.
55　Hiebert, *Transforming Worldviews: An Anthropological Understanding of How People Change*, 265.
56　Hiebert, *Transforming Worldviews: an Anthropological Understanding of how People Change*, 266.

신 그 하나님과 동일한 분이시다.

그 하나님이 성경을 통해서 자신을 인간에게 점진적으로 계시하셨고, 이 계시의 정점은 성육신하여 사람이 보고 들을 수 있는 인간으로 오신 예수 그리스도이시다.

성경적 세계관을 이해하기 위해서 그리스도에 대한 구약성경의 예언과 신약에서의 가르침과 초대 교회 교부들의 가르침으로부터 시작해야 한다. 이것들을 인지론적 논제와 감성적 논제와 행동적 논제와 통시적 논제로 살펴볼 수 있다.

1) 인지론적 논제(Cognitive Themes)

(1) 창조주와 창조(Creator/Creation)

성경에서 근본적인 이원론은 현대인의 근본적인 사고인 초자연과 자연과는 같지 않다. 이와 같은 이원론 이해는 현세와 내세, 종교와 과학, 자연 질서와 영적 행위, 사실과 믿음, 전도와 사회적 관심이라는 거짓된 이원론으로 끌고 간다. 결국, 이러한 이해는 땅에서 영적 실제를 부인하고 자연 질서를 깨뜨린다고 여기는 하나님의 섭리 혹은 기적으로서의 기적을 부인하게 된다.

표 4-7 성경적 세계관 이해를 추구하는 권위 차원
(Levels of Authority in Seeking to Understand Biblical Worldview)[57]

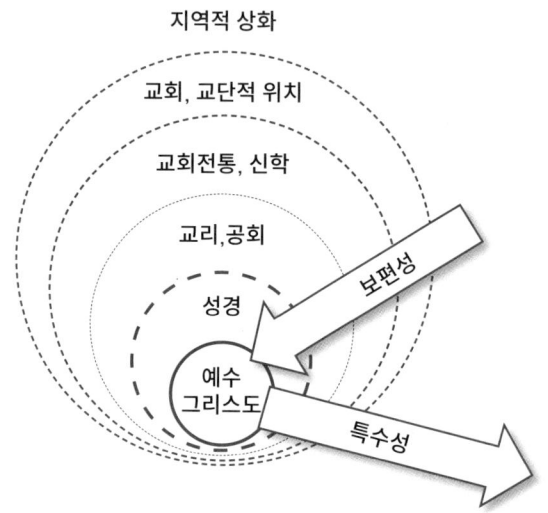

성경에서 말하는 근본적 이원론은 창조주와 창조물이다. 태초부터 홀로 계신 전지전능하신 하나님이 우주 만물을 창조하셨다. 모든 창조물은 하나님의 계속적 창조에 의존한다. 성경적 관점에서 우리는 자연과 초자연, 자연과 기적, 육체와 영, 거룩한 것과 부정한 것으로 나누는 이원론을 거부한다. 눈에 보이는 모든 것은 하나님의 역사요 창조물이다. 하나님께는 모든 것이 자연스럽고, 우리에게는 모든 것이 기적이다.

창조주 하나님은 우주와 그 역사를 통치하시는 주님(The Lord)이시다. 그분은 전능하신 분이기에 그분을 대항할 어떠한 세력도 없다. 또한, 그분은 사랑의 하나님이시다. 그분은 타락한 인간을 멸하지 않으시고 구원하심으로 무조건적 사랑을 나타내셨다. 한 분 하나님 안에서 전능하심과 사랑이

---

[57] Hiebert, *Transforming Worldviews: An Anthropological Understanding of How People Change*, 268.

란 속성이 역설처럼 보인다.

모든 것을 통치하시는 하나님은 그분의 형상으로 만드셨으나 타락한 인간 그래서 하나님과 교제가 단절된 사람들의 반응을 미리 결정할 수 없었던가?

사랑은 자발적이기에 하나님은 그렇게 하지 않으셨다.

역사 속 세 사건을 통해 창조세계를 살펴볼 수 있다. 그것은 창조와 성육신과 그리스도의 재림이다. 하나님은 모든 만물을 완전하게 창조하셨다. 물질 세계와 식물과 동물과 인간을 선하게 창조하셨다. 그러나 이 완전한 세계가 인간이 창조주 하나님께 불순종함으로 심한 손상을 입고 타락하게 되었다. 죄로 인해 인간과 하나님과의 관계가 깨어지고 인간은 하나님의 '주'이심을 거부하고 자신들의 신들을 만들었다.

하나님 자신인 그리스도께서 구속과 하나님 나라 회복을 위해 인간의 몸을 입고 이 세상에 오셨다. 그는 인류 역사의 중심이요, 과거 시대의 종말이요, 현시대의 중심축이요, 오는 시대의 약속이다. 성육신의 중심은 사탄과 악에 대한 하나님의 완전한 승리인 십자가이다. 하나님은 창조물을 회복하고 인간과 깨어진 관계를 회복하기 위해 사랑 안에서 주도적으로 이 일들을 행하셨다.

그리스도 안에서 우리는 우리의 죄를 용서받았고 거룩한 삶을 살 수 있게 되었다. 그리고 마지막으로 하나님께서 행하실 일은 그리스도의 재림과 세상의 종말이다. 그날은 하나님께서 의와 평강이 하늘에서 이루어지는 것과 같이 이 땅에도 이루어지는 하나님 나라를 건설하시는 때가 될 것이다. 이것이 성경에서 말하는 창조주와 창조물에 관한 이야기이다.

(2) 계시와 인간 지식(Revelation/Human Knowledge)

창조주와 창조물의 이원론 중심에는 신적 계시와 인간적 지식 사이의 관계에 관한 질문이 자리하고 있다.[58] 하나님은 일반계시인 자연과 특별계시인 성경을 통해 자신을 나타내신다.

특별계시는 성경에 기록되어 있고, 실제에 관해 우리에게 설명한다. 성경은 인간 저자들에 의해 쓰였고, 인간의 언어로 기록된 인간 문서이지만, 기록 과정에서 성령님의 특별한 영감으로 쓰였기 때문에 궁극적으로 신적인 문서라 할 수 있다.

반면에 인간 지식은 하나님의 계시를 인간의 특수한 상황에 맞게 해석하는 것이다. 해석 과정에서 두 가지 위험이 있다.[59]

첫 번째 위험은 신학을 계시와 동일시하는 생각이다.

계몽주의 시대 때, 인식론적 실증주의 토대 위에서 사람들은 객관적 관찰을 통해 자연의 실제와 우주적 법칙을 완전하게 발견할 수 있다고 믿었다. 기독교 학문도 이 인식론에 따라서 만들어졌고, 신학은 신학자나 그의 상황이나 교회가 직면한 이슈들에 영향을 받지 않으며, 진리의 객관적인 정확한 진술로서 보았다. 결국, 이 관점은 여러 논쟁과 분열을 가져왔다.

두 번째 위험은 성경에 계시된 우주적인 객관적 진리와 상관없이 계시를 자유롭게 해석할 수 있다는 포스트모던적 생각이다.

포스트모던의 인식론적 반응은 도구주의적이다. 지식은 개인 혹은 공동체가 구성하는 것으로 전적으로 주관적이며 상대적이다. 이러한 세계관적 개념에는 우주적 세계관이나 공동체적 세계관이 존재할 수 없고 단지 개

---

58 Hiebert, *Transforming Worldviews: An Anthropological Understanding of How People Change*, 271.

59 Hiebert, *Transforming Worldviews: An Anthropological Understanding of How People Change*, 272-273.

인적 진리만 존재하게 된다. 이러한 포스트모던의 도구주의 영향을 받은 신학에서는 구원과 하나님께 나아가는 길이 다양하다고 주장하는 종교적 상대주의를 표방하게 된다.

(3) 하나님 나라와 세상 나라(Kingdom of God/Kingdoms of This World)

복음의 중심 메시지는 무엇인가?

어떤 이들은 전도, 다른 이들은 교회 개척, 또 다른 이들은 하나님 나라가 복음의 중심 메시지라고 주장한다. 그러나 이들 모두는 양육과 성숙에 대한 소홀, 인간의 힘으로 미션을 성취하고, 교회의 선지자적 역할을 상실하는 등 약점을 가지고 있다.

복음의 중심 메시지를 이해하기 위해서 우리는 왕으로부터 시작해야 한다. 왕국을 규정짓는 것은 왕이다. 복음의 중심 메시지는 모든 창조물의 왕과 주로 오신 예수 그리스도이다. 마태복음은 특별히 그리스도의 오심을 이 땅에 하나님 나라 건설이라고 강조한다(마 2:2; 4:17; 4:23; 5:1-7:28).

왕과 함께 왕국이 왔다. 왕국은 하나님의 통치이다. 하나님의 왕국은 하나님의 실존적 통치를 선언하는 것이며, 미래에 그리스도의 종국적 통치를 지향하고 있다.[60] 그리스도와 함께 하나님의 왕국이 이 땅에 건설되었으나 완성된 나라가 아닌 그 나라의 실존을 드러내는 형태로 왔다. 그리스도 안에서 하나님의 나라는 존재하고 활동한다. 때가 차면 새 시대가 도래할 것이다.

하나님의 나라는 그리스도와 함께 이 땅에 임했다. 그리고 그리스도의 재림으로 최종적이고 완전한 왕국을 기다리고 있는 그리스도의 몸인 교회 안에서 드러난다.[61] 이런 차원에서 교회는 하나님 나라의 중심이라 할 수 있다.

60　Hiebert, *Transforming Worldviews: An Anthropological Understanding of How People Change*, 276-285..

61　Lesslie Newbigin, *What is the Gospel? SCM Study Series* 6 (Madras: Christina Literature

교회는 거룩함과 화목의 증거가 될 뿐만 아니라 그와 같이 살아가는 공동체로서 세상 안에 살아 있는 하나님의 새로운 질서이다. 교회는 종교와 신앙을 개인화한 개인들의 모임이 아니라, 예수 그리스도를 그들의 주와 구세주로 따르는 무리로 구성된 공동체이다.

그들은 한 몸 안에 여러 지체를 가진 믿음의 언약공동체이다. 그들은 같은 주를 따르는 자들이기 때문에 그리스도를 본받아 종처럼 겸손한 마음으로 서로를 섬긴다. 그들을 하나로 묶는 삶의 기초는 사랑이다. 이 사랑은 인간사회에서 서로 차별화하는 사회, 경제, 성별, 종족을 모두 뛰어넘는다. 이 사랑은 주가 한 분이듯이 온 교회를 하나로 묶는다.

하나님 나라의 중심에는 임무가 있다. 교회는 사람들을 초대하여 하나님 나라에 들어갈 수 있도록 하나님이 부르신 공동체이다.[62] 교회가 선교의 하나님을 섬길 때, 동료 인간들의 곤경을 못 본 체할 수 없다. 교회는 구원과 소망의 복된 소식을 전하지 않을 수 없다.

그리스도처럼 교회도 말과 행동과 고난을 통해서 세상에 증인이 되어야 한다. 교회는 예배와 교제와 선교를 위해서 부르심을 받았는데, 예배와 교제가 선교로 이어지지 않는다면 진정한 예배와 교제라고 할 수 없다. 선교는 이 땅에서 기독교인들이 해야 할 일이다.

(4) 유기적인 것과 기계적인 것(Organic/Mechanistic)

성경에서 기본 은유는 유기적이다. 태초에 살아계신 하나님께서 물질세계를 만드셨다. 하나님의 창조 중 절정은 그의 형상으로 창조된 인간이다. 인간은 하나님의 구속 역사에서 중심에 있다. 기독교 세계관은 사람들을 사건들의 장기간에 걸친 우연한 최종 결과물로 보는 현상주의적이고

Society, 1942), 42.

[62] D. McNeill, Douglas Morrison & Henri Nouwen, *Compassion: A Reflection on the Christian Life* (Garden City, NY: Doubleday, 1982), 56.

환원주의적인 견해를 거부한다.[63] 인간은 창조물의 중심이다. 또한, 기독교 세계관은 인간을 영원한 실존을 소유하지 않은 사회문화적이고 심리학적인 존재로 보는 자연주의적 견해를 거부한다.

현대의 기계론적 세계관은 인간을 연구와 탐구의 대상으로 본다. 인간이 비인격화되고 목적물이 되면서 개인적인 이득을 위해 사용할 수 있는 유용한 상품이 되어 버렸다. 그러나 유기적 세계관은 인간을 살아 있는 존재로 보며, 개인이 각자의 이야기를 하고 있으며, 사람 사이의 관계성을 가지고 있다고 본다.

성경의 핵심 메시지는 하나님과 인간 사이의 관계, 즉 샬롬과 사랑과 평화에 관한 것이다. 인간이 되는 것은 관계를 맺는 것이다. 인간은 참된 공동체를 위해서 창조되었다. 관계 중심에는 다른 사람들을 위해서 조건 없이 그 공동체의 일원이 되는 사랑이 있다. 그러한 사랑이 하나님의 존재 자체이다. 왜냐하면, 하나님은 사랑이시기 때문이다.

(5) 공동체와 개인(Group/Individual)

포스트모더니즘 시대에서는 비인간적 관계에 관련된 자율적이고 자아충족적인 개인에 대해 강조한다. 반면에 성경적 세계관은 상호관계성과 공동체를 강조한다.[64] 구약에서 하나님은 아브라함, 모세, 다윗 등 이스라엘 사람들과 일하셨으며, 신약에서 예수 그리스도는 잃은 자를 찾아 구원하셨고 그들을 새로운 몸의 지체들로 구성하셨다.

데카르트-칸트의 자율적 개인주의는 히브리적 사상과 성경적 가르침에서 찾아볼 수 없다. 이스라엘의 가족, 친족, 백성은 사회적 교류에서뿐

---

63 Hiebert, *Transforming Worldviews: An Anthropological Understanding of How People Change*, 285-287.
64 Hiebert, *Transforming Worldviews: An Anthropological Understanding of How People Change*, 287-295.

만 아니라 그들의 삶에 의미를 부여하는 영적 이야기에 중심이 된다. 성경적으로 관계를 맺는 것과 공동체는 복음의 핵심이라 할 수 있는데, 그것은 하나님 자신의 근본이기 때문이다.

하나님은 인간이 관계성 안에서 존재성을 갖도록 창조하셨기 때문에, 각 개인은 공동체와 관련성을 가질 때 그의 정체성을 발견할 수 있다.[65] 이와 같은 정체성 안에서 개인의 특성과 탁월성이 보존되는 것이다. 죄는 이 공동체적 관계를 깨트렸고 각 개인으로 흩어지게 만들었다.

그러므로 우리는 관계를 통해 우리의 정체성을 찾아야 한다. 관계성이 우리 존재의 본질이기 때문에 관계적 설정을 타고난 특성보다 더 중요시해야 한다. 만약 관계성이 창조된 성품의 핵심이라면, 우리는 회심을 어떤 교리를 알고 확신하거나 특정한 규칙에 따라 사는 것으로 보아서는 안 된다. 도리어, 회심은 자신과 세계라는 옛 우상들로부터 돌이켜 예수 그리스도를 따르는 사람이 되는 것으로 보아야 한다. 관계적 지식은 인지적 지식과 감성적이고 윤리적인 지식 사이의 장벽을 제거한다.

또한, 관계적 사고는 개인적 복음이 진정한 성경적 구원 개념이 아님을 말해 준다. 왜냐하면, 개인적 복음은 단지 세상으로부터 구원받은 개인적 구원에 집중하기 때문이다. 성경에서 구원은 개인적이지만, 그것은 신부로서 교회에 대한 하나님의 준비와 새로운 하늘과 땅에 대한 하나님의 창조에 초점을 맞춘 공동체적이고 우주적이다.

만약 우리가 공동체로 존재한다면, 다른 공동체에 속한 사람들과 어떻게 관련을 맺어야 하는가?

성경적 세계관은 '다른 사람들'을 어떻게 이해하는가?

65　Lesslie Newbigin, *Proper Confidence: Faith, Doubt, and Certainty in Christian Discipleship* (Grand Rapids: Eerdmans, 1995), 70.

첫째, 성경적 세계관은 모든 사람의 공통적 인간성을 주장한다. 인간으로서 가장 깊은 차원의 정체성 안에는 다른 이들이 없다. 단지 우리만 있을 뿐이다.

둘째, 교회 안에서 모든 사람은 새로운 한 민족의 구성원들이다. 그리스도 안에서 하나님의 나라가 임했고, 새로운 시대가 시작되었다. 교회는 하나님 나라의 표식이요 현현이며, 예수 그리스도를 주로 따르는 모든 이가 새로운 한 민족의 구성원이 된다. 교회 안에서 다른 이들은 없다. 몸에 속한 지체들이요, 믿음 안에서 형제요 자매들이다.

교회의 연합은 복음의 부산물이 아니라 복음의 근본적인 요소 중 하나이다. 선교에서 우리는 이 공통적인 인간성으로 다른 민족들을 보아야 한다. 우리는 모두 같은 인간이요, 하나님의 피조물이요, 하나님의 형상으로 창조되었고, 타락했으나 구원받을 수 있다.

2) 감성적 논제(Affective Themes)

현대적 세계관은 사물을 객관적으로 본다는 명목하에 감성과 도덕성을 무시하고 인식적 진리에만 집중했다. 그러나 성경은 인식적이고 감성적이고 윤리적인 진리를 분리하지 않고 세 가지를 통합적으로 본다. 감성은 기독교 세계관에서 볼 때 하나님과 자신과 다른 사람들과 관계를 이해하기 위해 매우 중요하다.

(1) 신비한 경외감(Mysterium Tremendum)

인간이 가장 근본적으로 경험하는 감정은 기쁨이나 평화나 흥분이 아니다. 그것은 우리가 하나님의 면전에 들어갈 때 느끼는 거룩한 경외감, 즉 미스테리움 트리멘둠(Mysterium Tremendum)이다. 이 감정은 멀리 계시지만 위대

하고, 전능하고, 인간의 경험과 이해를 뛰어넘는 신에 대한 느낌이다.[66]

(2) 성령의 열매

성령의 열매, 즉 사랑과 희락과 화평과 오래 참음과 자비와 양선은 그리스도를 닮은 감성적 표식이다.[67] 기독교인은 사랑한다. 왜냐하면, 하나님이 사랑이시기 때문이다. 성부와 성자와 성령 사이에 완전한 사랑이 이루어진다. 하나님은 피조물과 관계에서 완전한 사랑을 보여 주신다. 하나님의 아가페 사랑은 무엇인가 얻기 위해서 사랑하는 인간의 에로스 사랑과 다르다.

아가페 사랑은 다른 사람들의 행복에 조건 없이 자발적으로 헌신하며, 희생적이고 용서하며, 통제하기보다는 능력을 부여하며, 원수도 친구도 사랑한다. 하나님의 성품으로서 아가페 사랑은 흉악한 죄인들을 찾아 그들의 죄를 용서하고, 그들을 구원한다.

아가페 사랑의 표현은 '고통에 동참'하는 동정심이다. 이것은 자신을 가난하고 굶주리고 억눌리고 병든 자들과 동일시하는 것으로 그리스도께서 인간의 성품을 취하시고 사람과 동일시하신 본을 따르는 일이다. 동정심은 슬픔과 연민의 감정을 전하는 것 이상이다.

이것은 값을 지불하고 고통과 억압 속에 있는 자들과 동일시하는 것으로 인간의 타고난 본능을 뛰어넘는 일이다. 그러므로 인간의 노력으로 아가페 사랑을 실천하는 일은 불가능하다. 그것은 오직 그리스도를 통한 하나님의 진정한 아가페 사랑을 경험하고 이해할 때 가능한 일이다.

---

66 Stephen Neill, *Christian Holiness: The Carnahan Lectures for 1958* (London: Lutterworth Press, 1960), 11.

67 Hiebert, *Transforming Worldviews: An Anthropological Understanding of How People Change*, 292.

희락(Joy)과 화평(Peace)도 성령의 열매이다. 그것도 하나님 자신의 성품을 드러낸다.

희락과 만족을 구분하는 것이 필요하다. 만족은 자아 중심적이며, 원하는 것을 성취하는 데 집중하며, 다른 사람을 자신의 즐거움을 채우기 위한 목표물로 취급한다. 이러한 만족은 결코 충족될 수 없고, 영원한 만족이란 결코 있을 수 없다. 희락은 하나님과 다른 사람과의 좋은 관계에서 오는 열매이다. 이것은 타인 중심이며, 다른 사람들의 행복과 기쁨을 보며 깊이 만족한다.

하나님은 화평의 하나님이시다. 화평은 충돌을 회피하는 것이나 폭력으로 적을 정복하는 것도 아니다. 화평은 원수와 더불어 정의와 용서와 화목을 이루려고 노력한다. 이것은 하나님께서 보좌에 앉아 천사를 보내 죄인들을 심판하지 않고 예수 그리스도를 자신을 대적한 원수들에게 보내 그들의 죄를 위해 십자가에 돌아가심으로 정의와 용서와 화목을 이루신 본에서 잘 드러난다. 기독교인도 그리스도의 길을 걸어야 한다. 우리를 미워하는 이들을 사랑하고, 우리에 대해 불의를 행하는 이들을 용서하고, 화목을 추구해야 한다.[68]

오래 참음은 힘이 부족하여 수동적이거나 의존적으로 무엇을 기다리는 상태가 아니다. 이와 반대로, 오래 참음은 어떤 것들이 일어나고 다른 사람들이 결정하도록 능동적으로 기다리는 것이다. 또한, 오래 참음은 활동적으로 주변의 삶 깊숙이 들어가서 고난을 함께 나누는 것을 의미한다.

이것은 내적으로 보고, 듣고, 만지고, 맛을 보고, 냄새를 맡을 수 있는 능력이 있어야 한다. 오래 참음은 누군가의 고통 중에 즉각적인 도움이 필요할 때 멈추어 서서 들어 주는 것을 의미한다.[69] 오래 참음은 성령께 경

---

[68] Christopher Marshall, *Beyond Retribution: A New Testament Vision for Justice, Crime, and Punishment* (Grand Rapids: Eerdmans, 2001), 284.

[69] McNeill, Morrison & Nouwen, *Compassion: A Reflection on the Christian Life*, 20-21.

청하고 그의 인도하심에 따라 사는 것이라 할 수 있다.

3) 행동적 논제(Evaluative Themes)

행동적 혹은 도덕적 논제는 하나님의 성품에 근거하는데 그는 거룩하고, 의롭고, 성결하며 공평하시다.[70]

(1) 선과 악(Good/Evil)

하나님은 거룩하고 선한 분이시다(시 71:22; 사 6:3; 계 4:8). 하나님의 거룩하심은 율법을 완벽하게 지키기 때문이 아니라 거룩함이 그분의 본래 성품이요, 존재 방식이기 때문이다. 그 하나님에 의해 창조된 인간도 선했다. 그러나 인간의 죄로 인해 하나님과 관계 그리고 다른 사람과의 관계가 깨졌다.

이것이 죄에 대한 성경적 관점이다. 하나님은 의와 죄에 대해 가르치고자 율법을 인간에게 주셨다. 율법은 인간을 결코 완전하게 할 수 없다(히 7:19). 그 이유는 율법이 인간의 외적 행동만을 통제하기 때문이고, 누구도 모든 율법을 완벽하게 지킬 수 없기 때문이다.

그렇다면 기독교인은 어떻게 거룩한 백성이 되는가?

기독교인의 완전함과 거룩함은 모든 율법을 지키거나 죄를 피함으로 오는 것이 아니라, 그리스도 안에서 새로운 피조물이 되기 때문이다.[71] 거룩함은 행위에 근거하지 않고 존재 자체에 근거하는 것이다.

스티븐 닐(S. Neill)은 기독교인의 거룩함의 세 측면을 말했다.[72]

---

70 Hiebert, *Transforming Worldviews: An Anthropological Understanding of How People Change*, 295-300.
71 Neill, *Christian Holiness: The Carnahan Lectures for 1958*, 42.
72 Neill, *Christian Holiness: The Carnahan Lectures for 1958*, 124-125.

첫째, 하나님과 관계에서 상태의 변화다.
둘째, 그리스도 안에 영원히 거하는 질적 우수성이다.
셋째, 기독교인이 옳은 것을 선택하고 잘못된 선택을 거부할 위기와 투쟁의 면이 있다.

근본적으로 성경은 죄를 율법을 어긴 것으로 가르치기보다는 하나님과 다른 사람들과 관계의 단절이라고 말한다(사 59:2). 그러므로 죄는 회개와 용서와 화해가 필요하다.

십자가상의 그리스도를 통해 볼 수 있듯이 하나님의 의라는 점에서 죄가 얼마나 무서운 것인지 알 수 있다. 이를 통해 우리는 인간이 얼마나 사악한 죄인들이며, 죽어 마땅하다는 사실을 인정하게 된다. 기독교인들은 다른 죄인들을 구원으로 인도하는 성자들이 아니라, 동료 죄인들이 그리스도를 따르도록 초청하는 죄인들이다.

(2) **칭의와 회복**(Justification and Restoration)

성경적 세계관의 중심은 죄의 결과와 실제로부터 타락한 인간을 구원하시는 하나님께 있다. 과거에 죄를 용서할 뿐만 아니라 내면에 실재하는 죄성을 없애고 그리스도의 형상을 닮은 새 피조물로 창조하는 일이다. 거룩함은 인간이 노력해서 획득할 수 있는 어떤 것이 아니다. 그것은 근본적으로 새성품이요, 하나님께서 주신 자연스러운 존재이다.

기계적 세계관에서 죄는 우주의 윤리적 법칙을 범하는 것으로 여긴다. 이것은 범법자가 마땅히 받아야 하는 형벌적 정의를 요구한다. 그러나 성경에서 죄는 하나님에 대한 불순종에서 시작되었고, 다른 사람들과 자연과의 관계가 단절되는 결과를 가져왔다.

하나님은 인간이 그 죄로 형벌 받는 것을 불쌍히 여겨, 그분의 독생자 예수 그리스도를 세상에 보내셨고 그분은 인간의 죄의 형벌을 십자가에서 대신 지셨다. 인간이 하나님과 다른 사람과 깨어진 관계를 회복할 수 있는 길을 열어 놓으셨다.

신약에서 구원은 공동체적이고도 개인적이다. 개인적이란 하나님께서 개인의 죄와 상관없이 그리스도를 따를 수 있도록 개인적으로 초대하시기 때문이다. 공동체적이란 구원이 곧 하나님과 다른 사람들과 교제하는 새로운 공동체의 창조를 의미하기 때문이다.

또한, 구원은 포괄적이다. 구원은 완전한 전체 창조의 회복이며, 창조의 근원과 본은 삼위 하나님의 존재 안에서 완전한 사랑의 연합이다. 이처럼 구원의 우주적인 성격은 하나님의 사랑에 근거하고 있으며, 모든 인간에게 미친다.[73] 이 사실은 기독교인이 개인적 영역에서뿐만 아니라 정치와 경제와 문화 등의 모든 영역에서 선지자적 역할을 감당해야 함을 일깨워 준다.

4) 통시적 논제(Diachronic Themes)

성경적 세계관의 핵심은 하나님의 우주적 이야기와 인간 역사의 관점을 모두 포함한다. 성경은 신학 논문도, 경건한 묵상을 위한 서적도 아니다. 성경은 기본적으로 하나님의 이야기이고 인간과 하나님의 관계를 말하고 있다.

(1) 우주적 이야기와 인간 역사

복음은 근본적으로 우주적인 이야기에 담긴 한 역사이다. 하나님께서 온 우주와 인간 역사 안에서 행하신 창조, 죄, 악, 타락, 구속은 시공간 안

---

73 Lesslie Newbigin, *The Household of God: Lectures on the Nature of the Church* (Carlisle, UK: Paternoster Press, 1998), 188-189.

에서 일어난 역사적 사건들이다.[74] 힌두교는 이 세상과 역사의 존재론적 사실을 부정한다. 계몽주의는 이 우주적인 이야기와 관계없이 인간 역사에 대해 의미를 부여하려고 한다. 그리고 포스트모더니즘은 역사가 이야기라는 사실을 부인한다.

성경은 창조에 있어서 하나님의 행위에 관한 이야기이다. 종교적 교리 또는 경건 서적의 목록이 아니다. 이것은 우주 역사에 관한 유일하고 완전한 해석이며 역사에서 유일하게 책임 있는 배우로서 인간의 유일한 이해를 제공한다.

성경적 세계관은 실제 이 세상의 포괄적인 존재와 일반 역사를 구성하는 실제 사건들과 이것들을 모두 통합하는 전체에 이야기가 있음을 주장한다. 이 이야기가 없다면 방대한 사건들을 전체적으로 묶을 수 없게 된다.

성경적 관점의 중심에는 하나님이 중심에 자리한다. 구약은 하나님의 백성들을 위한 하나님의 행위들이 연대기적으로 기록되어 있다. 신약에는 그리스도를 따르는 자들에게 계시된 것으로서 하나님께서 역사를 어떻게 보시는가에 대한 기록이다.

성경 이야기는 힌두교나 불교에서 볼 수 있는 메타 내러티브처럼 주기적이지 않다. 이들 사회에서는 자연세계가 탄생, 성장, 성숙, 퇴화, 죽음의 주기로 계속되며, 종교는 이 주기에서 벗어나게 해 준다고 믿는다.

또한, 성경 이야기는 현대 진화론처럼 인간이 완전한 자연 정복을 향해 직선적으로 나아간다고 믿지 않는다. 더욱이 성경 이야기는 메타 내러티브를 거부한 포스트모더니즘, 즉 어떠한 진리나 우주적 역사도 윤리도 부인하는 관점과도 다르다.

---

[74] Hiebert, *Transforming Worldviews: An Anthropological Understanding of How People Change*, 300-303.

레슬리 뉴비긴(Lesslie Newbigin)은 이 같은 여러 역사 해석에 반대하여, 성경적 역사가 아래 표 〈4-8〉처럼 'U'형태라고 주장한다.[75]

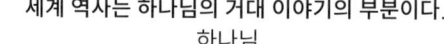

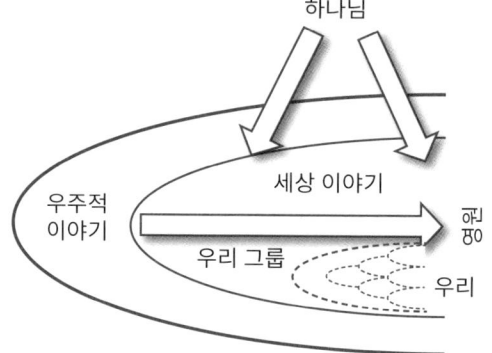

이것은 완벽한 창조로 시작되었지만, 죄가 들어옴으로 창조를 훼손한다. 그 후 이야기는 하나님의 목적에 따라 몇몇 개인이나 성도의 육체뿐만 아니라 모든 창조물을 완전한 새 창조물로 회복시키는 하나님의 일에 관한 것이다. 모든 창조물은 이 패턴을 따라야 한다.

인간은 완전한 존재로 시작했지만 죽음과 지옥이란 운명을 가진 죄인이 되었다. 그러나 우리는 그리스도를 통해 새로운 존재, 즉 완전한 존재를 미리 맛볼 수 있는 특권을 부여받았다. 성경 역사는 타락과 새로운 세계의 새 창조에 관한 이야기이다.

---

75 Lesslie Newbigin, "The End of History," The Gospel and Our Culture 13:1-2; Hiebert, *Transforming Worldviews: An Anthropological Understanding of How People Change*, 302에서 재인용.

76 Hiebert, *Transforming Worldviews: An Anthropological Understanding of How People Change*, 302.

인간으로서 우리 각자의 삶은 의미가 있다. 왜냐하면, 우리의 삶은 연결점이 없어 보이는 사건들을 하나의 전체 이야기로 연결하는 플롯과 이야기를 하고 있기 때문이다. 다시 말해서, 기독교인의 이야기들이 큰 이야기, 즉 수 세기 동안 계속되는 교회 이야기의 부분이 되기 때문에 의미가 있다. 예를 들면, 모세와 라합과 다윗과 에스더의 이야기는 이스라엘 이야기의 중요한 부분이 되기 때문에 의미가 있다.

마찬가지로 공동체의 이야기가 의미 있는 이유는 인간 역사의 일부가 되기 때문이다. 또한, 인간 역사가 의미 있는 이유는 그것이 우주적 이야기의 일부분이 되기 때문이다. 그리고 우주적 이야기가 의미 있는 이유는 그것이 텔로스(telos) 곧 종말을 결정하는 의미가 있기 때문이다.

문제는 우리가 그 이야기 중간에 살고 있으므로 종말을 모르고 있다는 사실이다. 하나님은 성경을 통해서 종말이 있으며, 그 종말은 선한 것으로서 완전한 창조의 회복이라고 말씀한다. 그 종말적 미래는 그리스도 안에서 예시되었으며, 그를 따르는 사람들은 그 나라의 영역에 이미 들어갔다고 말한다.

인간 역사는 '이미'(already)와 '아직'(not yet) 사이에서 긴장을 일으키는 이 하나님의 우주적 이야기에 연결되어 있다. 선교적 책임과 종말론적 소망 사이의 긴장 때문에 교회는 이 세상에 전도해야 할 중요한 이유를 갖게 된다.[77]

성경적 세계관에서는 세속적인 역사와 거룩한 역사의 구분이 없다. 교회는 하나님의 선교를 수행하는 대리자이고, 하나님이 인간을 다루시는 증인이 된다.

그렇다고 우리가 이 세상은 하나님의 일을 위해서 교회가 선교를 진행하는 곳으로 판단하거나, 세속 역사의 사건들을 단순히 교회 이야기를 위한 배경이나 구원 역사를 위한 무대로만 치부해서는 안 된다. 하나님의 복

---

[77] Newbigin, *The Household of God: Lectures on the Nature of the Church*, 193.

음은 시작과 종말을 모두 포함하고 있으며, 그 안에 일어나는 모든 사건의 실제적인 의미가 된다.

이것은 구원 역사와 신구약 성경 이야기들과 교회의 이야기와 인간의 모든 이야기를 결코 분리할 수 없다는 의미이다.[78] 이처럼 성경적 세계관은 통시적 이야기를 중앙에 두고 삶과 역사에 의미를 부여한다.

(2) 샬롬과 전쟁(Shalom/Warfare)

성경의 증거에 의하면, 선은 영원하고 악은 임시적이다. 성경은 하나님과 사탄, 선과 악이 영원히 존재하는 두 가지 독립된 실재로 보지 않는다. 태초에 하나님이 계셨고, 그분은 선하셨다. 죄는 그 후에 나타난다. 사탄과 그의 추종자는 타락한 천사들이며, 하나님의 형상으로 창조된 인간도 죄지은 배신자들이다.

하나님은 우주를 하나님 자신으로부터 독립적으로 존재하도록 만들지 않으셨다. 모든 창조물처럼 사탄과 죄인들도 하나님의 지속하시는 창조에 의존한다. 그들이 하나님을 반역했음에도 존재한다는 사실은 하나님의 은혜와 사랑을 잘 드러낸다.

그러므로 영적 전쟁의 중심은 힘의 대결이 아니다. 하나님의 전능하심에 대해 성경은 한 번도 의문을 제기하지 않는다. 심지어 사탄과 그의 군대들도 그것을 인정한다. 하나님이 사탄을 멸하실 필요가 없다. 논쟁의 핵심은 성과 악, 의와 죄에 관한 것이다.[79]

하나님은 거룩함, 빛, 사랑, 진리이시다. 악은 이것들의 왜곡이다. 악은 어둠, 속임, 죽음의 근원이다. 악은 관계성을 깨뜨리고, 우상을 숭배하고,

---

[78] Lesslie Newbigin, *The Relevance of Trinitarian Doctrine for Today's Mission* (Richmond: John Know Press, 1963), 24.

[79] Hiebert, *Transforming Worldviews: An Anthropological Understanding of How People Change*, 303.

하나님께 대항하고, 고립시키고, 자신을 숭배하게 한다.

복음의 중심에는 샬롬이 있다. 인간은 악을 선택함으로써 하나님을 반역했고, 하나님과 관계에서 평화를 상실했다. 하나님은 인간의 대적하는 마음을 제거하시고 평화와 화해와 샬롬을 가져오셨다.

샬롬은 하나님과 바른 관계에서 시작된다. 그리고 예배와 경건과 순종으로 이어진다. 기도는 하나님께 대한 복종이다. 기도를 통해 예배와 경배를 드리며, 삶의 주(the Lord)가 되시는 예수 그리스도께 헌신을 새롭게 한다. 기도를 통해 하나님께서 우리의 삶에서 그의 뜻을 행하시도록 허용한다.

또한, 샬롬은 다른 사람과 바른 관계를 포함한다. 바른 관계란 강자가 약자를 지배하는 독재적이거나 착취적인 관계를 의미하지 않는다. 그것은 하나님의 형상으로 창조되었으나 죄로 인해 깨어진 다른 사람들을 사랑하고 돌보는 관계이다. 샬롬은 하나님의 선교명령을 완수하기 위해 개인의 우선순위를 내려놓고 공동체를 세우는 것이다.

나는 성경 전체를 포괄하는 성경적 세계관을 다음과 같이 요약한다.

인간은 하나님과 교제하며 창조세계를 다스리도록 하나님에 의해서 그의 형상으로 창조되었다(창 1:27-28; 2:15).

그러나 그 인간이 하나님께 불순종하여 죄를 범함으로 온 창조물이 죄의 저주 아래 놓이게 되었다(창 3장).

인간이 자신을 스스로 구원할 수 없기에 하나님께서 그분의 독생자 예수 그리스도를 이 세상에 보내셨고, 그분의 십자가 희생을 통해서 세상을 구원하셨다(창 3:15; 요 3:16). 그리스도께서 세상 마지막에 다시 오심으로 모든 창조물을 온전히 회복하실 것이다(사 65:17-25; 계 22장).

이처럼 성경 전체 이야기를 창조, 타락, 구속이란 단어로 요약할 수 있다. 이것이 성경적 세계관의 기본 틀이라 말할 수 있다.

3. 세계관 변혁

　기독교 지도자 양성을 위해서 선교사는 문화, 세계관, 성경적 세계관 이해와 더불어 세계관 변혁을 이해하는 것도 중요하다.

　보통 선교지에서는 선교사가 세계관 변혁을 주도하게 된다. 이를 위해 사역 대상자의 문화와 세계관을 면밀히 연구하고 그것들을 성경적 세계관과 비교하여 다른 부분을 찾아내야 한다.

　기독교 세계관 변혁은 그리스도를 통하여 하나님을 알고 그 하나님을 삶의 중심에 놓는 패러다임 변화라고 할 수 있다. 즉, 동부아프리카 그리스도인들이 예수 그리스도를 그들의 삶 전 영역에 왕과 주로 모심으로써 급진적인 세계관 변혁을 이루게 된다.

　월리스(A. Wallace)는 다음 단계의 과정을 통해 세계관의 변혁이 일어난다고 보았다.

　　　1. 기존 안정기(The Steady State)
　　　2. 개인 스트레스증폭기(The Period of Increased Individual Stress)
　　　3. 문화 이탈기(The Period of Cultural Distortion)
　　　4. 혁신기(The Period of Revitalization)
　　　5. 새 안정기(The New Steady State)

　기존 안정기란 사회의 필요들이 충족되기 때문에 전통적 가치관에 만족하며 살아가는 때이며, 개인 스트레스 증폭기는 개인 스트레스가 기존의 문화적 가치관에 대한 불신과 불만족이 쌓여 개인적인 긴장감이 증가하는 때를 말한다. 그리고 문화 이탈기는 개인의 스트레스가 계속됨으로 사회적 병리 현상과 범죄가 증가하며, 기존의 가치관을 거부하고, 새로운 가능성을 찾는 불안정한 시기이다.

혁신기는 문화적 이탈이 지속하면서 기존의 세계관이 붕괴하고 인구가 감소하고 흩어지는 아노미 현상이 생기는 때이다.

월리스는 이 혁신기 동안 종교적 혁신운동이 여섯 단계를 통해서 일어난다고 보았다.

1. 각각의 취향에 따라 새로운 세계관을 모색하는 미로 방식의 재구성(Mazeway Reformulation)
2. 문화적 창시자로서 선지자적 메시지를 전달하는 커뮤니케이션(Communication)
3. 선지자의 문화적 관점을 유지할 기관(Organization) 설립
4. 새로운 기관에 저항하는 세력에 적응(Adaptation)
5. 다수가 새 종교를 받아들이므로 일어나는 문화적 변혁(Cultural Transformation)
6. 사회 전반에 영향을 미치는 관례화(Routinization)

이처럼 문화적 혁신이 일어나고 성공하여 세계관은 새로운 안정기로 들어서게 된다.[80]

크래프트는 월리스의 혁신 모델 중 개인 스트레스증폭기와 문화 이탈기가 복음을 가장 잘 수용하는 때라고 주장했다. 즉, 복음을 통해 기존의 세계관을 성경적 세계관으로 변화시킬 수 있는 최상의 시기라고 본 것이다.[81]

선교사는 동부아프리카인이 기존의 문화적 가치관에 대해 개인적 스트레스로 고민하거나 불만족과 불신을 하고 있을 때, 시기를 놓치지 말고 성경적 세계관을 가르쳐야 한다.

---

80 Anthony F. Wallace, "Revitalization Movements," in American Anthropology, No. 8, (1956): 266-275.
81 Kraft, *Anthropology for Christian Witness*, 866-869.

또한, 선교사가 동부아프리카 지도자들에게 성경 말씀을 가르칠 때 자신들의 세계관과 성경적 세계관의 차이를 깨닫게 함으로 동부아프리카 지도자들이 성경적 세계관을 바르게 수용할 수 있도록 도와야 한다.

알란 티페트(Alan Tippett)는 윌리스의 혁신 모델을 자신의 선교적 경험에 비추어 창의적으로 발전시켰다. 그는 세계관 변혁 과정을 네 시기로 구분한다.

1. 퇴폐 시기(Demoralization)
2. 잠수 시기(Submersion)
3. 회심 시기(Conversion)
4. 혁신 시기(Revitalization)

여기서 퇴폐 시기는 기존의 가치관에 혼돈이 생기면서, 도덕이 무너지고 사회가 혼란에 빠지는 때이다. 잠수 시기는 혼란이 심화되지만, 표면적으로는 큰 변화가 보이지 않는 시기이다. 회심 시기는 기존의 세계관이 새로운 세계관으로 대치되는 시기이다. 혁신 시기는 새로운 세계관에 의한 변혁 운동이 조직적이면서 구조적으로 발전하는 시기이다.[82]

티페트 모델의 장점은 세계관 변혁이 급진적으로 일어나는 것이 아니라 오랜 잠수 시기를 거치면서 서서히 나타남을 증명한 것이라 하겠다.

히버트는 영적 변혁은 죄인을 하나님의 자녀 삼으시고, 하나님 나라의 백성으로 만드시는 하나님의 일이라고 했다.[83] 하나님의 일이기 때문에 우리는 영적 변혁을 완전히 이해할 수 없으나 하나님의 초대에 반응하므로

82　Alan Tippett, *Introduction to Missiology* (Pasadena: William Carey Library, 1987), 157-182
83　Hiebert, *Transforming Worldviews: An Anthropological Understanding of How People Change*, 307.

삶이 변화되는 죄인과 연관됨으로 영적 변혁이라 말할 수 있다.

이상의 정의들을 종합해 보면, 거짓 신들을 버리고 참신이신 하나님께 돌아오는 것을 의미한다. 다시 말하면, 영적 변혁은 사람들이 부와 권력과 교만과 성과 인종으로 사로잡고 있는 거짓 신들과 그들 자신의 우상을 버리고 그들의 창조주이시고 주인이신 하나님께 돌아오는 것을 의미한다. 한마디로 회심이라고 할 수 있다.

성경적 회심은 매일의 삶과 연관되어 있으며, 사람들의 삶에서 항상 일어나야 한다. 이것은 또한 개인과 공동체 안에서 일어나야 한다.

1) 변혁의 성격[84]

우리는 변혁을 카테고리와 이루어지는 방식에 따라 이해할 수 있다.
여기에서 변혁이란 무엇인가?
두 가지 변화된 상태로 설명할 수 있다.

(1) 내면적인 것과 관계적 상태(Intrinsic and Relational Sets)

내면적인 것은 우리가 '같은 부류'끼리 모이는 것과 같이 타고 난 상태이다. 같은 믿음과 관행을 가진 사람들끼리 모이고, 그들은 자신들을 그 외의 사람들과 구별한다.

회심을 내면적인 의미에서 정의한다면, 한 사람이 반드시 가져야 하는 성품이라 할 수 있다. 즉, 기독교인은 '기독교인'이란 말에 내재한 의미의 것들을 행해야 한다. 왜냐하면, 이 개념이 기독교인과 비기독교인과 구분하는 경계선이기 때문이다.

---

[84] Hiebert, *Transforming Worldviews: An Anthropological Understanding of How People Change*, 308-312.

그렇다면 여기에서 기독교인을 '같은 부류 사람'으로 묶는 것은 무엇을 의미하는가?

기독교인은 그가 무엇을 믿는가에 따라 정의할 수 있다. 기독교인은 그리스도의 신성과 동정녀 탄생, 성경의 영감을 믿는 사람이다. 또한, 기독교인은 거룩한 삶을 사는 사람이다.

그러나 회심을 관계적인 의미로 정의한다면, 한 사람의 삶에서 그리스도를 주로 따르고 있는지 관찰해야 한다. 여기에서 회심은 따르던 과거의 신을 버리고 다른 신을 따르는 것을 의미한다. 이 관계적 상태에는 두 단계가 있다.

첫째, 옛 신들을 반드시 버리고 예수 그리스도를 따라야 한다.
둘째, 예수 그리스도를 더 잘 알고 배우며, 온전히 섬기기 위해 그분께 더욱 가까이 다가가야 한다.

이 경우 그리스도를 삶의 주로 모신다는 것은 한 번의 결단이 아니라, 계속 그분께 복종하는 결단의 반복이다. 관계적 상태에서 죄는 근본적으로 우상 숭배로서 하나님과 관계를 깨뜨리고, 결국에는 다른 사람과 관계를 깨뜨리는 것이다. 여기에서 변혁은 회개하고 하나님께 돌아와서 그와 바른 관계를 회복하는 것을 의미한다.

(2) 숫자적이고 비율적인 상태(Digital and Ratio Sets)

우리는 한 사람의 회심을 디지털과 비율적 상태로 설명할 수 있다. 한 사람이 이슬람에서 기독교로 회심할 때, 순간적이든 혹은 점차적이든 변화의 과정을 거치게 된다. 변화의 과정에서 그 사람은 이슬람과 기독교의 비율이 사분의 삼과 사분의 일, 그 후에는 이분의 일, 그 후에는 사분의 일과 사분의 삼, 마지막에는 백퍼센트 기독교인이 되는 것을 생각할 수 있다.

이러한 과정은 그의 기독교 믿음에 관한 지식이 증가하고, 그의 삶이 변화되는 상태로 말할 수 있다. 이 접근은 매우 심각한 신학적 질문을 가져온다.

회심의 단계에서 구원의 순간은 있는가?
한 사람이 알라와 그리스도를 동시에 섬길 수 있는가?
우리에게 희미한 구원이 하나님께는 분명한가?

이와 같은 질문은 다음 질문으로 이어진다.

그렇다면 우리는 변혁을 어떻게 정의해야 하는가?
변혁에 대한 성경적 접근은 무엇인가?

내면적 혹은 관계적 상태는 히브리 사고에서 기본적이다. 강조점은 '무엇이 그 속에 있는가'보다 다른 것들과 역사와 '어떠한 관계를 맺고 있는가'에 있다.

구약에서 1,056번 사용된 שוב(슈브)는 반대 방향으로 돌이키는 것을 의미하는데, '돌아서다', '돌아가다', '되돌아가다'라는 뜻을 포함한다. 예를 들면, 예레미야 8:4-5에 그 의미가 잘 드러나 있다.

> 너는 또 그들에게 말하기를 여호와의 말씀에 사람이 엎드러지면 어찌 일어나지 아니하겠으며 사람이 떠나갔으면(שוב) 어찌 돌아오지(שוב) 아니하겠느냐 이 예루살렘 백성이 항상 나를 떠나(שוב) 물러감은(שוב) 어찌함이냐 그들이 거짓을 고집하고 돌아오기를(שוב) 거절하도다(렘 8:4-5).

신약에서 회심에 해당하는 단어 메타노에오(μετανοέω)는 '돌아서다', '새로운 방향으로 나아가다'라는 의미가 있다.

> 내가 너희에게 이르노니 이와 같이 죄인 한 사람이 회개하면(μετανοοῦντι) 하늘에서는 회개할 것 없는 의인 아흔아홉으로 말미암아 기뻐하는 것보다 더하리라(눅 15:7).

신구약 성경에서 보여 주는 회심은 한 시점과 과정을 모두 포함하고 있다. 회심은 단순한 시작이지만, 매우 급진적이며 전 생애에 영향을 주는 시점이다. 회심은 제자로 사는 삶의 시작이며, 전 생애 동안 모든 영역에서 순종의 삶으로 들어가는 순간이다.

2) 변혁과 문화 차원

변혁에 대한 둘째 질문은 변혁의 차원 문제이다. 제3장에서 문화를 세 차원, 즉 인식론적 차원(믿는 것), 감성적 차원(느낌), 평가적 차원(규범)에서 설명했다. 변혁의 차원도 동일하게 세 차원으로 살펴보려고 한다.

(1) 인지론적 변혁

인지론적 변화는 영적 변혁에 미치는 영향이 매우 지대하다. 한 사람의 기독교로 회심은 일반적 변화가 아니라, 예수 그리스도께 돌아서는 것이며, 선한 사람 혹은 선생으로서 예수님이 아닌 성경에서 말하는 예수님, 하나님의 아들이시며 그리스도이신 예수님, 성육신하시고 온 인류의 죄를 위해 죽으시고 부활하신 예수님께로 돌아서는 것을 의미한다.

예수 그리스도에 관해 최소한의 지식을 가진 그는 이제 더 여러 가지 지식을 추구해야 한다. 그러나 지식만으로는 부족하다. 사탄도 예수 그리스도를 잘 알고 있으나, 구원받지 못했다. 왜냐하면, 사탄은 예수 그리스도를 경배하지도 순종하지도 않기 때문이다.

(2) 감성적 변혁

동부아프리카 오순절 계통의 성장하는 교회에서 예배와 간증하는 모습을 보면, 회심의 감성적 변혁이 얼마나 중요한지 알 수 있다. 지식으로 가득한 머리만으로 충분하지 않고, 뜨거운 열정으로 가득한 가슴도 필요하다.

고등교회(High Church)에서는 아버지로서 하늘에 계신 하나님의 존전에서 느끼는 경외와 신비함, 웅장한 대성당 건물, 경건한 예배 의식, 무릎을 꿇고 경배와 예배드리는 모습, 오르간, 교회음악 등의 전통적인 느낌이 있다.

경건주의에 영향을 받은 복음주의 교회들은 하나님의 백성들 안에서 느끼는 그리스도의 임재, 하나님과 다른 성도와의 깊은 교제를 통한 평화와 기쁨, 묵상과 침묵, 질서, 회중 찬송, 그리스도와 개인 관계 회복, 지역 성도들과 교제 등의 감성적 차원이 있다.

오순절 계통의 교회에서는 손을 들고 춤을 추며, 방언으로 자유롭게 기도하며, 하나님과 성령님의 존전에서 온몸으로 자유롭게 예배하는 감성적인 차원이 있다. 느낌은 종종 회심의 첫 자극이 되곤 한다. 사람들은 교회에서 기독교인의 따뜻한 교제를 통해 편안함을 느낀다. 그것이 처음 교회에 발을 디딘 사람들에게 복음을 들을 기회를 제공한다.

그들은 점차 제자훈련 과정으로 나아가게 된다. 제자훈련 과정은 인식적인 측면을 강조하지만 개인적인 교제와 나눔을 통해 감성적인 측면을 포함할 때 더 효과적이다. 그러나 감정도 영적 변혁의 과정에서 지식과 마찬가지로 전부라고 할 수 없다.

(3) 평가적 변혁

인지론적이고 감성적인 회심으로 변혁이 시작될 수 있다. 그러나 문화와 세계관의 윤리적 차원이 반드시 포함되어야 한다. 기독교인은 진리를 알고 아름다움과 기쁨을 경험할 뿐만 아니라 거룩한 삶을 살도록 부름을 받았다. 그리스도 안에서 새로운 피조물인 기독교인은 거룩한 성도이다. 비록 옛 자아가 죄를 범하도록 계속 유혹하지만 매일 삶에서 새로운 피조물로서 살기 위해 노력해야 한다.

윤리적 변혁의 핵심은 의사결정이라 할 수 있다. 인간은 사물에 대해 생각하고, 느끼고, 평가하고, 결정한 후 행동한다. 어떤 결정은 이성적 사고에 근거하여 약간의 감정과 윤리적 면을 포함하여서 하게 된다. 다른 결정은 심한 감성적 영향을 기초로, 인식적이고 윤리적 측면은 약간만 포함한다. 또 다른 결정은 윤리적 이슈들, 즉 인종차별 철폐나 낙태 반대 등에 근거를 두기도 한다. 이러한 경향은 개인의 성품과 문화에 따라 달라질 수 있다.

회심은 새로운 삶에 대한 철저한 평가를 마친 후 따라온다. 어떤 경우에는 처음에 새로운 길을 거부했다가 나중에 그 길을 재평가한 후 돌이킬 수도 있다. 만약 새로운 삶이 과거의 삶보다 못하거나 그것을 받아들이기에 너무 큰 희생이 따르는 경우, 다시 전통적인 길로 회귀하기도 한다.

이런 점에서 양육은 믿음을 성숙시키는 데 매우 중요한 요소이다. 왜냐하면, 양육은 개인을 제자화할 뿐만 아니라 전 공동체가 복음을 계속 전할 수 있게 하고, 복음을 다음 세대에 전달할 수 있게 하기 때문이다.

행동적 변혁에서 의사결정은 단순히 의지에 관한 결정으로 마치면 안 된다. 그것은 반드시 삶과 행동을 변화시키는 것이 되어야 한다. 공식적 선포, 뜨거운 감동, 구술적 결정으로는 부족하다. 하나님께 돌아온 회개의 증거가 반드시 있어야 한다. 예수님은 그분을 따르는 자들에게 모든 것을 버리고 그분을 좇으라는 급진적 변혁을 요구했다. 이러한 변화는 겉으로 보이는 부분

뿐만 아니라 마음가짐에서도 보여야 하고, 그의 생각뿐만 아니라 마음에서도 세계관에서뿐만 아니라 행동에서도 변화가 동반되어야 한다.[85]

이처럼 회심은 감정 표출이나 교리를 교정하는 지성적 동의가 아니라, 삶의 방향을 바꾸는 근본적 변화를 의미한다.

3) 문화 변혁의 차원

한 사람이 그리스도께로 인도함을 받으면, 회심의 증거들을 보이게 된다. 회심의 증거들로서 행동의 변화, 기독교인이라는 표식을 사용하고 기독교 예식 참여 등을 들 수 있다. 이런 것들이 회심의 증거로 중요하기는 하지만 마음속에 믿고 있는 것들이 변화되었다는 증거로 보기에는 아직 어렵다. 사람들은 직업과 사회적 지위와 권력을 얻기 위해서 자기의 신앙을 버리지 않고 새로운 행동을 취할 수 있다.

기독교 선교사들은 사람들의 믿음의 변혁을 강조한다. 구원받기 위해서 예수 그리스도의 신성과 동정녀 탄생과 그리고 그리스도의 죽으심과 부활을 믿어야 한다고 강조한다. 그리고 죄를 용서받기 위해서 내적 회개가 있어야 하고, 믿는 자에게 허락하시는 그리스도의 구원을 얻어야 한다고 한다.

선교회는 바른 신앙이 회심의 근본이라고 보고 성경학교와 신학교를 세운다. 그러나 앞에서도 살펴보았듯이 복음에 충실한 성경적 교회를 세우는 것으로는 충분하지 않다. 사람들이 다른 사람들이 듣고 싶은 말을 할지라도, 그 말은 다른 의미를 가질 때가 많이 있다.

---

[85] Jim Wallis, *The Call to Conversion* (San Francisco: Harper San Francisco, 1981), 4.

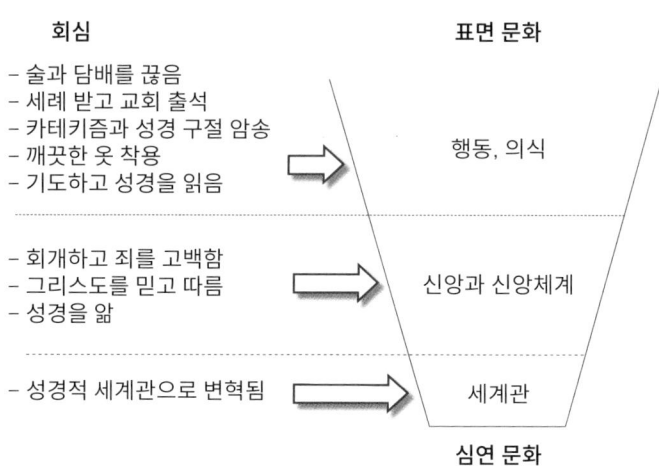

표 4-9 회심의 세 차원 (Three Levels of Conversion)[86]

위 표에서 살펴볼 수 있듯이, 표현된 신앙의 기저에는 더 깊은 차원들이 있다. 사람들이 생각하고 실재를 판단하는 카테고리와 논리를 형성하는 문화의 깊은 차원이라 할 수 있다. 진정한 회심은 문화의 세 차원 모두를 포함한다.

회심이 행동과 신앙의 변화를 포함하더라도 세계관이 바뀌지 않는다면, 결국 기독교 복음은 타락할 것이고 주변 문화에 굴복할 것이며, 기독교의 형식만 남고 본질이 없는 혼합된 기독교-이교만 남게 된다. 기독교는 새로운 마술이요, 새로운 우상 숭배의 형태가 된다.

세계관 변혁은 보이는 세계와 경험하는 세계를 동일시하기 위한 노력이라 할 수 있다. 인간은 질서와 형식과 균형과 일치와 조화를 찾음으로 삶의 의미를 추구한다. 학습은 의미를 만들고 우리의 경험에 일치를 부여하는 과정이다. 표면적으로 보아서 신앙체계를 종교와 과학과 의학과 취미

---

86 Hiebert, *Transforming Worldviews: An Anthropological Understanding of How People Change*, 316.

생활 등으로 구분함으로 이 일을 진행하는 것같이 보인다. 그러나 심연의 세계관적 차원에서 볼 때, 무의식적으로 이것들은 실재에 의미를 부여하는 통일된 구조와 이야기, 그리고 표면적 문화 영역을 형성하는 깊은 형식과 질서로써 통합하고 있는 것이다.

4) 세계관 변혁의 형태[87]

문화는 계속 변화한다. 문화 변화는 무의식 차원에 있는 세계관의 변화를 이끌어 간다. 이 변화는 심연의 의식 차원의 변화이기에 서서히 변하는 경향이 있다. 세계관이 변하면, 비록 세계 자체는 변하지 않지만, 사람들은 지각적으로 다른 세계에 살게 된다.

한 세계관 안에는 상호보완적으로 옹호하는 논제와 대립하는 논제가 존재한다. 더 나아가 사회 안에는 경쟁적인 여러 세계관이 존재하고, 일반적으로 주도적인 한 세계관이 그 사회의 공적 담화와 행동을 결정한다.

세계관은 성장과 급진적 전환을 통하여 변화한다. 실재 삶의 갈등과 딜레마, 해결할 수 없는 문제로 인해 세계관의 변화가 일어난다. 계속되는 문화 변화는 일상적 관념과 세계관 사이의 갈등을 가져오고, 결국 관념과 세계관을 바꾸게 된다.

예를 들면, 병리학(Pharmacology)의 발전은 질병을 다루는 방법을 바꾸었고 새로운 의학과 의학적 절차의 변화를 가져왔다. 이처럼 세계관은 표면적 문화 차원의 변화에 맞추어 계속 변화하고 있다.

또 다른 변화는 패러다임 전환(Paradigm Shifts)이다. 세계관 변화는 세계관 심연의 요소가 급진적으로 바뀜으로써 일어날 수 있다. 패러다임 전환

---

[87] Hiebert, *Transforming Worldviews: An Anthropological Understanding of How People Change*, 316-319.

을 주창한 토머스 쿤(Thomas Kuhn)은 과학 분야의 진보가 직선상에서 점차적인 것이 아니라, 주기적인 패러다임 전환을 통하여 이루어지고 있다고 주장했다.[88]

이 같은 패러다임 전환은 과학자들에게 이전에는 불가능했던 것을 새롭게 접근하도록 길을 열어 주었다. 그리고 그는 과학적 개념이 객관적 기준에 의해서 확립될 뿐만 아니라 과학공동체 합의에 따라 정의된다고 주장했다.

표 4-10 세계관 변혁의 본질(The Nature of Worldview Shifts)[89]

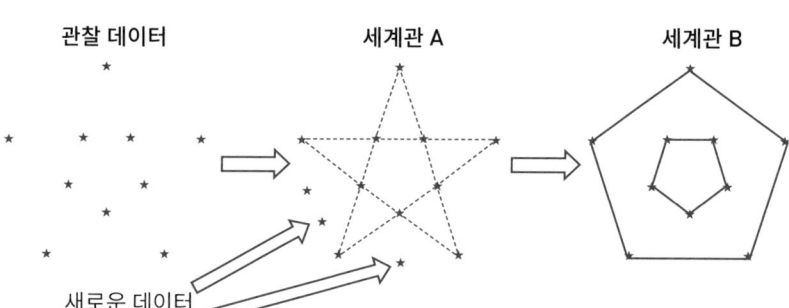

패러다임 혹은 세계관 전환을 이해하기 위해 앞에서 사용된 세계관 구성의 특성을 다시금 살펴볼 필요가 있다.

새로운 구성이 경험의 원래 데이터에 부과될 수 있다. 점선들을 볼 때 어떤 사람들은 별을 본다. 그러나 새 경험이 새로운 정보에 추가되면, 이 중 많은 것이 실재의 별 모델 밖에 놓이게 된다. 어떤 사람은 전혀 새로운 방법으로 데이터를 해석하여 오각형이라고 부를 수도 있다. 추가된 새 경험은 더 많은 정보의 포인트를 증가시키고, 이전의 별보다 더 많은 점을

88　Thomas Kuhn, *The Structure of Scientific Revolutions* (Chicago: University of Chicago Press, 1970), 158-159.
89　Hiebert, *Transforming Worldviews: An Anthropological Understanding of How People Change,* 318.

연결하는 오각형이 된다. 이것을 우리가 실재를 보는 방법에 대한 패러다임 전환이라고 할 수 있다.

그러나 시간이 지나면서, 누군가 새로운 패턴의 해석을 내놓을 수 있다.

실재에 관한 오각형식 해석에 맞지 않는 더 많은 데이터를 가지고 있는 사람이 직선을 사용하여 점들을 연결하는 세계관적 패턴을 깨고 두 원형으로 점들을 연결하는 세계관을 제안할 수 있다. 시간이 지나면서 원형이 아닌 타원형이나 다른 형으로 점을 연결하는 데이터가 추가될 수 있고, 결국 다른 형태의 세계관을 제안할 수 있게 된다. 이 과정을 패러다임 전환이라 부를 수 있다.

세계관의 구성적 이해는 선교사들이 기독교인 회심에 관한 특성을 이해하는 데 큰 도움을 준다. 혹자는 회심이 옛 종교의 모든 요소를 부정해야 한다고 주장한다. 왜냐하면, 과거의 요소들을 새것에 포함하는 것은 새로운 종교를 오염시키기 때문이다.

만약 요소 자체보다 그것을 정렬시키는 구성에 더 큰 의미를 부여한다면, 그리고 만약 그것이 새 패러다임의 구성에 적합하다면 옛 요소를 그대로 유지할 수 있다. 그러므로 특정한 문화적 상황에서 기독교적 반응을 새롭게 만들기 위해 전통적 요소를 사용할 수 있다. 그러나 새롭고도 명확한 의미가 그 요소들에 주어져야 한다.

표 4-11 진보된 세계관 변혁(Further Worldview Shifts)[90]

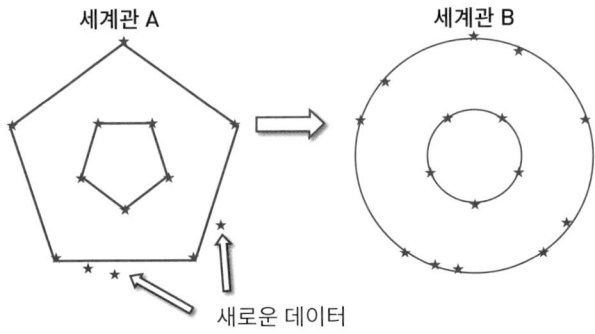

5) 세계관 변혁하기[91]

어떻게 세계관을 변혁할 수 있는가?
위에서 살펴보았듯이, 기본적으로 세계관은 두 가지 방법으로 변혁된다.

첫째, 정상적으로 의식적인 신념과 관습에서 계속되는 변화가 들어갈 때 세계관의 변화가 일어난다.

둘째, 패러다임 혹은 세계관 전환은 표면적 문화와 세계관 사이의 긴장감을 줄이기 위해 세계관 자체의 내적 구성을 급진적으로 재구성할 때 일어난다. 다른 말로 하면, 패러다임 전환은 표면적 문화를 새롭게 만든다. 결국, 문화와 세계관은 서로 영향을 준다. 의식적 신념들이 세계관을 새롭게 만들고, 세계관은 의식적 신념을 새롭게 한다.

세계관 변혁은 다음 세 가지 방법을 통해서 일어날 수 있다.

---

90 Hiebert, *Transforming Worldviews: An Anthropological Understanding of How People Change,* 319.
91 Hiebert, *Transforming Worldviews: An Anthropological Understanding of How People Change,* 319-324.

첫째, 세계관 파악하기이다.

세계관 변혁을 위해서는 심층에 아직 파악되지 않은 가정들을 조사하여 그것들을 드러내야 한다. 문화적 가정은 쉽게 드러나지 않는다. 왜냐하면, 그것은 심층에서 그 문화를 가진 사람들이 세계를 보고 해석할 때, 그것이 진리이고, 바르고, 적합하다고 믿도록 영향을 주기 때문이다.[92]

김성태는 세계관을 파악하기 위한 네 가지 방법을 제시했다.[93]

1. 세계관의 보편적 요소들이 그 문화권 속에서 어떤 의미를 갖는지 파악하기
2. 삶의 전통과 의례들이 어떤 의미로 사용되는지 파악하기
3. 셋종교의식이나 종교 절기나 종교적 상징물의 의미 파악하기
4. 문화권 내부인의 도움을 받아 모든 의미 파악하기

이렇게 파악된 세계관을 변혁하려면 성경적 세계관과 비교하고 둘 사이의 다른 점들을 제시함으로 충돌을 일으키도록 해야 한다. 기독교적 세계관 변혁은 인간의 삶 중심에 있는 자기 자신과 우상들을 그리스도를 통하여 계시하신 하나님으로 바꾸어 놓는 패러다임 전환을 요구한다. 이것은 급진적 전환이며, 전 생애를 통해 완성되는 기점이 된다.

둘째, 다른 세계관에 노출하기이다.

세계관을 변혁할 수 있는 둘째 방법은 다른 문화권으로 가서 타인의 관점으로 자기 문화를 보고, 다른 사람들이 자신의 문화에 대해 알게 된 것을 듣는 것이다.

메지로우(J. Mezirow)는 다음과 같이 말했다.

---

[92] Dean Arnold, *Forward to The Fall of Patriarchy: Its Broken Legacy Judged by Jesus and the Apostolic House Church Communities,* ed. Dell Birkey (Tucson: Fenestra Books, 1975), viii.
[93] 김성태,『선교와 문화』, 102-103.

유의미한 관점에서 변혁은 우리의 역사와 경험을 형성하는 심리학적 가정에 대해 더 비판적인 인식을 가진 다른 사람들의 관점을 취함으로써만 일어날 수 있다.[94]

누군가 타 문화권에 들어가면 처음 반응은 자신의 문화적 가정을 사용하여 타 문화를 탐구하게 된다. 외부자로서 타 문화를 연구할 때 그 문화 내부자들이 인식하지 못하는 세계관의 다양한 면을 발견하게 된다. 타인의 관점으로 세상을 보는 법을 경험하고 자기 문화로 돌아오면 외부인의 새로운 관점으로 자기 문화를 관찰할 수 있게 된다.

선교적 상황의 세계관적 회심과 제자훈련에서 선교사는 새로운 회심자의 세계관뿐만 아니라 선교사 자신의 세계관을 연구해야 한다. 왜냐하면, 대부분 선교사는 복음보다는 현대 사상과 선교사 자신의 문화에 의해 형성된 세계관을 갖고 있기 때문이다. 선교사는 자신의 세계관과 선교지에서 배우는 세계관 모두를 복음의 빛 아래 가져옴으로 두 세계관 모두 변혁할 필요가 있다.

다른 세계관에 노출하기와 같은 또 다른 차원의 세계관 변혁은 교회가 전 세계적으로 성경적 세계관을 명확히 하기 위해 공동으로 노력하는 일이다. 한 문화권의 기독교인이 이러한 일을 하는 것은 불가능하다. 왜냐하면, 그들은 한 관점으로만 세계를 보기 때문이다.

선교사와 신학자와 교회 지도자가 함께 모여 서로 다른 세계관을 배우고, 이것들을 초월하는 새로운 세계관적 관점으로 성경을 이해하도록 하는 일은 매우 중요한 일이다. 이 과정을 통해 지역 문화를 넘어 초문화적 사람들로 구성된 초문화공동체를 형성할 수 있게 된다. 외부자와 내부자의 정체성을 모두 가지고 어떠한 문화권에서도 살 수 있는 사람들이 된다.

94　Jack Mezirow, "Perspective Transformation," *Adult Education* 28 (2) (1978), 109.

셋째, 살아 있는 예식(rituals) 만들기이다.

변혁을 가져오는 셋째 방법은 살아 있는 예식을 만드는 일이다. 이것은 추상적 의식이 아니다. 그것은 글로 표현할 수 없는 인간의 가장 깊은 신념과 느낌과 가치를 나타낸다. 한 예식이 실재에 관해 이야기하고 있음을 보여 주기 위해 예식적 형식으로 일반적 형식들을 다룬다. 우리는 보통 단어를 노래나 찬트로 만들어 그것의 중요성을 높이고, 그것을 신념과 느낌과 윤리적 헌신과 조합시킨다.

특별한 옷을 입고 특정한 시간에 특정한 장소에 간다. 그곳에서 고개를 숙이고, 무릎을 꿇고, 손을 들고 '아멘'으로 하나님께 이야기하고 있음을 표현한다. 우리는 삶에서 중요한 사건들을 특별하게 표현함으로 그 사건의 중요함을 기억할 살아 있는 예식이 필요하다. 이런 예식이 없다면, 중요한 사건들은 한낱 평범한 일상의 경험으로 되돌아가 버릴 것이다.

또한, 살아 있는 예식은 공연(performance)의 의미가 있어서 이것을 행함으로 예식을 수행하는 자들의 지위가 바뀐다. 예를 들면, 재판장의 판결과 주례자의 결혼 선포로 예식에 해당하는 사람들의 신분이 바뀌게 된다.

살아 있는 예식 차원에서 볼 때, 회심은 매우 특별한 사건으로 어떠한 형식으로든 그 예식을 생생하게 만들 필요가 있다. 그렇지 않으면 회심은 그저 평범한 일상적 결정으로 전락할 위험이 있다. 그런 의미에서 공적 세례는 매우 중요한 의미가 있다.

이같이 세계관을 체계화하고 표현할 수 있는 적합한 예식이 중요한 것을 재발견할 필요가 있다. 생생하게 살아 있는 예식이 없다면, 새로운 공동체 안의 삶과 새로운 세계로 인도하는 심연의 신앙과 감정과 도덕성을 확인하는 적절한 방법을 갖지 못할 것이다.

4. 문화와 리더십과의 상관성

1980년대 몇몇 리더십 저자는 문화가 리더십 행동을 이해할 수 있는 논리적 구조를 제공한다고 주장했다. 이를 주장한 학자들로는 피들러와 가르시아(Fiedler & Garcia), 인트빅(Indvik), 브룸과 자고(Vroom & Jago), 피들러와 하우스(Fiedler & House)가 있다.[95] 이들은 한 특정 문화 속에서 사는 사람들이 공통으로 갖는 가치와 규범을 통해서 자신들의 행동을 규제하게 된다고 보았다.

문화적 관점에서 리더십의 중요성을 부각하고 대중화시킨 학자들로서 홉스테드(Hofstede), 레딩(Redding), 아들러(Adler), 마틴(Martin), 새크만(Sackmann) 등이다. 이들은 한 나라의 문화 형태를 이중적 구조로 설명하고자 했다.

개인주의 대 집단주의(Individualism vs Collectivism), 수직적 대 수평적(Vertical vs Horizontal), 남성 중심 대 여성 중심(Masculine vs Feminine), 능동 대 수동(Active vs Passive), 보편주의 대 개별주의(Universalism vs Particularism) 등의 구조로 문화를 보려고 했다. 이외에도 감정 표출 대 감정 억제(Emotional Expression vs Suppression), 도구 대 감정(Instrumental vs Expressive), 귀속 대 업적(Ascription vs Achievement), 순차 대 동시적(Sequential vs Synchronic) 등의 문화 이중 구조를 덧붙일 수 있다.[96]

결국, 다양한 문화 형태를 통해서 한 나라의 리더십을 이해하고자 노력했고, 그러한 연구들을 통해 리더십 스타일과 리더십 행동이 그 시대의 문

---

[95] P. W. Dorfman, J. P. Howell, S. Hibino, J. K. Lee, U. Tate & A. Bautista, "Leadership in Western and Asian Countries: Commonalities and Differences in Effective Leadership Processes Across Cultures," *The Leadership Quarterly* 8 (3) (1997): 235.

[96] J. Kuada, "Culture and Leadership in Africa: a Conceptual Model and Research Agenda," *African Journal of Economic and Management Studies* 1(1) (2010): 13.

화와 깊은 연관성이 있음을 발견했다.

한 나라의 문화적 가치와 전통은 그 나라 지도자의 태도와 행동에 영향을 준다. 특정 문화에서 자란 지도자는 그 문화에 내재한 가치를 소유하기 때문이다. 그리고 이러한 가치들은 무의식적으로 그들의 태도와 행동에 영향을 끼친다.[97] 또한, 문화적 가치들은 사람들이 다른 이들과 어떻게 관계를 맺을 것인가에 대한 사회적 규범도 창출한다.

이러한 사회적 규범은 추종자들이 지도자의 행동을 받아들일 수 있는지 혹은 없는지에 대한 기준이 되고, 리더십의 권력 사용을 규제하는 법이 되기도 한다. 만약 지도자들이 사회적 규범을 어기면, 그들은 추종자로부터 존경을 잃게 되고 그 사회 조직 안의 다른 구성원으로부터 도전과 압력을 받게 된다.[98]

리더십 행동은 문화적 가치 외에도 여러 유동적 상황에 의해서 영향을 받는다. 예를 들면, 조직이나 산업의 형태, 리더십의 지위에 따라 리더십 행동이 달라질 수 있다. 한 조직 문화의 가치가 언제나 그 사회의 문화적 가치와 동일한 것은 아니다. 특히, 국제적 기업일 경우 그 조직 문화는 기업이 위치한 지역 문화와 크게 다를 수 있다.

그와 반대로, 어떤 리더십 행동은 그 사회의 문화적 가치들과 전통에 부합하지 않지만, 영향력 있는 지도자를 행사하기도 한다. 한 새로운 지도자가 그 사회나 조직의 문화적 가치에 부합하지 않은 행동을 하더라도 추종자에게 신선함과 호감을 주어 새로운 문화 가치를 창출하는 영향력을 발휘할 수도 있다.[99]

---

[97] R. J. House, N. S. Wright & R. N. Aditya, "Cross-cultural Research on Organizational Leadership: A Critical Analysis and a Proposed Theory," Working Paper of the Reginald H. Jones Center: The Wharton School University of Pennsylvania (1996), 30.

[98] P. P. Fu & G. Yukl, "Perceived Effectiveness of Influence Tactics in the United States and China," *The Leadership Quarterly* 11 (2000): 252.

[99] House, et al., "Cross-cultural Research on Organizational Leadership: A Critical Analysis

한 나라의 문화적 가치들과 전통은 한 조직 문화와 마찬가지로 시대가 지나고 환경이 바뀌면서 변할 수 있다.[100] 또한, 한 나라의 문화적 가치들은 그 나라의 경제, 정치, 사회, 과학 기술의 변화에 따라 영향을 받는다.

예를 들면, 사회주의에서 자본주의로 바뀐 나라들을 보면 공동체적 가치에서 뚜렷하게 개인주의로 문화적 가치들이 달라지는 것을 볼 수 있다. 전제주의 정치체제에서 자유주의로 바뀐 나라에서는 참여적 리더십과 권력 이양이란 가치를 받아들이는 것을 볼 수 있다.

또한, 강한 남성 위주 문화에서 양성평등 문화로 바뀐 나라에서는 사회 전반에서 여성 리더십이 눈에 띄게 활발해지는 것을 보게 된다. 이처럼 한 사회의 문화적 가치들과 전통, 한 조직의 가치들은 사회의 다양한 변화에 따라서 달라질 수 있다.

5. 소결론

문화 변혁은 문화를 아는 것으로부터 시작된다. 문화 가치 차원 척도를 통해 동부아프리카인의 문화 가치를 보면, 그들은 사람 중심, 관계 중심, 단기 중심, 남성 중심, 집단주의, 낮은 불확실성 회피, 먼 권력 거리라는 문화적 요소를 가지고 있다.

이외에도 지도자가 인본주의 정신, 진실성과 공동체 중심의 가치 유지, 리더십 역할에 대한 공동체의 인정, 모든 일에서 가족을 우선순위에 두는 가족주의, 지도자 와 추종자 간의 거래적 관계성에 대한 특징들을 볼 수 있다.

---

and a Proposed Theory," 23-30.
100 Yukl, *Leadership in Organizations*, 349.

리더십에 더 근본적인 영향을 끼치는 것은 세계관이다. 왜냐하면, 세계관은 사물의 본질을 이해하고 해석하는 기준이 되며, 우주와 인간의 삶과 관련된 궁극적인 물음에 대한 답을 제시하며, 문화와 정서와 윤리에 깊은 영향을 미치는 가치체계이기 때문이다.

선교사는 복음을 통한 삶의 변화를 가져오기 위해 반드시 선교지 사람들의 세계관을 알아야 한다. 왜냐하면, 선교지에서 세계관 변화 없이 행동과 신념의 표면적 차원에서만 개종자들이 생기는 경우가 많기 때문이다. 세계관 변화가 없으면, 그들은 복음의 메시지를 자신들의 세계관 관점에서 해석하게 되고, 결과적으로 그들은 기독교 이교도로 남아 있게 된다.

성경에는 성경 전체에 흐르는 통일된 한 위대한 이야기가 있다. 창조로부터, 인간의 범죄, 범죄의 결과로 하나님으로부터 분리된 인간, 죄를 범한 인간을 구원하기 위해 성육신하신 예수 그리스도, 그분의 죽으심과 부활로 성취된 구원, 세상 끝날 다시 오실 예수 그리스도에 관한 이야기로 종결되는 메가 스토리이다.

사람들은 인지론적 논제와 감성적 논제와 행동적 테마와 통시적 논제를 통해 이 이야기를 이해하게 되고 회심하게 된다.

인지론적 논제는 창조주 하나님과 창조물 간의 관계를 통해 설명할 수 있다. 하나님께서 우주 만물을 창조하셨고, 창조된 모든 만물은 선하고 아름다웠다. 그러나 인간의 불순종함으로 죄가 이 세상에 들어왔고, 이에 따라 인간은 사망에 이르게 되었다.

인간의 죽음을 불쌍히 여기신 사랑이신 하나님은 그들을 구원하시기 위해 하나님 자신인 예수 그리스도를 보내셔서 죄의 문제를 해결하게 하신다. 그것이 바로 예수 그리스도의 십자가 사건이다. 이제 죄인은 그리스도 안에서 죄 용서함 받고, 거룩한 삶을 살 수 있게 되었다. 그리스도는 죽음에서 부활하셨고, 승천하셨고, 세상 끝 날에 다시 오심으로 하나님 나라를 완성하실 것이다. 이것이 성경에서 말하는 창조주와 창조물에 대한 인지론적 논제이다.

성경적 세계관에서 감성적 논제를 기억해야 한다. 회심자는 하나님의 전능하심과 거룩하심에 대한 경외심과 사랑과 희락과 화평과 오래 참음과 자비와 양선의 감성적 성령의 열매를 통해 하나님과 이웃을 더 깊이 이해하게 된다.

성경적 세계관의 행동적 논제는 하나님의 성품에 근거한다. 거룩하고, 의롭고, 성결하고, 공평하신 하나님의 모습을 닮아 가는 것이다. 성경에서 구원은 공동체적이며, 개인적이며, 포괄적이다. 그러므로 기독교인은 개인적인 영역에서뿐만 아니라 정치, 경제, 문화 등의 다른 모든 영역에서도 거룩하고, 성결하고, 정의로운 삶을 살아야 한다.

하나님께서 온 우주와 인간 역사 안에서 행하신 창조, 죄, 악, 타락, 구속은 시공간 안에서 일어난 역사적 사건들이라는 세계관의 통시적 이해가 필요하다.

선교사는 동부아프리카의 세계관 변혁을 돕기 위해 노력해야 할 일이 있다. 그들의 세계관을 연구하고 성경적 세계관과 비교하여 다른 부분을 찾아내야 한다. 그리고 그들이 예수 그리스도를 그들의 삶 전 영역에 왕과 주로 모심으로써 급진적인 세계관 변혁을 이룰 수 있도록 도와주어야 한다. 이 급진적 세계관 변혁의 시점을 회심이라 하는데, 이제 그들은 평생 모든 영역에서 그리스도의 제자로서 삶을 살 수 있게 된다. 세계관 변혁이 일어나는 것이다.

선교사가 기독교 지도자 양성 과정에서 동부아프리카 세계관을 성경적 세계관으로 변혁시키는 목표가 있어야 한다. 이 목표를 시행하기 위해서 선교사는 먼저 그들의 세계관이 무엇인지 알아야 한다. 제5장에서는 동부아프리카의 문화와 세계관, 그리고 그것이 리더십에 미치는 영향을 살펴보려고 한다.

제5장

동부아프리카 문화와 세계관에서 본 리더십 이해

20세기 후반에 들어서 북미와 유럽을 중심으로 리더십 연구가 활발히 진행되었다.[1] 이것은 서구 문화에 기초한 리더십 연구일 수밖에 없었다. 그러나 다행스럽게도 지난 십여 년 전부터 격변하는 세계화를 경험하면서 비서구 문화 안에서의 리더십에 관한 연구도 활발히 진행되기 시작했다.[2] 이러한 세계적 변화가 동부아프리카에서도 활발히 일어나고 있다.

대부분 동부아프리카 나라들은 식민지 시대로부터 지금까지 서구식 지도자와 경영 아이디어와 정치체제와 경제구조를 사용하고 있다. 그러나 동부아프리카에서 이것들이 주목할 만한 성과를 내고 있지 못하고 있는 것은 서구에서 발전된 이론들이 동부아프리카인의 문화적 가치와 세계관과 맞지 않음을 느끼기 때문이다.[3]

핵심은 '오랫동안 서구 문화에서 양성되고 적용되어 온 리더십 이론들이 과연 동부아프리카 문화에도 적용될 수 있는가'이다. 제5장에서는 동부아프리카 문화와 세계관이 동부아프리카의 리더십에 어떠한 영향을 미치는지 살펴보고 이를 바탕으로 기독교 지도자 양성의 방향을 제안하려고 한다.

---

1 Gary Yukl, *Leadership in Organizations*, 347.
2 M. W. Dickson, D. N. Den Hartog & J. K. Mitchelson, "Research on Leadership in a Cross-cultural Context: Making Progress, and Raising New Questions," *The Leadership Quarterly*, 14 (2003): 730.
3 N. M. Theimann, K. April & E. Blass, "Context Tension: Cultural Influences on Leadership and Management Practice," *Reflections* Vol. 7 No. 4 (2006): 38.

1. 타 문화 리더십 연구의 형태들

지도자가 리더십을 효과적으로 수행하기 위해서 추종자의 문화를 이해해야 한다. 특히, 추종자들이 타 문화권 출신일 경우, 그들의 리더십에 대한 이해와 지도자에 대한 그들의 습관화된 행동이 무엇인지 알아야 한다. 또한, 지도자는 다양한 문화가 공존하는 상황에서 자신이 경험한 리더십 이론을 어떻게 적용해야 할지 알아야 한다. 다른 말로 하면, 한 문화권에서 양성된 리더십 이론이 다른 문화권에서도 적용될 수 있는지 주의 깊게 연구할 필요가 있다.

이 과정을 통하여 지도자들은 리더십에 새로운 통찰력을 갖게 된다. 이것은 현재의 리더십 이론을 뛰어넘는 새로운 이론과 행동 모델이 될 수도 있다.[4] 타 문화권에서 사역하는 선교사는 그 선교지 문화에 적합한 리더십 이론을 찾아 그것을 기본으로 효과적인 리더십을 양성해야 한다.

타 문화 리더십 연구에서는 지도자의 행동, 재능, 특성과 관련된 다양한 연구 질문들이 사용되었다. 가장 널리 알려진 방법은 서로 다른 가치를 가진 문화에서 리더십에 관한 이해가 어떻게 다른지 연구하는 방법이다.

홉스테드(G. Hofstede)는 타 문화 리더십 연구에 큰 공헌을 한 학자이다. 그는 리더십의 문화적 가치에 관한 연구에 기반을 놓은 학자로 알려져 있다. 그를 이어 하우스, 자비단, 쉬와르츠, 트롬페날스 등이 다양한 문화적 가치들을 제시했고, 그들은 타 문화 리더십 연구의 학문적 기초를 놓았다.[5]

타 문화 리더십 연구에는 다양한 방법이 있는데, 어떤 학자들은 효과적인 지도자의 행동, 재능, 특성 등에 관한 신념이 나라마다 어떻게 다른지

---

4   Yukl, *Leadership in Organizations*, 348.
5   Yukl, *Leadership in Organizations*, 348.

연구하기도 하고, 추종자의 성취감과 동기와 실행에 영향을 주는 타 문화권 지도자들의 다양한 패턴을 연구하기도 한다. 타 문화 리더십 저자들은 타 문화권에서 나타나는 다양한 리더십 행동에 관해 여러 나라를 비교 조사했다.[6] 그들은 리더십 행동에 관한 질문에 숫자로 답을 표하게 했고, 그 점수에 따라 리더십 행동의 형태를 정했다.

예를 들면, 돌프만(P. Dorfman)과 그의 동료들은 한국이 유교적 영향을 가장 높게 받았기 때문에 우리나라가 아시아의 다른 어떤 나라보다 유교의 영향을 가장 많이 받은 나라로 진단했다.[7] 그러므로 우리나라의 지도자는 유교의 가치에 따라 행동하게 된다고 평가할 수 있다.

또 다른 형태의 타 문화 연구로서 지도자의 행동이 추종자의 만족도와 일의 성과에 미치는 영향에 대한 관찰이다.

스칸두라(T. Scandura)와 그의 동료들의 연구에 따르면, 미국에서 지도자의 행동은 추종자에게 큰 만족을 주고 지도자 효력이 큰 것으로 나타났지만, 요르단이나 사우디아라비아에서는 지도자의 행동이 추종자에게 크게 영향을 미치지 않은 것으로 나타났다.[8]

돌프만과 그의 동료들의 연구 결과에 의하면, 멕시코와 타이완에서는 지시적 리더십이 효과적이지만, 미국이나 한국이나 일본에서는 지시적 리더십이 효과적이지 않았다.[9]

지도자에 대한 예상치 않은 포상은 미국이나 멕시코나 일본에서 조직에 대한 헌신을 유발했지만, 한국이나 타이완에서는 그렇지 않았다. 휴(P. Fu)

---

6   Yukl, *Leadership in Organizations*, 349.
7   Dorfman, et al, "Leadership in Western and Asian Countries: Commonalities and Differences in Effective Leadership Processes Across Cultures," 239.
8   T. A. Scandura, M. A, Von Glinow & K. B. Lowe, "When East Meets West: Leadership 'Best Practices' in the United States and Middle East," in *Advances in Global Leadership*, eds. W. H. Mobley, M. J. Gessner & V. Arnold (Stamford, CT: JAI Press, 1999), 235-248.
9   Dorfman, et al., "Leadership in Western and Asian Countries: Commonalities and Differences in Effective Leadership Processes Across Cultures," 264.

와 유클(G. Yukl)이 미국과 중국에서 유사한 제조 설비를 갖춘 다문화 공장의 지도자들에 관한 타 문화 연구를 시행한 결과, 미국인 지도자들은 중국인 지도자들보다 이성적 설득과 의견 교환과 같은 수단을 더 선호했다.[10]

또 다른 연구로서 지도자의 커뮤니케이션 방향과 추종자의 반응에 관한 연구는 미국인 지도자들은 추종자에게 방향을 지시하거나 부정적인 피드백을 줄 때 얼굴을 직접 대면하여 말하는 것을 선호하지만 일본인 지도자들은 방향을 지시할 때 메모를 사용하고 부정적인 피드백은 동료들을 통해서 전달되는 것으로 조사되었다.[11] 이처럼 다양한 타 문화 리더십 연구를 통해서 지도자의 행동과 그것이 추종자에게 미치는 영향이 문화마다 다름을 나타내 주고 있다.

타 문화 리더십을 연구하는 여러 단체 중 주목할 만한 곳은 GLOBE (Global Leadership and Organizational Behavior Effectiveness)이다. GLOBE은 61개 국가에서 선발된 사회학자들과 리더십 위치에 있는 과학자들 150여 명이 협력하여 타 문화 리더십을 여러 단계와 방법으로 연구하는 프로젝트이다.[12] 그들의 경험을 바탕으로 GLOBE의 저자들은 국가 문화와 기업 문화와 리더십 사이의 상관관계뿐만 아니라 산업 형태, 경제 성장, 정부 형태, 주요 종교, 기후 형태 등의 가변성들이 리더십과 문화적 가치에 어떠한 영향을 미치는지 연구하고 있다.

그들의 연구 목적은 효과적인 리더십 이론이 모든 문화에서 어떻게 작용하는지 발견하는 것이다. 리더십 이론들이 비슷하게 작용하는지 아니면

---

[10] Fu & Yukl, "Perceived Effectiveness of Influence Tactics in the United States and China," 254.

[11] P. B. Smith, J. Misumi, M. Tayeb, M. Peterson & M. Bond, "On the Generality of Leadership Styles Across Cultures," *Journal of Occupational Psychology* 62 (1989): 107-108.

[12] Robert House, Mansour Javidan, Paul Hanges & Peter Dorfman, "Understanding Cultures and Implicity Leadership Theories Across the Globe: An Introduction to Project GLOBE," *Journal of World Business* 37 (2002), 4.

다른지, 다르다면 그 이유가 무엇인지 관찰하는 것과 리더십 신념들과 행동이 문화적 가치들에 의해서 어떠한 영향을 받는지 연구하는 것이 중요한 연구 목적이었다. GLOBE 연구의 독특한 특징은 현재의 문화적 가치를 측정하는 것뿐만 아니라 이상적인 문화적 가치를 측정하는 것이다.[13]

GLOBE가 연구를 위해 사용하는 아홉 가지 문화 차원과 GLOBE의 이론적 모델은 다음 같다(표 5-1과 5-2 참조).

표 5-1 문화 구성의 정의와 표본 설문 항목[14]

문화 구성 정의	특정 설문 항목
Power Distance(권력 간격): 한 집단 멤버들이 동등하게 분배되는 권력을 기대하는 정도	추종자들은 지도자를 무조건 추종해야 한다.
Uncertainty Avoidance(불확실성 배제): 한 사회, 기관, 집단이 미래 사안의 불확실성을 해소하기 위해 사회적 규율과 법칙과 절차에 의존하는 정도	대다수 사람들은 불확실한 사안이 거의 없는 매우 구조적인 삶을 영위한다.
Humane Orientation(인간성 중심): 한 집단이 타인에게 공평하고, 이타적이고, 관대하고, 돌아보는 것에 대해 개인을 권장하거나 보상하는 정도	사람들은 일반적으로 실수에 대해 매우 관용적이다.
Collectivism I(집단주의 1): 회사 혹은 사회의 기관 운영이 자원의 집단적 분배와 집단적 행동을 권장하거나 보상하는 정도	지도자들은 개인의 목적이 손상을 당해도 집단에 충성할 것을 독려한다.
Collectivism II(집단주의 2): 개인이 기관과 가족에 대한 자긍심, 충성, 연대감을 표현하는 정도	직원들은 기관에 절대 충성심을 가진다.
Assertiveness(자기주장): 개인이 다른 사람과의 관계에서 자기주장에 직면하거나 공격적인 정도	사람들이 일반적으로 대인관계의 우위를 원한다.
Gender Egalitarianism(양성평등주의): 한 집단이 성적 불평등을 축소하려는 정도	남아가 여아보다 고등교육을 받도록 격려받는다.

---

13 Yukl, *Leadership in Organizations*, 351.
14 House, et al. "Understanding Cultures and Implicity Leadership Theories Across the Globe: An Introduction to Project GLOBE," 6.

Future Orientation(미래지향): 개인의 미래 지향적 행위, 즉 상여금을 미룬다든지 미래에 대해 계획하고 투자하는 정도	많은 사람이 미래보다는 현실을 위해 살아간다.
Performance Orientation(실적 중심): 한 집단이 그 구성원들에게 실적 증진과 탁월성에 대해 격려하고 보상하는 정도	학생들은 꾸준히 향상된 실적을 내기 위해 최선을 다하라고 격려받는다.

1. 사회의 문화적 가치와 관습은 지도자가 행동하는 데 영향을 준다.
2. 지도자는 기관의 형태와 문화 관습에 영향을 미친다.
3. 사회의 문화적 가치와 관습은 기관의 문화와 관습에 영향을 미친다.
4. 기관의 문화와 관습은 지도자가 수행하는 바에 영향을 준다.
5 - 6. 사회적 문화와 기관의 유형, 문화, 관습, 이 둘은 내재된 리더십 이론을 공유하도록 하는 과정에 영향을 준다.
7. 기관의 전략적 상황들은 기관의 유형, 문화 그리고 관습 및 리더십 행동 방식에 영향을 준다.
8. 기관의 전략적 상황들은 지도자의 특성과 행동에 영향을 준다.
9. 기관의 전략적 상황들과 기관의 유형, 문화, 관습 간의 관련성은 문화적 압력에 의해서 조절된다.
10. 지도자 수용은 '문화 수용 리더십 이론'(Culturally Endorsed Leadership Theory, CLT)과 지도자의 특성이나 행동 사이의 상호 작용적 기능이다.
11. 지도자의 효율성은 지도자의 특성과 행동 양식 그리고 기관의 상황 사이의 상호 작용적 기능이다.
12. 지도자 수용은 지도자의 효율성에 영향을 준다.
13. 지도자의 효율성은 지도자 수용에 영향을 준다.

표 5-2 GLOBE의 이론적 모델(Theoretical Model)[15]

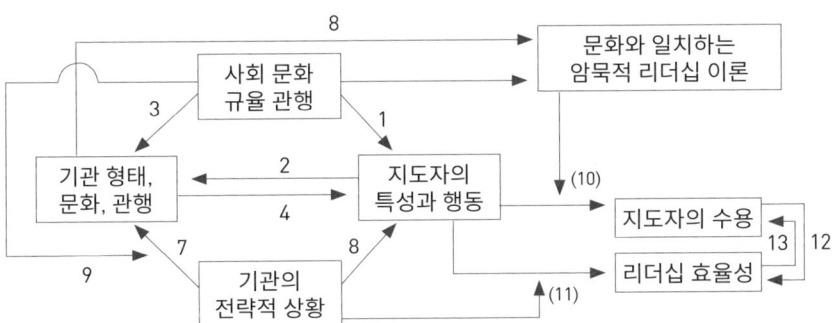

괄호 안의 숫자는 인접한 두 개의 화살표 사이의 상호 작용을 나타낸다

위 모델은 사회의 문화적 가치와 관습이 지도자와 그 기관의 행동과 관습에 어떤 영향을 미치는지 보여 준다. 또한, 한 기관의 전략적 상황도 마찬가지로 지도자와 기관의 행동과 관습에 영향을 주는 것을 나타낸다. 따라서 사회의 문화적 가치와 관습, 기관의 전략적 상황은 그 기관의 리더십 특성과 행동, 기관의 행동과 관습을 예측할 수 있게 한다. 이와 같은 연구 결과는 동부아프리카의 지도자들을 성경적 리더십으로 양성할 수 있는 기반을 제공해 준다.

비록 동부아프리카 지도자가 자연스럽게 체득한 문화적 가치와 관습, 세계관이 있을지라도 그는 하나님의 말씀인 성경을 통하여 자신의 문화적 가치와 세계관에 변화를 가져올 수 있고, 그의 변화는 그가 속한 공동체에 영향을 줄 수 있다.

---

15 House, et al. "Understanding Cultures and Implicity Leadership Theories Across the Globe: An Introduction to Project GLOBE," 8-9.

2. 동부아프리카 리더십 저자들

80년대 초반 홉스테드는 아프리카 리더십을 연구하면서 전체 아프리카를 세 부분으로 구분하고 각 지역에서 몇 나라를 선택하여 연구했다.[16] 서부아프리카에서는 가나, 나이지리아, 시에라리온, 동부아프리카에서는 에티오피아, 케냐, 탄자니아, 잠비아, 그리고 남부 아프리카에서는 남아프리카 공화국을 택하여 연구했다.

연구 결과 서부와 동부에서 유사한 문화 가치 프로필을 얻었는데 권력 거리 문화 차원은 높게 나왔고, 개인주의와 장기 중심 문화 차원은 낮은 것으로 나타났다.

반면, 남성 중심과 불확실성 회피 문화 차원에서는 중간 수치를 보였다. 남아프리카 공화국에서는 권력 거리와 불확실성 회피 문화 차원은 중간 수치로, 개인주의와 남성 중심 문화 차원은 높은 수치를 보였다.

이 같은 연구 결과는 아프리카의 세 지역에서 문화적 선호도가 다르다는 것을 어느 정도 증명해 주었지만, 동부아프리카인이 특별히 리더십을 어떻게 이해하고 있는지, 지도자들이 리더십의 지위를 어떻게 영위하는지, 리더십이 그 사회에 어떤 영향을 주는지에 대한 부분은 매우 빈약하다.[17]

브런트(P. Blunt)와 존즈(J. Jones)는 동부아프리카인의 관점에서 리더십에 접근했다.[18] 이들은 동부아프리카의 리더십을 중앙집권적 권력 구조, 높은 불확실성, 조직적 실행보다는 통치적 메커니즘, 변화를 거부하는 관료주의적 리더십, 극심한 자원 결핍, 기본적 안전에 대한 개인적 염려, 대가족

16　Hofstede, *Cultures Consequences: International Differences in Work Related Values*, 21.
17　R. Bolden & P. Kirk, "African Leadership: Surfacing New Understandings through Leadership Development," *International Journal of Cross Cultural Management*, 9 (1) (2009): 73.
18　P. Blunt & J. Jones, "Exploring the Limits of Western Leadership Theory in East Asia and Africa," *Personnel Review* Vol. 26 Iss: 1/2 (1997): 19.

과 가문 안에서의 네트워크의 중요성에 영향받는 것이라고 설명했다. 그가 동부아프리카 리더십을 부정적인 것으로 일반화시킨 점은 아쉬운 부분이라 할 수 있다.[19]

하비(M. Harvey)도 동부아프리카의 인적 자원 관리(Human Resource Management)를 '이상한 나라의 앨리스'와 비교하며 브런트와 존즈의 입장을 취한다. 그는 동부아프리카가 서구의 인적 자원 관리에 대해서 경이로움을 갖고 서구의 것을 추구하고 있다고 비판했다. 그는 많은 동부아프리카 국가가 서구식 규칙이나 규율, 법의 본질에 대해 다르게 느끼고 있을 뿐만 아니라 동부아프리카 조직들이 이런 것들을 무시하고 왜곡했음을 주장했다.[20]

결국, 그는 동부아프리카의 인적 자원 관리 규칙이 서구의 것을 물려받았으며 동부아프리카의 상황에 적합하게 적용되지 않은 것을 지적했다.

반면, 잭슨(T. Jackson)은 동부아프리카인의 리더십 탁월성을 주장했다. 그는 동부아프리카인과 공동으로 연구한 결과 동부아프리카 지도자들이 다양한 문화를 가진 자본가들을 다루며, 인본주의(Humanistic)적 경영을 수행하는 데 탁월한 리더십을 보인다는 것을 발견했다.[21]

잭슨은 경영에 있어서 서구인과 동부아프리카인과 다른 접근에 관한 개론적 서술에서 '인간 가치의 궤적'(Locus of Human Value) 개념, 즉 한 기관에서 개인을 수단으로써 인식하는 도구적 관점에 반대하여 개개인의 권리로서 인간이 가치를 갖는 인본주의적 관점을 소개한다.[22]

19　Bolden & Kirk, "African Leadership: Surfacing New Understandings Through Leadership Development," 73.
20　M. Harvey, "Human Resource Management in Africa: Alice's Adventures in Wonderland," *International Journal of Human Resource Management* 13(7) (2002): 1119.
21　T. Jackson, *Management and Change in Africa: A Cross-Cultural Perspective* (London: Routlege, 2004).
22　Jackson, *Management and Change in Africa: A Cross-Cultural Perspective*, 26.

그의 도구적-인본주의적 구분은 서구와 동부아프리카 경영 스타일에 대한 로드맵을 만들었고, 단순히 세계를 선진국과 후진국, 혹은 개인주의와 집단주의로 양분하는 함정에서 벗어날 수 있게 했다.[23]

잭슨에 의하면, 동부아프리카에서 리더십을 형성하는 중요한 가치들은 나눔, 지위에 대한 존경, 헌신의 신성함, 타협과 의견 일치에 관한 유념, 사회적이고 개인적인 좋은 관계 등이다.[24]

잭슨은 그의 연구를 통하여 동부아프리카 지도자들의 장점을 발견했다. 그들은 여러 측면에서 고도로 숙련된 자들이었고, 여러 문화적 배경을 가진 투자자들을 효과적으로 잘 다루었으며, 인본주의적 경영 방식을 잘 활용하는 지도자들이었다.[25]

그는 서구에서는 개인을 하나의 자원으로 보는 도구주의에 초점이 맞추어져 있지만, 동부아프리카에서는 개인을 자기의 권리를 가진 존재로 보는 인본주의적 관점을 가지고 있다고 지적했다. 인본주의적 리더십은 나눔, 지위에 대한 존경, 헌신의 신성함, 타협과 의견 일치, 관계성 중시라는 특징을 보여 준다.

몽고메리(J. Montgomery)는 남아프리카 공화국의 지도자들이 리더십을 행사하는 모습을 관찰했다. 그는 많은 지도자가 국가나 회사의 공공 목적보다 개인의 권력 유지와 이익을 추구하고, 그들에 의해 인사정책이 결정되며, 공무원들과 회사직원들이 맡은 업무에 충실하지 않고, 관리자들도 마땅히 해야 할 나라와 회사의 건물들을 관리하지 않는 것 등을 보고 남아프리카공화국 문화가 낳은 부정적 리더십을 강도 높게 비판했다.[26]

23　Bolden & Kirk, "African Leadership: Surfacing New Understandings Through Leadership Development," 73.
24　Jackson, *Management and Change in Africa: A Cross-cultural Perspective*, 28-29.
25　Jackson, *Management and Change in Africa: A Cross-cultural Perspective*, 16-19.
26　J. D. Montgomery, "Probing Managerial Behaviour: Image and Reality in Southern Africa," *World Development* Vol. 15 No. 7 (1987): 917.

은완코오(S. Nwankwo)와 리차즈(D. C. Richards)는 아프리카의 독재적 리더십 스타일을 주목했다. 그들은 식민 통치로부터 독립한 후에도 아프리카의 여러 공공 기업이나 사기업 안에 독재적인 리더십 스타일이 남아 있다고 보았다.[27]

오래전부터 아프리카인들은 어떤 일을 수행할 때, 지도자들로부터 일에 대한 동기 부여를 받기보다는 감독을 받아 왔다. 추종자는 감독하는 지도자의 분노를 사지 않기 위해서 실수를 극도로 조심했다. 만약 지도자에게 무슨 일이 생기면, 추종자는 지도자를 보호하기 위해서 자신을 포함하여 다른 사람들을 비난하든지 아니면 그 일을 모른다고 변명했다.[28]

동부아프리카 문화에서 이러한 현상들을 설명해 주는 몇몇 요소를 찾아볼 수 있다. 그중 하나는 가족주의(Familism)이다. 가족주의란 모든 가치와 결정에 앞서 가족을 우선순위를 두는 사회적 현상의 한 형태이다. 가족주의가 강한 사회에서는 모든 개인의 목적과 규범과 이익과 행동을 가족의 행복과 관련지어 결정하고, 가족의 구성원들은 가족의 도덕과 규율과 책무에 매이게 된다.

이와 같은 가족주의 문화는 동부아프리카 리더십 행동에 그대로 반영된다. 동부아프리카 지도자들은 가족 혹은 부족의 일원으로서 신분을 가진 채 지도자가 된다. 이때 가족들은 그에게 기대하게 되고, 지도자는 가족들의 기대에 부응하여 가족을 돕게 된다. 이같은 상황이 계속되면 지도자는 개인으로서 가졌던 비전이나 목적을 추구하기보다는 자기 문화의 문화적 가치를 성실히 실천하다가 리더십을 마치게 되는 경우가 종종 있다.[29]

---

27   S. Nwankwo, & D. C. Richards, "Privatization: the Myth of Free Market Orthodoxy in Sub-Saharan Africa," *The International Journal of Public Sector Management* Vol. 14 No. 2 (2001): 165-180.
28   Kuada, "Culture and Leadership in Africa: a Conceptual Model and Research Agenda," 15.
29   Kuada, "Culture and Leadership in Africa: a Conceptual Model and Research Agen-

또 다른 요소는 추종자들과 관계를 맺는 지도자의 태도에서 찾아볼 수 있다. 동부아프리카에서 지도자와 추종자 사이에는 일종의 심리적 계약이 형성되어 있다. 추종자의 도움을 받아 지도자가 목적을 성취했을 때 그들은 지도자로부터 무엇인가를 기대하는 심리적 약속이라 할 수 있다. 결국, 지도자는 추종자나 그의 가족에게 특별한 기회와 특권을 제공하게 된다. 예를 들면, 해외 훈련 기회 제공, 빠른 진급, 자금 융자 특혜 등이다.[30]

리더십에 관한 동부아프리카의 이 같은 문화적 가치는 동부아프리카 지도자 양성에 있어서 긍정적 영향력보다는 부정적 영향력이 더 컸다고 할 수 있다. 또한, 많은 동부아프리카 국가가 그들의 전통적 리더십 구조가 아닌 식민지 시대에 사용했던 서구식 리더십 틀에 동부아프리카의 문화적 가치를 억지로 맞추기 위해 큰 혼란을 경험하고 있다.

이들 외에 다른 견해를 덧붙인다면, 아프리카 지도자들은 식민지와 후식민지적 사고에서 벗어나 아프리카인의 가치체계로 다시 돌아가야 한다는 "아프리카 르네상스"(African Renaissance)[31]와 아프리카 리더십이 편협하고 교만하며 공허하고 물질주의적 가치관을 가진 서구 문화를 거부하고 아프리카 중심적(Afro-centric) 관점을 지닌 아프리카의 토속적 지식으로 돌아가야 한다는 주장[32] 등이 있다.

볼덴(Bolden)과 컬크(Kirk)는 아프리카 19개 국가 출신의 300명의 '인터액션'(InterAction) 프로그램 참가자들을 대상으로 아프리카 리더십에 대한 경험적 연구를 진행했다.[33] 이 연구 프로그램은 개인과 공동체, 국가와 대

---

da," 17.

30   D. M. Rousseau, "New Hire Perceptions of their Own and their Employer's Obligations: a Study of Psychological Contracts," *Journal of Organizational Behaviour* Vol. 11 (1990): 390.

31   M. Mulemfo, *Thabo Mbeki and the African Renaissance* (Pretoria: Actua Press, 2000).

32   L. Mbigi, *The Spirit of African Leadership* (Randburg, South Africa: Knowledge Resources, 2005), V.

33   Bolden & Kirk, "African Leadership: Surfacing New Understandings Through Leadership

류 안에서 일어나는 진보적 변화에 집중했다.

아프리카는 식민지 시대와 후 식민지 시대를 거치는 동안 갖게 된 역기능적이고 부패한 정치적 리더십과 비즈니스 리더십, 리더십을 나이와 성별을 통해 보는 전통적 리더십, 문화적으로 습득한 리더십, 종교적 규범으로 리더십을 이해하게 되었다.

이것은 아프리카인들이 리더십을 바르게 인식하는 데 있어서 부정적인 요인으로 작용했다. 이와 같은 경험을 통해 아프리카인들은 리더십을 여러 층으로 이해하고 있음을 발견할 수 있다.[34]

이 연구는 동부아프리카 지도자들이 지도자를 양성할 때 유념할 사항들을 말해 주고 있다. 동부아프리카인이 지도자 양성에 참여할 때, 그들이 새로운 지도자 개념을 배울 뿐만 아니라 리더십에 관한 과거의 부정적 경험과 생각을 바꾸는 과정이 필요하다는 것이다.

이 과정을 거치면서 지도자가 지도자로서 정체성을 가질 수 있도록 리더십의 새로운 개념들, 즉 누구든지 지도자가 될 수 있으며, 리더십은 자기 인식에서 시작되는 것이며, 리더십은 관계성이며, 또한 리더십은 공동체를 섬기기 위한 것임을 주지시킬 필요가 있다.

이 연구를 통해 볼덴과 컬크는 아프리카인들의 리더십 가치를 발견했다. 그들은 아프리카인들이 인본주의적 원칙에 세워진 리더십과 개인의 독특함과 진실성, 그리고 공동체를 섬기는 데 높은 가치를 두는 집합적이고 참여적인 형태의 리더십을 갈망하고 있음을 발견했다.

또한, 스스로 지도자라고 인식하더라도 지도자가 자신의 공동체로부터 리더십의 역할을 인정받기를 원한다는 사실을 발견했다. 이것은 '관계적 정체성 이론들'(Relational Theories of Identity)과 '공동체 속의 자아'(Self in

---

    Development," 75.

34 Bolden & Kirk, "African Leadership: Surfacing New Understandings Through Leadership Development," 81.

Community)라는 개념과 연관을 갖는다.[35] 그들은 아프리카에서 리더십과 정체성의 개념적 체계를 한 도표로 제공하고 있다(표 5-3 참조).

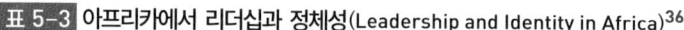

표 5-3 아프리카에서 리더십과 정체성(Leadership and Identity in Africa)[36]

- 자아(Self): 표의 중앙에 있는 자아는 리더십 역할이 이루어지는 곳으로 본다. 이곳에서 자신을 지도자로서 발견하는 과정이 진행되며, 여기서 전 시스템에 영향을 끼치는 변화의 첫 걸음을 내딛게 된다.
- 공동체(Community): 지도자가 기본적으로 접하는 지역공동체들로서 가족, 일터, 종교적 그룹, 소그룹공동체를 의미한다.

---

35 Bolden & Kirk, "African Leadership: Surfacing New Understandings Through Leadership Development," 81.
36 Richard Bolden & Philip Kirk, "Leadership in Africa: Meanings, Impacts and Identities," (2005), 14. 〈https://ore.exeter.ac.uk/repository/bitstream/handle/10036/30832/bolden6.pdf?sequence=1〉, accessed 13 Feb. 2017.

- **사회**(Society): 지도자와 그의 공동체가 속해 있는 좀 더 폭넓은 사회적 맥락의 국가, 지역, 종족을 의미한다.
- **아프리카**(Africa): 실제적인 초국가적 그룹들을 말하며, 사하라 이남의 아프리카, 서부아프리카, 동부아프리카, 중부아프리카를 말한다.
- **지구**(Global): 아프리카 밖의 다른 그룹들로서 아프리카 디아스포라, 과거 식민주의자들, 국제적 이해 관계자들로서 비즈니스맨, NGO 사역자들, 교육종사자들을 포함한다.
- **유익한 사회 변화를 위한 리더십**(Leadership for beneficial social change): 개인을 하나로 묶는 다양한 단계와 정체성을 통해 진행되는 연대의식의 줄을 의미한다.
- **경계선**(Boundaries): 연결된 점선의 경계선은 투과될 수 있고, 이동하거나 함께 공존할 수 있음을 뜻한다. 또한, 자아와 공동체들 상호간 영향의 물결을 의미하기도 한다.

이 연구를 통해 볼덴과 컬크는 아프리카의 리더십과 세계 다른 지역의 리더십을 비교했다. 결과적으로 그들은 아프리카의 리더십이 세계 다른 지역의 리더십 개념과 많은 유사성을 갖고 있으며, 문화적이고 상황적인 요소들이 리더십의 구조와 제정에서도 크게 작용하고 있음을 발견했다.

또한, 리더십의 핵심은 지도자가 속한 공동체의 윤리적 가치와 깊은 연관성을 갖고 있음을 재확인했다. 왜냐하면, 리더십은 지도자 개인의 윤리가 공동체의 윤리 안으로 더 융화되고 변화되어 가는 과정이라 볼 수 있기 때문이다. 이와 더불어 지도자 양성은 리더십 자체만을 양성하는 수단이 아니라 지도자들이 리더십을 발휘하는 사회를 발전시키는 일임을 재확인시켜 주었다.[37]

---

37 Bolden & Kirk, "African Leadership: Surfacing New Understandings Through Leadership

저자는 이들의 연구가 동부아프리카 지도자 양성에도 크게 이바지했다고 본다. 비록 동부아프리카의 문화와 상황적 요소들이 리더십구조와 선출 과정에 영향력을 미치지만, 이것보다는 지도자가 속한 공동체의 윤리적 가치, 즉 세계관이 지도자 양성에 더 큰 연관성을 가지고 있음을 증명했다고 본다. 또한, 동부아프리카 지도자 양성은 지도자 자체 양성뿐만 아니라 지도자가 속한 공동체를 발전시키는 과정임을 우리에게 상기시켜 주고 있다.

3. 문화 가치 차원(Cultural Value Dimensions)에서 본 동부아프리카 리더십

이 절에서는 문화 가치가 리더십 신념, 리더십 행동, 지도자 양성의 실행과 어떻게 연관되는지 살펴보려고 한다. 홉스테드는 문화 가치 차원을 처음으로 부각했는데 그의 첫 연구는 40개 이상 나라에서 일하는 IBM 지도자들과 직원들을 대상으로 한 것이었다. 그가 정리한 네 가지의 문화 차원은, 개인 대 집단, 남성 대 여성, 불확실성 회피, 권력 거리였고, 후에 다섯째 문화 차원을 추가했다.[38]

홉스테드의 문화 가치 차원 이론을 비판하는 학자들도 있다. 바스켈빌(R. Baskerville)은 홉스테드의 이론에 대해 네 가지를 비판했다.[39]

> 1. 문화 인류학계 주류와 심리학계에서 소수의 학자만이 홉스테드 문화 이론을 인용한다.

Development," 83-84.
[38] G. Hofstede, *Culture's Consequences: International Differences in Work-related Values* (Newbury Park, CA: Sage, 1980).
[39] Rachel F. Baskerville, "Hofstede Never Studied Culture," Accounting, Organizations and Society 28 (2003): 2-9.

2. 민족과 나라를 동일하게 취급하여 문화를 분류한 오류가 있다.
3. 수치를 기초로 양적 문화 분류를 했다.
4. 이론적 기반의 빈약함을 들었다.

존즈도 부적절한 조사 방법, 한 나라 안의 문화를 단일 문화로 본 점, 문화를 국가 단위로 분류한 점, 연구 당시의 특별한 정치적 영향을 일반화한 점, 한 기관(IBM)으로부터 수집한 통계자료, 시대에 뒤떨어진 정보, 소수의 문화 차원의 종류들, 통계적 오류 등을 들어 비판했다.[40] 그 외에 문화적 융합을 고려하지 않은 점[41]과 문화에 관한 불충분한 측면들[42]에 대한 비판도 있다.

이와 같은 여러 약점에도 불구하고 홉스테드의 문화 가치 차원은 학자들 안에서 가장 많이 활용되는 이론이다.[43] 그것은 많은 분야에서 홉스테드의 연구 결과를 필요로 한 시점에서 이와 같은 연구를 처음으로 시도했기 때문이다. 그의 자료 수집 방법은 매우 조직적이고 일관성을 가지고 있으며, 연구 결과가 상대적으로 정확성을 가지고 있기 때문이기도 하다.

나는 동부아프리카의 문화를 알기 위해 홉스테드의 문화 가치 차원들을 사용하려고 한다. 홉스테드의 가치 차원들 외에 다른 학자들이 보충한 관용 중심 대 통제 중심, 성과 중심 대 사람 중심 등의 문화 가치 차원들도 함께 살펴보려고 한다.

---

40 M. L. Jones, "Hofstede-Culturally Questionable?," Oxford Business & Economics Conference (2007), 5-6.
41 Oded Shenkar, "Cultural Distance Revisited: Towards a More Rigorous Conceptualization and Measurement of Cultural Differences," Journal of International Business Studies Vol. 32, No. 3 (2001): 519-520.
42 Shalom H. Schwarts & Wolfgang Bilsky, "Toward a Theory of the Universal Content and Structure of Values: Extensions and Cross-cultural Replications," Journal of Personality and Social Psychology Vol. 58, No. 5. (1990): 885-886.
43 Jones, "Hofstede-Culturally Questionable?," 6.

1) 권력 거리(Power Distance) 문화 차원

권력 거리 문화 차원은 한 조직 안에서 추종자들이 권력의 불균형 분배와 상태를 받아들이고 기대하는 정도를 의미한다. 이 불균형은 위로부터(top-down)가 아닌 아래로부터(bottom-up) 왔음에 강조점이 있다. 이 문화 차원은 한 사회의 불균형 정도가 지도자들에 의해서뿐만 아니라 추종자에 의해서 지지가 되고 있음을 보여 준다.[44]

예를 들면, 러시아와 중국과 타이완과 멕시코 등은 권력 거리가 먼 문화에 속하는 나라들이다. 이들 나라에서는 지도자가 더 강한 권위를 가지고 다른 사람들과 의논하지 않고 규율을 실행하는 것을 기대한다.[45] 추종자는 지도자가 그들에게 무엇을 할 것인지 명령하기를 기대하며, 추종자는 지도자에게 도전하거나 그의 의견에 반대하지 않는다. 지도자는 공식적인 정책과 규율을 자주 사용하며, 어떤 결정을 할 때 추종자들과 상의하지 않는다.

그러나 서유럽과 뉴질랜드와 미국과 같은 나라는 근접한 권력 거리 문화 가치를 가지고 있다. 이러한 나라에서는 지도자가 어떤 결정을 할 때 참여적 리더십 형태를 취한다.

76개 국가의 권력 거리를 측정하면서 홉스테드는 동유럽, 라틴 아메리카, 아시아, 동부아프리카의 나라들의 권력 거리 수치는 높았고, 독일과 영어권 서구 국가들은 권력 거리가 낮은 것을 발견했다.[46]

---

44 Geert Hofstede, "Dimensionalizing Cultures: The Hofstede Model in Context." *International Journal of Behavioral Medicine* 2 (2007): 9.
45 Dickson, et al., "Research on Leadership in a Cross-cultural Context: Making Progress, and Raising New Questions," 737-739.
46 Hofstede, "Dimensionalizing Cultures: The Hofstede Model in Context," 10.

표 5-4 좁은 권력 거리 대 넓은 권력 거리[47]

Small Power Distance (좁은 권력 거리)	Large Power Distance (넓은 권력 거리)
Use of power should be legitimate and is subject to criteria of good and evil (권력사용은 합법적이어야 하고 선악의 기준에 따른다)	Power is a basic fact of society antedating good or evil: its legitimacy is irrelevant (권력은 선악 이전의 사회적 기본 요소: 권위의 적법성은 무관하다)
Parents treat children as equals (부모는 자녀들을 동등하게 대우한다)	Parents teach children obedience (부모는 자녀들에게 순종을 가르친다)
Older persons are neither respected nor feared (연장자들을 공경하지도 두려워하지도 않는다)	Older persons are both respected and feared (연장자들을 공경하고 두려워한다)
Hierarchy means inequality of roles, established for convenience (계급제도는 역할이 동등하지 않음을 의미하고, 편리함을 위해 만들어졌다)	Hierarchy means existential inequality (계급제도는 존재론적으로 불등평을 의미한다)
Students-centered education (학생 중심의 교육)	Teacher-centered Education (교사 중심의 교육)
Subordinates expect to be consulted (하위 직원은 의견 교환을 기대한다)	Subordinates expect to be told what to do (하위 직원은 업무 지시를 기대한다)
Pluralist governments based on majority vote and changed peacefully (다수 득표에 기초한 복수당 정부 형태로 평화적 정권교체가 이루어진다)	Autocratic governments based on co-optation and changed by revolution (협업에 기반을 둔 독재정부 형태로 혁명으로 정권이 교체된다)
Corruption rare; scandals end political careers (부정부패가 적다; 스캔들로 정치생명이 끝난다)	Corruption frequent; scandals are covered up (부정부패가 빈번함; 스캔들이 은폐된다)
Income distribution in society rather even (사회의 소득 분배가 균등)	Income distribution in society very uneven (사회의 소득 분배가 매우 불균등)
Religions stressing equality of believers (종교는 신자들의 평등 강조)	Religions with a hierarchy of priests (제사장적 계급제도를 가진 종교)

---

[47] Hofstede, "Dimensionalizing Cultures: The Hofstede Model in Context," 9.

2) 불확실성 회피(Uncertainty Avoidance) 문화 차원

불확실성 회피 문화 차원은 위험성 회피를 의미하는 것이 아니다. 이것은 모호성에 대해서 한 사회가 나타내는 관용을 의미한다. 이 문화 차원은 한 문화의 구성원들이 조직화하지 않은 상황에 대해 어느 정도로 편안함 혹은 불편함을 느끼는지에 관한 것이다. 불확실성을 회피하는 문화는 강력한 행동 규범, 규율, 법률, 이탈 의견의 거부, 절대적 진리에 대한 확신 등을 통해서 불확실성의 가능성을 최소화하기 위해 노력한다.[48]

연구에 의하면, 불확실성 회피가 높은 문화에 속하는 사람들은 더 정적이고 내적 안정에 동기 부여를 받는다. 그들은 미지의 것들에 대해 불안해하고, 안전, 안정, 질서에 대한 갈망이 있다. 사회적 규범, 전통, 구체적인 합의, 입증된 전문지식 등에 큰 가치를 부여하는데, 이것들로 불확실성과 무질서를 피할 수 있다고 믿기 때문이다. 이 범위에 해당하는 나라들로는 프랑스, 스페인, 독일, 스위스, 러시아, 인디아 등이다.[49]

이와 반대로, 불확실성을 수용하는 문화의 사람들은 그들이 생각하는 것과 다른 견해에 대해 잘 용인한다. 그들은 가능한 적은 규율을 원하고, 철학적이고 종교적인 차원에서 경험론적이고 상대주의적이며, 여러 이론을 다 수용한다. 이 문화에 속한 사람들은 보다 더 침착하고 사색적이며, 감정의 표현이 미약하다.[50]

높은 불확실성 회피 사회에서는 안정되고 신중한 리더십을 선호한다. 그와 반대로 융통성이나 변혁, 위험을 감수하는 지도자는 선호하는 대상이 아니다. 지도자들은 섬세한 계획과 공적 규칙과 표준 절차와 활동 감시

48　Hofstede, "Dimensionalizing Cultures: The Hofstede Model in Context," 10.
49　Dickson, et al., "Research on Leadership in a Cross-cultural Context: Making Progress, and Raising New Questions," 741.
50　Hofstede, "Dimensionalizing Cultures: The Hofstede Model in Context," 11.

등을 강화하고, 그들의 권력을 위임하지 않는 경향이 있다. 이곳의 변화와 혁신에 관한 결정들은 중앙집권화되어 있다.[51]

홉스테드와 그의 동료들에 의한 76개 나라의 불확실성 회피 연구 결과는 다음과 같다. 동부 및 중부 유럽 국가들, 라틴 아메리카 나라들, 일본, 그리고 독일어 사용 국가들은 높은 불확실성 회피 경향을 보였고, 영어 사용 국가들과 노르웨이, 중국어 문화권 나라들은 낮은 불확실성 회피 경향을 보였다.[52]

표 5-5 낮은 불확실성 회피 대 높은 불확실성 회피[53]

Weak Uncertainty Avoidance (낮은 불확실성 회피)	Strong Uncertainty Avoidance (높은 불확실성 회피)
The uncertainty inherent in life is accepted and continuous threat each day is taken as it comes (삶에 내재된 불확실성을 받아들이고, 일상의 위협을 마땅한 것으로 수용한다)	The uncertainty inherent in life is felt as a must be fought (삶에 내재된 불확실성을 투쟁해야 하는 것으로 여긴다)
Ease, lower stress, self-control, low anxiety (적은 스트레스, 자기 절제, 긴장감 낮음)	Higher stress, emotionality, anxiety, neuroticism (심한 스트레스, 감정, 염려, 신경쇠약)
Higher scores on subjective health and well-bing (주관적 건강과 웰빙 지수 높음)	Lower scores on subjective health and well-being (주관적 건강과 웰빙 지수 낮음)
Tolerance of deviant persons and ideas; what is different is curious (비정상적 사람과 견해에 관용적; 상이한 것에 호기심이 많다.)	Intolerance of deviant persons and ideas; what is different is dangerous (비정상적 사람과 견해에 배타적; 상이한 것은 위험하게 여긴다)
Comfortable with ambiguity and chaos (모호함과 혼돈스러움에 편안함)	Need for clarity and structure (명확성과 구조화에 대한 필요)
Teachers may say 'I don't know.' (교사들도 잘 모른다고 말할 수 있다)	Teachers supposed to have all the answers (교사들은 모든 해답을 알고 있어야 한다)
Changing jobs no problem. (직업 전환은 전혀 문제되지 않음)	Staying in jobs even if disliked. (싫지만 직업을 유지함)

---

51 Yukl, *Leadership in Organizations*, 352.
52 Hofstede, "Dimensionalizing Cultures: The Hofstede Model in Context," 11.
53 Hofstede, "Dimensionalizing Cultures: The Hofstede Model in Context," 10.

3) 개인주의 대 집단주의(Individualism vs Collectivism) 문화 차원

개인주의와 집단주의란 사회적 현상으로서 한 사회의 구성원이 그 사회 안에서 얼마나 통합되어 있는가에 대한 정도를 말한다.[54]

개인주의 사회에서는 개개인의 결속력이 약하고, 모든 사람은 자신 스스로와 직계 가족을 돌보는 것을 기대한다. 개인의 자율성과 필요를 단체나 조직이나 사회보다 더 중요하게 여기고, 개인의 권리가 사회적 책임보다 더 중요하다고 본다.[55]

개인주의에 가치를 두는 나라로는 미국, 오스트레일리아, 영국, 네덜란드 등이다

반면, 집단주의는 요람부터 무덤까지 집단과 개인이 밀접하게 결속되어 있다. 이 문화에서는 개인이나 개인의 정체성보다 대가족과 집단, 사회적 그룹과 그 그룹에 속한 멤버십을 더 중요시한다. 그룹이란 종교적 혹은 같은 종족을 배경으로 하는 단체, 정치적 정당, 동업 비즈니스 관계 등을 의미한다. 집단주의 문화 안의 사람들은 그룹에 충성하는 것을 중요하게 생각하며, 직업을 가능한 한 바꾸지 않는다.[56]

집단주의가 강한 나라는 중국, 멕시코, 스웨덴, 저양성 상태인 동부아프리카 대부분의 나라이다.

54　Hofstede, "Dimensionalizing Cultures: The Hofstede Model in Context," 11.
55　Dickson et al., "Research on Leadership in a Cross-cultural Context: Making Progress, and Raising New Questions," 742.
56　C. L. Jackson, J. A. Colquitt, M. J. Wesson & C. P. Zapata-Phelan, "Psychological Collectivism: A Measurement Validation and Linkage to Group Member Performance," *Journal of Applied Psychology* 91 (4) (2006): 890-891.

표 5-6 집단주의 대 개인주의[57]

개인주의 (Individualism)	집단주의 (Collectivism)
Everyone is supposed to take care of himself or herself and his or her immediate family only (개인은 자신과 자기 직계 가족만을 돌보는 것으로 생각한다)	People are born into extended families or clans which protect them in exchange for loyalty (인간은 대가족과 씨족에서 출생하며 그에 대한 충성심으로 가족을 보호한다)
'I'- consciousness ('나'의식)	'We'- consciousness ('우리'의식)
Right of privacy (사생활의 권리)	Stress on belonging (소속감에 대한 압력)
Speaking one's mind is healthy (개인의 마음을 표현하는 것은 건강하다)	Harmony should always be maintained (조화로움이 항상 유지되어야 한다)
Others classified as individuals (개개인으로 분류되는 다른 사람들)	Others classified as in-group or out-group (그룹에 소속 여부로 결정되는 다른 사람들)
Personal opinion expected: one person one vote (개인 의사 존중: 1인1 표)	Opinions and votes predetermined by in-group (의견과 선거는 그룹 안에서 사전 결정)
Transgression of norms leads to guilt feelings (규율에 관한 범죄는 죄책감을 유발함)	Transgression of norms leads to shame feelings (규율에 관한 범죄는 수치심을 유발함)
Languages in which the Word "I"is indispensable (언어에서 '나'라는 단어는 필수적)	Languages in the word "I"is avoided (언어에서 '나'라는 단어를 피함)
Purpose of education is learning how to learn (교육의 목적은 어떻게 배워야 할지 배우는 것)	Purpose of education is learning how to do (교육의 목적은 어떻게 행할지 배우는 것)
Task prevails over relationship (과업이 관계보다 우선한다)	Relationship prevails over task (관계가 과업보다 우선한다)

4) 남성 중심 대 여성 중심(Masculinity vs Femininity) 문화 차원

남성 중심 혹은 여성 중심 문화 가치란, 전반적인 사회 분위기가 남성 혹은 여성에 대한 가치를 어떻게 부여하는가를 의미한다. 홉스테드는 IBM 사원들을 대상으로 한 연구에서 두 가지를 알게 되었다.

---

[57] Hofstede, "Dimensionalizing Cultures: The Hofstede Model in Context," 11.

첫째, 사회에서 여성의 가치가 남성보다 낮다.
둘째, 남성의 가치는 매우 강함과 경쟁적인 차원을 포함하고, 여성의 가치는 부드럽고 보살피는 차원이다.

그는 강인함에 속하는 쪽을 '남성', 부드럽게 보살피는 쪽을 '여성'으로 불렀다.

또한, 그는 남성 중심 문화 사회에서는 남성에 가치를 두는 터부(taboo)가 있음을 발견했다. 터부는 가치에 깊은 뿌리를 내리고 있고, 이 터부는 한 사회 안에 있는 남성/여성 차원이 근본적이고 무의식적이며, 그래서 언급하기조차 금기하는 가치들을 드러내 주었다. 결국, 이러한 터부는 문화 차원의 중요성을 증명해 주고 있다.

남성 중심이 강한 나라는 일본, 독일어 사용 나라들, 이태리, 멕시코 등이고, 비교적 강한 나라는 영어를 사용하는 서방 국가들이며, 낮은 나라들로는 스칸디나비아 국가들이고, 더 낮은 나라들은 프랑스, 스페인, 포르투갈, 한국, 태국 등이었다.[58]

표 5-7 여성 중심 대 남성 중심[59]

여성 중심 (Femininity)	남성 중심 (Masculinity)
Minimum emotional and social role differentiation between the genders (성별간 최소 감성적, 사회적 역할 차이)	Maximum emotional and social role differentiation between the genders (성별간 최대 감정적, 사회적 역할 차이)
Men and women should be modest and caring (남녀는 단정하고 배려해야 한다)	Men should be and women may be assertive and ambitious (남자는 적극적이고 야심적이어야 하나 여성은 그럴 수도 있다)
Balance between family and work (일과 가정의 균형)	Work prevails over family (일은 가정보다 우선함)
Sympathy for the weak (약자에 대한 동정)	Admiration for the strong (강자에 대한 감탄)

---

58 Hofstede, "Dimensionalizing Cultures: The Hofstede Model in Context," 13.
59 Hofstede, "Dimensionalizing Cultures: The Hofstede Model in Context," 12.

Both fathers and mothers deal with facts and feelings (부모 모두 사실과 느낌을 다룬다)	Fathers deal with facts, mothers with feelings (부는 사실을, 모는 감정을 다룬다)
Both boys and girls may cry but neither should fight (남아와 여아 모두 울 수 있으나 둘 다 싸워서는 안 됨)	Girls cry, boys don't; boys should fight back, girls shouldn't fight (여아는 울더라도 남아는 울면 안 됨. 남아는 대항해야 하나 여아가 싸우면 안 됨)
Mothers decide on number of children (어머니가 자녀의 수를 결정한다)	Fathers decide on family size (아버지가 가족의 규모를 결정)
Many women in elected political positions (다수의 여성이 정치적 지위에 선출)	Few women is elected political positions (소수 여성만이 정치적 지위에 선출)
Religion focuses on fellow human beings (종교는 동료 인간에게 집중한다)	Religion focuses on God or gods (종교는 신/신들에 집중한다)
Matter-of-fact attitudes about sexuality; sex is a way of relating (성에 사무적 태도; 성은 관계 방식)	Moralistic attitudes about sexuality; sex is a way of performing (성에 관한 윤리적 태도; 성은 행동 방식)

5) 장기 중심 대 단기 중심(Long-term vs Short-term Orientation) 문화 차원

이 문화 차원은 중국인 학자들에 의해 알려졌다. 장기 중심대 단기 중심은 중국인 학자들이 23개 각기 다른 나라 출신 학생들을 대상으로 작성한 설문 조사 내용이었다. 이 연구의 첫 저자인 마이클 해리스 본드(Michael Harris Bond)는 이 연구를 '유교 노동 역학'(Confucian Work Dynamism)이라 명명했다. 홉스테드는 본드의 허락을 받아 이것을 다섯째 문화 차원으로 추가하면서 장기 중심 대 단기 중심으로 그 이름을 바꾸었다.

장기 중심 문화 차원은 본드의 유교 노동 역학과 관련이 있는데, 인내, 절약, 서열에 의한 명령 관계, 수치심 등에 가치를 둔다. 이와 반대로 단기 중심 문화에서는 상호 사회적 책임감, 전통중시, 타인의 체면 존중, 개인적 안정감 등을 중요한 가치로 여긴다.

장기 중심 문화에 속하는 나라들로는 극동아시아 나라들, 동부와 중부 유럽이다. 중간에 해당하는 나라는 남북부 유럽과 남부 아시아 나라들이다. 그리고 단기 중심 문화에 속하는 나라들은 미국, 오스트레일리아, 라

틴 아메리카, 동부아프리카, 무슬림 나라들이다.[60]

표 5-8 단기 중심 대 장기 중심[61]

Short-term Orientation (단기 중심)	Long-term Orientation (장기 중심)
Most important events in life occurred in the past or take place now (삶의 가장 중요한 사건들은 과거에 일어났거나 현재에 일어나고 있다)	Most important events in life will occur in the future (삶의 가장 중요한 사건들은 미래에 일어날 것이다)
Personal steadiness and stability: a good person is always the same (개인적 견고함과 안정성: 좋은 사람은 항상 변함이 없다.)	A good person adapts to the circumstances (좋은 사람은 상황에 잘 적응한다)
There are universal guidelines about what is good and evil (선과 악에 관한 우주적 지침들이 있다)	What is good and evil depends upon the circumstances (선한 것과 악한 것은 상황에 따른다)
Traditions are sacrosanct (전통은 신성한 것이다)	Traditions are adaptable to changed circumstances (전통은 변화하는 상황에 맞춰질 수 있다)
Family life guided by imperatives (가족생활이 명령 형식으로 이루어짐)	Family life guided by shared tasks (가족생활이 공유된 일들로 이루어짐)
Supposed to be proud of one's country (자국에 대해 자랑스럽게 여김)	Trying to learn from other countries (다른 나라들로부터 배우려고 노력함)
Service to others is an important goal (타인에 대한 봉사는 중요 목표)	Thrift and perseverance are important goals (절약과 인내는 중요 목표다)
Social spending and consumption (사회적 지출과 소비)	Large savings quote, funds available for investment (고액 저축 견적, 투자 가능한 자산)
Students attribute success and failure to luck (학생들은 성공 실패를 운의 결과로 봄)	Students attribute success to effort and failure to lack of effort (학생들은 성공을 노력의 결과, 실패는 노력 부족의 결과로 봄)
Slow or no economic growth of poor countries (빈국들의 경제적 성장이 느리거나 없음)	Fast economic growth of countries up till a level of prosperity (일정 발전 단계까지 계속되는 국가들의 빠른 경제 성장)

---

60 Hofstede, "Dimensionalizing Cultures: The Hofstede Model in Context," 13.
61 Hofstede, "Dimensionalizing Cultures: The Hofstede Model in Context," 15.

6) 관용 대 통제(Indulgence vs Restraint) 문화 차원

여섯째 문화 차원은 2010년 민코브(Minkov)의 문화 차원을 추가하여 만든 것이다. 이 문화 차원은 장기 중심 대 단기 중심 문화 차원을 상호 보완한 것이라 할 수 있는데, 관용 문화는 인간의 자연적 욕구인 삶을 즐겁고 재미있게 하려는 것에 관하여 관대한 사회를 의미한다.

반면, 통제 문화는 그러한 인간의 즐거움을 추구하는 것에 대해 사회적 규범을 수단으로 삼아 통제하는 사회를 의미한다.

관용 문화 차원이 높은 나라들로는 남북 아메리카, 서부 유럽, 사하라 이남 동부아프리카의 몇 나라들이고, 통제 문화 차원이 높은 나라들로는 동부 유럽, 아시아, 무슬림 나라들이다.[62]

표 5-9 관용 대 통제[63]

Indulgence (관용)	Restrained (통제)
Higher percentage of people declaring themselves very happy (자신이 행복하다고 여기는 다수 인구)	Fewer very happy people (소수 인구만 매우 행복)
A Perception of personal life control (사생활 통제에 관해 자각함)	A perception of helplessness: what happens to me is not my own doing (무력감 자각: 나에게 생기는 일은 내가 해서 되는 것이 아니다)
Freedom of speech seen as important (언론의 자유가 중요하게 인식됨)	Freedom of speech is not a primary concern (언론의 자유는 기본적 관심사 아님)
Higher importance of leisure (여가 활동의 중요성 높음)	Lower importance of leisure (여가 활동의 중요성 낮음)
More likely to remember positive emotions (긍정적 감정을 더 기억하려는 경향)	Less likely to remember positive emotions (긍정적 감정을 덜 기억하려는 경향)

62　Hofstede, "Dimensionalizing Cultures: The Hofstede Model in Context," 15.
63　Hofstede, "Dimensionalizing Cultures: The Hofstede Model in Context," 16.

In countries with educated populations, higher birthrates (교육받은 인구층의 출산율이 높음)	In countries with educated populations, lower birthrates (교육받은 인구층의 출산율이 낮음)
More people actively involved in sports (스포츠에 적극적으로 참여하는 인구 다수)	Fewer people actively inolved in sports (스포츠에 적극적으로 참여하는 인수 소수)
In countries with enough food, higher percentages of obese people (음식이 풍족한 나라에서 비만인구 비율 높음)	In countries with enough food, fewer obese people (음식이 풍족한 나라에서 비만인구 적음)
In wealthy countries, lenient sexual norms (부유한 나라들에서 성규범에 관용적)	In wealthy countries stricter sexual norms (부유한 나라들에서 성규범에 더 엄격함)
Maintaining order in the nation is not given a high priority (국가의 질서 유지는 높은 우선순위 아님)	Higher number of police officers per 100,000 populations (십만 인구 대비 경찰 비율 높음)

7) 성과 중심(Performance Orientation) 문화 차원

이 문화 차원은 한 사회가 높은 성과를 이룬 사람들을 격려하고 보상하는 정도를 말한다.[64] 성과 중심 문화는 근면, 책임감, 경쟁심, 인내, 적극성, 실용주의, 신기술 습득 등의 특성을 갖는다. 높은 성과에 가치를 두는 사회에서는 사람보다 결과를 더 강조한다. 자연스럽게 한 개인이 누가인가 보다는 그가 무엇을 하는가가 중요하고, 그의 성취가 그의 자존감을 제공한다. 그룹에서 받은 임무를 잘 해내는 것이 개인의 필요나 그의 가족보다 더 우선시 된다.[65]

높은 성과 중심 문화 사회에서 지도자의 행동은 성과와 효율성에 도움이 될 것을 기대한다. 이러한 사회에서는 지도자가 목적과 규칙을 정하고, 행동 계획을 만들고, 하위직원들에게 자신감을 불어넣어 실적을 증진하게 시키고, 좋은 결과에 대해 보상하는 것을 당연시한다.

---

[64] Mansour Javidan & Robert House, "Cultural Acumen for the Global Manger: Lessons from Project GLOBE," *Organizational Dynamics*, Vol. 29, No. 4 (2001): 301.
[65] Yukl, *Leadership in Organizations,* 354.

2001년 자비단(Javidan)과 하우스(House)의 연구에 의하면 싱가포르, 홍콩, 뉴질랜드, 타이완, 미국 등은 성과 중심 문화가 매우 높은 국가들로 나타났다. 이 나라들에서는 훈련과 양성이 매우 높은 가치를 가지고 있다. 사람들은 '할 수 있다'(Can-do)라는 태도와 진취성을 가지고 있다.

반면, 러시아, 이태리, 아르헨티나 등은 매우 낮은 성과 중심 문화를 가지고 있는데, 이들은 충성심, 소속감, 전통을 강조하고 성과보다는 개인의 가족 배경을 더 중시한다.[66]

8) 사람 중심(Humane Orientation) 문화 차원

이 문화 차원은 다른 사람들의 안녕에 관해 관심을 가지며, 다른 이들을 돕기 위해 자신의 관심사를 희생하는 것을 의미한다.

사람 중심 문화가 강한 사회에서는 이타주의, 박애, 친절, 애정, 사랑, 관대함 등에 가치를 둔다. 이러한 가치들은 즐거움, 성취, 권력보다는 소속감에 더 깊은 연관이 있다. 또한, 친절하고 관대한 사람을 인정해 준다. 그러한 나라들은 돌보는 일을 하기 위해서 사람들을 교육하고 훈련할 수 있는 많은 자료를 양성하고, 사람들에게 건강과 사회 봉사를 제공한다.

사람 중심 문화의 나라에서 지도자에 기대하는 가치를 요약하면 다음과 같다. 지도자들은 추종자의 필요와 감정을 살피고, 추종자의 힘든 상황에 동조하며, 적절한 멘토링과 코칭을 제공해 주고, 개인적 문제가 있을 때 도움을 주며, 추종자를 친절하게 대하고 그들을 용인하는 행동을 하도록 요구받는다.[67]

---

[66] Javidan & House, "Cultural Acumen for the Global Manger: Lessons from Project GLOBE," 301-302.
[67] Yukl, *Leadership in Organizations*, 354.

자비단과 하우스에 의하면, 말레이시아, 아일랜드, 필리핀 등은 사람 중심 문화가 강한 나라들로 분류되었다. 반면, 사람 중심 문화가 낮은 나라들로는 옛 서독, 프랑스, 싱가포르 등인데 이 나라들은 가장 낮은 점수를 얻었다. 이들 사회에서는 권력과 물질적 소유가 사람들에게 동기를 유발했다.[68]

위의 문화 차원은 한 나라를 기본 단위로 분류했지만, 한 회사나 기관 안의 문화에도 적용해 볼 수 있다.

홉스테드와 그의 동료들은 20개 기관의 직원들을 대상으로 인터뷰와 설문을 하고 무작위로 선택된 직원들을 대상으로 하는 질문 방식을 통해 연구한 바가 있다.[69] 이 연구 결과를 보면, 일상생활에 관한 이해는 각 기관이나 부서에 따라 큰 차이가 있었으나 가치 등 기본적 사실에서는 국가적 차원과 그리 다르지 않았다.

기관의 문화 차원은 여섯 종류로 알려져 있다.[70]

1. 과정 중심 대 결과 중심 (process-oriented vs results-oriented),
2. 일 중심 대 직원 중심 (job-oriented vs employee-oriented),
3. 전문층 대 지역주민 (professional vs parochial),
4. 개방시스템 대 폐쇄시스템 (open systems vs closed systems),
5. 긴밀 통제 대 완만 통제 (tight vs loose control),
6. 실용주의 대 규범주의 (pragmatic vs normative)

---

[68] Mansour Javidan & Robert House, "Cultural Acumen for the Global Manger: Lessons from Project GLOBE," 302.
[69] Hofstede, "Dimensionalizing Cultures: The Hofstede Model in Context," 19.
[70] Hofstede, "Dimensionalizing Cultures: The Hofstede Model in Context," 19-21.

이상의 문화 차원들은 동부아프리카의 문화를 이해하는 데 큰 도움을 준다. 문화 차원의 특징에 따르면 대부분의 동부아프리카인은 권력 거리가 매우 멀고, 불확실성 회피가 낮으며, 집단주의이고, 남성 중심이고, 단기 중심이고, 사람 중심이고, 관계 중심의 문화적 특징을 가지고 있음을 알 수 있다.

이러한 문화적 특징들로 인해 선교사들은 동부아프리카인이 요구하는 리더십 형태를 가늠할 수 있고, 동부아프리카 지도자 양성에서 중요한 요소들이 무엇인지 깊은 통찰력을 얻을 수 있다.

4. 아프리카 리더십 모델로서 '우분투'(Ubuntu)

아프리카 리더십 패러다임은 서구의 개인주의적 리더십 패러다임과 다르다. 아프리카 리더십 패러다임은 인간과 인간의 존엄성을 강조하는 집단주의적 관점을 가지고 있으며, '우분투'(Ubuntu) 개념에 잘 드러나 있다.

'우분투'라는 단어는 "우문투 응구문투 앙반투"(Umuntu Ngumuntu Ngabantu)라는 남아공의 줄루족(Zulu)의 은구니(Nguni) 부족어로부터 유래했다. 문자적 의미는 "나는 우리가 있으므로 존재하고, 나는 오직 다른 사람들을 통해서만 존재한다"라고 말할 수 있다.[71]

이와 비슷한 맥락에서 음비기(Mbigi)도 "나는 다른 사람들을 통해서 존재한다(I am who I am through others.)"라는 말로써 우분투를 정의했다.[72]

---

[71] K. April & N. Ephraim, "Implementing African Leadership: An Empirical Basis to Move Beyond Theory," presented at the 1st International Conference on Values-Based Leadership at Stellenbosch University in SA, 2006, 4. ⟨https://www.ashridge.org.uk/Media-Library/Ashridge/PDFs/Publications/ImplementingAfricanLeadership.pdf⟩, accessed 20 Feb. 2017.

[72] L. Mbigi & J. Maree, *Ubuntu: The Spirit of African Transformation Management* (Johan-

티만(Theimann)과 그의 동료들은 우분투 철학에 근거하여 해석한 음비기의 전통적 아프리카 리더십을 다음과 같이 요약했다.[73]

1. 지도자는 어려움에 부닥친 다른 사람들을 기꺼이 돕는다(나눔).
2. 전통적 지도자는 연령순으로 정해지지만, 지도자는 다른 지도자들을 존중하고 그룹의 만장일치를 도출할 줄 알아야 한다. 지도자는 만장일치에 도달하기 위해 자신의 의견에 반대 견해를 자유롭게 표현할 수 있도록 허용해야 한다.
3. 헌신과 상호 책임은 지도자가 이행할 공약 실천이며 공동체는 지도자의 헌신과 책임을 요구한다.
4. 지도자는 절충과 만장일치를 이끌어 감으로 부족의 하나 됨을 실현하고, 지도자 스스로가 공동체의 가치에 따라 사는 모범을 보여 주어야 한다.
5. 공개된 모임에서 바른 것을 말할 때, 그를 처벌하지 않는 개방성이 유지되어야 한다.
6. 지도자는 부족 모든 사람과 좋은 관계성을 유지하기 위해서 최선을 다해야 한다.

너스바움(Nussbaum)은 이러한 가치들을 사랑과 돌봄과 나눔과 전체 공동체에 대한 책임감의 표현이라고 기술했다.[74]

에이프릴(April)도 음비기의 우분투 해석과 큰 차이가 없지만, 다음과 같이 우분투를 이해했다. 다른 사람의 존엄성에 대한 존중, 한 사람에 관한

---

nesburg: Sigma Press, 1995), 1-2.
73 Theimann, et al., "Context Tension: Cultural Influences on Leadership and Management Practice," 47-49.
74 Barbara Nussbaum, "African Culture and Ubuntu: Reflections of a South African in America," *World Business Academy Perspectives*, Vol. 17, Issue 1, 2.

상해를 모든 사람에 관한 상해로 받아들이는 공동체적 결속력, 한 개인은 모든 사람보다 절대로 크지 않다는 팀워크, 연합 정신으로 다른 이들을 지지함, 개개인 모두가 필요한 상호 협력으로 요약했다.[75]

그러나 우분투 사상을 동부아프리카의 세계관적 요소로 받아들이는 데 한계점도 있다.[76]

1. 이것은 기록물로 전수되기보다는 스토리텔링이나 지역의 전통으로 전수되어 온다.
2. 우분투에 관한 정보가 부족하다. 대부분 아프리카인이 우분투의 세계관적 가치를 가지고 살고 있지만, 그 개념이 무엇인지 거의 알지 못한다.
3. 우분투 사상을 아프리카의 부정적인 전통 의식과 관습과 관행과 관련시킨다.
4. 우분투 사상이 서구 사상의 증식으로 도전을 받는다.

그러나 우분투 사상이 여러 저자들에 의해서 연구되고 알려지면서 위의 부정적인 면들이 바뀌고 있다. 많은 학자가 우분투를 아프리카 세계관과 전통 속에 내려오는 사상으로 받아들이고 있다.

---

[75] April & Ephraim, "Implementing African Leadership: An Empirical Basis to Move Beyond Theory," 5.
[76] Richard Ngomane, "Leadership Mentoring and Succession in the Charismatic Churches in Bushbuckridge: A Critical Assessment in the Light of 2 Timothy 2:1-3," Ph. D., University of Pretoria, 2013, 147-151.

5. 동부아프리카의 세계관 요소들

크래프트가 말한 여섯 가지 세계관의 보편적 요소로 동부아프리카의 세계관을 이해하는 데 한계가 있다. 따라서 나는 동부아프리카의 세계관을 이해할 수 있는 또 다른 세계관적 요소들을 살펴보려고 한다.

1) 최고 존재

동부아프리카인은 신의 존재 근원을 규명하지 않는다. 그러나 전통적 아프리카 사회에서 최고 존재로서 한 신을 부인하는 사람은 하나도 없다. 대부분의 동부아프리카인은 최고 존재인 그 신이 모든 것을 창조한 창조신이시며 생명을 주관하는 신으로 믿고 있다.[77]

전통적으로 동부아프리카 사회에서 신은 무소 부재하다고 여긴다. 예를 들면, 랑기(Langi) 사람들은 "신은 바람과 같다", 은곰베(Ngombe) 사람들은 "신은 모든 것을 채우는 분이다", 부룬디(Burundi) 사람들은 "신은 어디에서든 만날 수 있는 분이다"라고 이야기한다.[78]

또한, 동부아프리카인은 전통적으로 신이 전지전능한 것으로 믿는다. 많은 동부아프리카인은 지진, 홍수 등을 신이 주관한다고 믿고 있다. 남아공의 줄루(Zulu)인들은 "신이 포효하면 민족들이 공포에 휩싸이게 된다"고 믿는다.[79]

루완다(Banyarwanda) 부족과 부룬디(Burundi) 사람들은 신의 전지(全知)에 해당하는 이름을 짓는다. 그 예로 은타우얀키라(Ntawuyankira)라는 이름의

---

[77] W. O'Donovan, *Biblical Christianity in African Perspective* 2d ed. (Carlisle: Paternoster, 1996), 41.
[78] O'Donovan, *Biblical Christianity in African Perspective*, 47.
[79] O'Donovan, *Biblical Christianity in African Perspective*, 53.

뜻은 '신의 길을 피할 수 없다'이며, 비지마나(Bizimana)는 '신은 모든 것을 알고 있다'이며, 니이비지(Niyibizi)는 '신은 그것에 관해 모든 것을 알고 있다'이다.[80]

비록 희생제사가 최고신에게 직접 드려지기보다는 영들에 혹은 영들을 통해서 드려짐에도 불구하고, 동부아프리카인은 신은 전지전능하여서 인간으로부터 예배를 요구한다고 믿는다.[81]

2) 우주를 종교적으로 보는 시각

음비티(Mbiti)는 동부아프리카인은 영원한 신이 우주를 창조했다는 믿음을 가지고 있다고 주장했다. 그러므로 그들은 우주를 종교적 눈으로 바라본다고 말했다.[82] 또한, 그들은 우주의 여러 부분이 연결되어 있어서 가시적이고 비가시적인 자연과 태양과 우주의 요소들이 충만하게 채워져 있음을 믿는다고 주장했다.[83]

이렇게 동부아프리카인은 우주를 하나의 통합체로 보기 때문에 가시적인 것과 비가시적인 것, 자연적인 것과 초자연적인 것을 크게 구분하지 않는다. 인간은 이 자연의 한 부분이지만, 자연과 끊임없이 투쟁하는 한 존재로 본다.[84]

동부아프리카인은 신이 우주를 창조했지만, 피조물과 거리를 두고 있다고 믿는다. 그렇게 믿는 이유는 최고신이 하위 신들과 영들, 즉 비신, 풍

---

80 J. Mbiti, *African Religions and Philosophy*, 66-67.
81 C. Salaha, "The World Spirits: Basukuma Traditional Religion and Biblical Christianity," in *Issues in Africa Christian Theology,* eds. Samuel Ngewa, Mark Shaw & Tite Tienou (Nairobi: East Africa Educational Publishers, 1998), 136.
82 J. Mbiti, *Introduction to African Religion* (London: Heinemann Educational, 1975), 9.
83 J. Mbiti, *African Religions and Philosophy*, 66-67.
84 H. Turner, "World of the Spirits," in *Eerdmans' Handbook to the World's Religions* 2d ed. (Grand Rapids: Eerdmans, 1994), 128-132.

요로움의 신, 숲속의 신들에게 피조물들을 다스리는 권한을 위임했기 때문이다. 그러므로 최고신의 대리자들로서 신들과 영들이 인간과 자연에 직접 영향력을 행사하는 것이다. 그 영 중에는 선한 영들이 있어 인간의 예배 대상이 되기도 하고, 다른 영들은 악하므로 회피의 대상이 되기도 한다.[85]

3) 끝없이 계속되는 현재

리스터너(Leistner)는 동부아프리카인이 과거와 현재 사건들에 관해 큰 관심을 가지고 말한다고 보았다. 그러나 미래에 관해 언급하지 않는데, 그 이유는 우주 영속성에 대한 그들의 믿음 때문이라고 했다. 그는 이와 같은 우주 영속성과 관련된 시간 개념이 전통적인 동부아프리카 세계관의 중심 요소이고, 이 시간 개념으로부터 다른 세계관적 요소들이 발전되었다고 보았다.[86]

끝없이 계속되는 현재에 대한 동부아프리카인의 세계관적 요소는 종말론적 신화가 없다는 점에서도 나타난다. 유대교나 기독교와 같이 '다가오는 세대 혹은 마지막 심판의 날'과 같은 빈번한 종말론적 신화가 없다는 대조를 보인다. 동부아프리카인은 미래보다는 과거의 중요성을 두고 현재를 받아들이며, 과거 사건이든 미래 사건이든 측정할 수 없는 실재에 대해서 멀리 나가지 않는다. 그들에게 이상적인 상태는 '무한한 과거의 반복' 그리고 과거와 긴밀하게 연관되어 계속 진행되고 있는 현재이다.[87]

85　D. Burnett, *Unearthly Powers: A Christian Perspective on Primal Folk Religion* (Easbourne: MARC, 1988), 58-60.
86　E. Leistner, "African Perceptions of Time and Economic Development," Africa Insight 28 (1998): 36.
87　D. Zahan, *The Religion, Spirituality, and Thought of Traditional Africa* (Chicago: University of Chicago Press, 1979), 47.

4) 인간 존재

오도노반(O'Donovan)의 주장에 따르면, 대부분 동부아프리카인은 신에 의해서 인간이 창조되었다고 믿는다.[88]

한 예로, 아발루야(Abaluyia) 부족의 창조 신화를 보면, 신은 태양이 누군가를 비출 수 있도록 인간을 창조했고, 그 후에 식물과 동물과 새를 창조하여 인간에게 먹을 것을 제공했다.

로지(Lozi) 부족의 신화에도, 신이 모든 만물을 창조한 후 인간을 지었고, 인간을 창조한 후에도 신은 계속 땅에 머물렀다.

룩바라(Lugbara) 부족의 신화는 신이 오래전 신의 형상으로 인류의 첫 남자와 그의 아내를 창조했고, 그들을 통해 인류가 생겨났다고 전한다.[89]

전통적으로 동부아프리카인은 인간과 인간 이외의 피조물을 크게 구분하지 않는다. 또한, 인간을 육체와 영으로 이분하지도 않는다. 또한, 영혼은 육체를 언제든지 자유롭게 떠날 수 있고, 그래서 무당은 사람의 영혼을 도적질하여 병을 가져다줄 수 있다고 믿는다.[90]

투라키(Turaki)의 전설에 인간과 신의 관계에 관한 이야기가 있다. 인간은 신과 좋은 관계를 맺고 있었으며, 행복하고 평화롭게 지냈다. 그러나 일련의 사건들로 인해 인간들이 신으로부터 멀어졌고, 멀리 있는 신에게 접근하기 위해 제사를 드리고, 희생제물과 헌물을 바치게 되었다는 내용이다.[91]

---

[88] O'Donovan, *Biblical Christianity in African Perspective*, 80.
[89] Mbiti, *African Religions and Philosophy*, 93.
[90] Burnett, *Unearthly Powers: A Christian Perspective on Primal Folk Religion*, 60.
[91] Yusufu Turaki, *Foundations of Africa Traditional Religion and Worldview* (Nairobi: Word Alive Publishers, 2006), 17.

5) 조상

동부아프리카 사회에서 조상은 매우 중요한 역할을 한다. 동부아프리카인은 조상을 죽은 자의 영혼으로 보는데 죽은 자의 영혼은 불멸의 존재가 아니다. 후손들이 조상들을 기억하고 희생제사를 바치고 의식을 갖출 때, 죽은 자의 영혼들은 조상으로 생존하게 되지만, 그렇지 않으면 비존재가 되거나 귀신이 된다.[92]

후손들이 그들의 조상들을 이렇게 섬기는 이유는 이 조상들이 후손들에게 조언과 도움을 주고, 후손들의 삶의 문제를 해결하기 위해 여러 신과 교감하는 유익을 끼친다고 믿기 때문이다.[93]

동부아프리카인은 조상들이 경험했고 알고 있는 전통을 지키고 유지할 책임이 있다고 믿는다. 만약 후손이 조상을 무시하고 전통을 범하는 죄를 지으면, 조상이 후손의 삶에 관여하여 질병, 재앙, 흉년을 통해 직접 그 죄를 벌하거나 간접적으로 그의 친척들을 벌한다고 생각한다.[94]

또한, 동부아프리카인은 조상들을 가족의 한 일원으로 간주한다. 그러나 가족 중 누구도 그들을 기억하는 자가 없게 되는 시점, 대략 사세대, 혹은 오세대 후에는 보이지 않는 곳으로 들어간다고 믿는다.[95]

이런 이유로, 동부아프리카 문화에서 장례식과 조상 숭배 의식이 매우 중요하다. 죽은 조상들과 지속적 관계를 맺고 그들의 도움을 얻기 위해 돈과 음식을 제공하고, 장례식에는 필히 참석하고자 노력한다. 장례식뿐만 아니라 조상들에 대한 예의를 갖추어야 한다. 타지에 있다가 돌아온 사람

---

[92] Mbiti, *Introduction to African Religion*, 121.
[93] C. Mutwa, *Indaba, My Children, African Tribal History, Legends, Customs and Religious Beliefs* (Edinburgh: Payback Press/Canongate Books, 1998), 568-569.
[94] Mutwa, *Indaba, My Children, African Tribal History, Legends, Customs and Religious Beliefs*, 569.
[95] Mbiti, *African Religions and Philosophy*, 163.

은 오랫동안 조상들의 묘를 찾지 못한 것에 대한 사죄의 마음으로 반드시 조상들의 묘를 찾아가야 한다.[96]

조상과 땅에 대한 연계성도 동부아프리카인이 매우 중요하게 생각하는 부분이다. 왜냐하면, 조상이 살다가 죽은 그 땅을 떠나는 것은 조상에 대한 모욕이기 때문이다. 그러므로 후손들이 고향을 떠나는 것은 조상들의 노여움을 받는 계기가 될 뿐만 아니라 죽은 조상들과 관계를 끊는 행위가 되기도 한다.[97]

이 같은 동부아프리카의 세계관을 고려할 때, 서구 열강들이 식민 통치 때 동부아프리카 국가들의 경계선을 서구 기준으로 결정하고, 서구 토지 정책을 적용함으로써 동부아프리카인의 세계관과 문화에 끼친 파괴적 영향을 짐작할 수 있다.

6) 관계성의 우주

아프리카인들은 우주 안에 산 자와 죽은 자의 영혼들, 가시적인 것들과 비가시적인 것들로 가득하다고 믿는다. 그리고 이 안에 사는 인간의 역할이 매우 중요하다고 믿는다. 삶의 모든 국면을 관계성으로 보는 동부아프리카인은 인간을 땅과 하늘을 연결하는 자로 보며 우주의 중심으로 이해한다. 마치 전 우주가 인간을 위해 존재하는 것처럼 보는 것이다.[98]

아프리카인들에게 중요한 것은 개인이 아니다. 아프리카 모든 사회에서 개인은 자기 가족과 친척과 가문과 족속의 일원이 됨으로써 그의 정체성

---

[96] Klaus Muller, Rits-Muller & H. Christoph, *Soul of Africa: Magical Rites and Traditions* (Cologne: Konemann, 1999), 19.
[97] Betsie Smith, "Worldview and Culture: Leadership in Sub-Sahara Africa," *New England Journal of Public Policy* Vol. 19 Iss. 1 (2003): 248.
[98] Mbiti, *Introduction to African Religion*, 33, 38.

과 삶의 의미를 갖게 된다. 공동체는 개인의 삶, 생존, 안녕의 보호자로 간주한다. 따라서 개인의 역할은 자신을 영위해 가는 것보다는 공동체를 강화하는 데 있다. 이러한 역할은 공동 참여, 공동 역사, 공동 운명에 관한 개인의 강력한 감정에서 나온다.[99]

음비티는 개인에 관해 다음과 같이 요약했다.

신은 그 형상에 따라 첫째 인간을 창조했다. 신의 형상을 닮은 인간은 사회적인 존재가 되었고, 인간은 다른 사람과의 관계를 통해서만 그의 존재의 의미와 특권과 책임을 갖게 된다. 한 개인에게 발생한 일은 그 개인에게만 일어난 사건이 아니라 그가 속한 공동체 전체에게 일어난 사건이 되며, 또한 역으로 공동체에서 일어난 일은 그 개인에게 일어난 사건이 된다. 그래서 음비티는 공동체 정신을 가리켜 "나는 존재한다. 왜냐하면, 우리가 존재하기 때문이며, 우리가 존재하기에 내가 존재한다"라고 말했다.[100]

7) 집단주의

아프리카 사회에서 일어나는 모든 삶의 문제 해결은 총체적이고 집단적인 방법으로 이루어진다. 개인적인 문제라 할지라도 공동체 전체가 관여하고 지도자들의 결정이 큰 힘을 실어 준다. 한 그룹의 지도자들은 그 공동체에서 가장 존경받는 자들이며, 공동체를 대표한다.

공동체는 공개적으로 특히 외부인 앞에서 수치스러운 일로 물의를 일으키거나 수치스러운 상황에 맞닥뜨리지 않도록 그들의 지도자를 보호한다. 왜냐하면, 공동체는 지도자의 자존감과 그가 가진 사회적 역할을 보호해야 하기 때문이다.

99　O'Donovan, *Biblical Christianity in African Perspective*, 4.
100　Mbiti, *African Religions and Philosophy*, 108-109.

전통적인 아프리카 문화에서 모든 사람의 자존감은 비록 그가 피의자 신분일지라도 무시되지 않는다. 모든 인간은 자신과 같은 동료로 취급한다. 이러한 세계관 때문에 아프리카 지도자는 다른 사람의 성품이나 행동을 공개적으로 공격하지 않는다. 외부인들, 특히 서구인들이 아프리카인의 어떤 행동보다도 그의 존엄성에 대해 위협하거나 혐오감을 주게 되면, 그들의 행동은 아프리카인의 큰 분노를 유발하게 된다.[101]

8) 과거의 수호자인 지도자

식민 통치로부터 독립한 아프리카의 많은 나라는 전통적인 관습에 따라 정부를 구성했다. 이것이 아프리카 전통적 지도자상에 관심을 두게 된 큰 이유 중의 하나이다. 아프리카 전통 사회의 지도자는 종교, 경제, 사회와 관련된 모든 영역에서 막강한 권력을 갖고 있었다.

한 부족의 지도자는 남성으로서 그 부족의 연장자였다. 여성들은 어린 아이들처럼 권리와 의무가 있었으나 제한적이었으며 부족의 대소사 문제에 대한 발언권이 없었다.[102]

아프리카 사회는 연장자들 외에도 종교 지도자들의 리더십을 매우 중시한다. 왜냐하면, 그들이 신적 권위와 능력이나 지혜를 부여받은 자들이라고 믿기 때문이다. 아프리카인들은 고도의 훈련된 주술치료자, 무당, 의식 집례자, 제사장과 같은 종교 지도자 중에 선출된 정치 지도자들은 종교적 지식을 가진 자들로서 더 큰 존경을 받는다.[103]

아프리카인들은 부족의 수장인 추장은 혈통적으로 세습되는 통치자로 믿고 있다. 이러한 믿음은 아프리카 사회를 두 개의 층으로 나눈다. 혈통

---

[101] Smith, "Worldview and Culture: Leadership in Sub-Sahara Africa," 251.
[102] Smith, "Worldview and Culture: Leadership in Sub-Sahara Africa," 249.
[103] Mbiti, *Introduction to African Religion*, 150.

적으로 통치자들인 추장 계층과 개인 능력과는 상관없이 공적 권위에 오를 수 없는 평범한 백성들이다.[104]

세습된 추장은 자신의 재판권을 활용하여 무당의 비난을 조작하거나 전수된 법을 악용하여 부유한 평범한 사람들의 재산을 몰수하기도 한다.

평민들은 이런 폭군에게도 저항하거나 반란을 일으키지 않는다. 왜냐하면, 강력한 권력을 가진 지도자는 자신들의 소송을 판결하는 재판권을 가지고 있고, 조상의 영들과 직접 교감하는 영적 권한이 있으며, 적들의 공격으로부터 그들을 지키고, 기근 시에 식량을 공급하는 막중한 책임을 진 자로 믿기 때문이다.

이 막중한 책임을 감당할 지도자는 친절하고 마음이 유약한 자이어서는 안 되고, 적을 능가하는 강력함과 우주를 자기 뜻에 맞게 바꿀 만한 책략과 마술적 힘을 가진 강력한 자라야 한다는 것이다. 이 같은 기대에 부응하여 추장들은 강력하고 무시무시한 이미지와 동시에 아버지로서 자기 백성들의 소유와 생명을 수호하는 두 이미지를 유지하게 되었다.[105]

6. 소결론

본 장에서 동부아프리카의 문화와 세계관적 요소들을 살펴보았다. 동부아프리카의 대부분 나라는 식민지 시대로부터 지금까지 서구식 리더십 구조를 사용하고 있다. 그러나 '오랫동안 서구 문화에서 양성되고 적용되어 온 리더십 이론들이 과연 동부아프리카에도 적용될 수 있을까'라는 질문을 던지며, 문화와 세계관이 리더십에 끼치는 영향을 연구하기 시작했다.

---

104   Smith, "Worldview and Culture: Leadership in Sub-Sahara Africa," 250.
105   Smith, "Worldview and Culture: Leadership in Sub-Sahara Africa," 250.

다양한 연구를 통해 문화와 세계관이 지도자와 조직의 행동과 관습에 영향을 끼치고 있음을 발견했다. 또한, 그와 반대로 지도자의 주변 환경과 조직 환경이 지도자와 조직의 행동과 관습에 영향을 끼치는 것도 발견했다. 이러한 연구 결과는 동부아프리카의 한 지도자가 자라면서 영향을 받은 그의 문화와 세계관이 하나님의 말씀을 통해 변혁될 수 있고, 그 변혁은 그가 속한 공동체에 영향을 줄 수 있음을 입증한 것이다.

더 나아가 동부아프리카의 세계관 요소들을 살펴보았다. 그들은 최고 존재 신을 믿고, 우주 안에는 보이는 것들과 보이지 않는 것들과 영들이 함께 존재하는 곳으로 이해한다. 또한, 현재를 끊임없이 계속되는 것으로 이해하며, 인간 존재를 우주와 자연과 밀접한 관계에서 보며, 자손들이 기억하는 조상들은 가족들을 도와주는 "살아 있는 죽은 자"(Living Dead)로 이해한다.

그들은 가족과 친척과 부족의 일원으로부터 자기 정체성과 삶의 의미를 찾는다. 철저한 관계 중심적인 세계관적 요소를 갖고 있다. 그들은 삶의 문제들을 총체적이고 집단적인 방법으로 해결한다. 그들은 지도자가 강력한 권력을 소유하고 있음을 자연스럽게 받아들인다.

선교사는 이와 같은 동부아프리카의 세계관적 요소들을 이해하고, 이들의 세계관을 변혁시킬 수 있는 성경적 가르침을 이해하고 있어야 한다. 동부아프리카인이 가지고 있는 전통적 세계관은 성경의 가르침과 다른 면들이 있다.[106]

동부아프리카 세계관은 사람 중심이지만, 성경은 하나님의 계시 중심이다. 동부아프리카 세계관은 사람이 하나님께 불순종하여 죄인이 되었다고 말하지 않지만, 성경은 사람이 하나님께 불순종함으로 죄인이 되었다고 가르친다.

---

106 Richard Gehman, *African Traditional Religion in Biblical Perspective*,(Nairobi: East African Educational Publishers, 2000), 253-265.

동부아프리카 세계관의 구원관은 현재의 행복한 삶에 강조점이 있다면, 성경은 과거에 그리스도의 죽으심으로 구원받았고, 성령님을 통하여 매일 거룩해지며, 장래에 그리스도의 재림으로 그와 같이 되는 구원관을 가지고 있다.

윤리와 종교의 관계에서도 서로 다른 입장이다. 기독교는 윤리가 성경에 근거하고 있다고 가르친다. 반면에 동부아프리카 세계관은 옳고 그름의 판단은 사회와 전통을 통해서 가능하다고 가르친다.

이와 같은 차이점이 있지만, 기독교는 동부아프리카 전통 종교가 소망하는 구원을 가져다주며, 동부아프리카 전통 종교는 복음을 수용할 수 있는 가치 있는 기본 틀을 제공하고 있다. 이러한 이유로 나는 동부아프리카의 문화와 세계관과 전통 종교를 배우고, 그들 안에서 복음의 접촉점들을 찾아 세계관 변혁을 도모할 수 있다고 확신한다.

제6장

동부아프리카의 문화와 세계관에 관한 설문 조사 결과 분석

제6장에서는 동부아프리카의 문화와 세계관에서 본 기독교 지도자 양성에 관한 설문 조사를 통해 동부아프리카의 문화와 세계관의 중요한 요소들이 무엇이며, 이것들이 기독교 지도자 양성에 어떤 영향을 미칠 수 있는지 분석하려고 한다.

끝으로 설문 결과 분석을 통해 선교사가 동부아프리카의 기독교 지도자 양성을 어떻게 할 것인지를 제안한다.

1. 설문 조사 내용과 대상

본서의 중심 연구 질문은 '동부아프리카의 문화와 세계관 관점에서 기독교 지도자를 어떻게 양성할 것인가'이다. 이 연구에 필요한 실행 질문들은 다음과 같다.

첫째, 동부아프리카의 문화와 세계관의 특징은 무엇인가?
둘째, 동부아프리카의 문화와 세계관에서 보는 리더십은 무엇인가?
셋째, 동부아프리카에서 기독교 지도자를 어떻게 양성할 것인가?

이 질문들을 기초로 설문 내용을 구성했고, 대상에 따라 두 종류의 설문 조사를 실시했다. 하나는 동부아프리카인을 대상으로 하는 설문이었고, 다른 하나는 동부아프리카에서 사역하는 선교사들을 대상으로 하는 설문이었다.

1) 동부아프리카인 대상 설문 조사

본 설문을 열 주제로 구성했다.

(1) 시간 대 사건(Time vs Event); 8 문항

(2) 체계적 대 통합적(Dichotomistic vs Holistic); 6 문항

(3) 위기 대 비위기(Crisis vs Non-crisis); 10 문항

(4) 일 대 사람(Task vs Person); 8 문항

(5) 상태 초점: 가치 인정 대 성취 초점: 가치 획득(Status Focus: Prestige is Credited vs Achievement Focus: Prestige is Attained); 8 문항

(6) 약점 은폐 대 약점 노출(Concealment of Vulnerability vs Willingness to Expose Vulnerability); 12 문항

(7) 공동체 기반 리더십(Leadership Based on Community); 5 문항

(8) 그룹 리더십(Leadership on Group); 5 문항

(9) 독재(Dictatorship)와 현안 문제 해결 집중(Concentration on Present-problems Solving); 6 문항

(10) 겸손과 진실한 리더십 스타일(Humble and Faithful Leadership Style); 12 문항[1]

---

[1] 1번부터 6번까지의 내용에 해당하는 설문 문항들은 Sherwood G. Lingenfelter & Marvin K. Mayers, *Ministering Cross-Culturally: An Incarnational Model for Personal Relationships* (Baker Books, 1986)를 참고했다.

설문 기간은 2017년 10-11월 이었고, 우간다 19명, 탄자니아 28명, 케냐 6명, 남수단 1명이 조사에 응했다.

우간다에서 응답한 사람들은 포트포털(Fort Portal) 지역 사람들이며, 설문은 지인들을 통한 스노우볼 형식을 통해 동시다발로 실시되었다. 설문 참여자의 성별은 각각 남 54명, 여 10명이었고, 년령은 40대 미만이 37명, 40-49세가 12명, 50-59세 6명, 60-69세가 9명이었다. 이들은 목회자 19명, 장로 10명, 신학생 19명, 직분자 및 기타 16명으로 총 64명이었다.

참여 방법은 온라인상으로 제출하거나 설문지에 리커트(Likert) 5단계 척도로 직접 표시하게 했다.

그 내용과 문항별 응답자는 다음과 같다.

표 6-1 동부아프리카 문화와 세계관에 관한 설문내용 및 결과

Demographic Information
Age: 40 이하 (37명, 57.8%), 40-49 (12명, 18.8%), 50-59 (6명, 9.4%), 60-69 (9명, 14.1%), Above 70 (0%)
Gender: Male (54명, 84.4%), Female (10명, 15.6%)
Nationality: Kenya (6명, 9.4%), Uganda (29명, 45.3%), Tanzania (28명, 43.8%), S.Sudan (1명, 3.1%)
Position in the church: Pastor (19명, 29.7%), Elder (10명, 15.6%), Bible school-student (19명, 29.7%), Member (7명, 10.9%), Others (9명, 14.1%)

Time vs Events
1. I concern for punctuality and amount of time expended (시간 엄수와 시간 사용에 대해 신경을 쓴다). 1 (3명, 4.7%), 2 (11명, 17.2%), 3 (11명, 17.2%), 4 (23명, 35.9%), 5 (16명, 25%)
2. I allocate time to achieve the maximum within set limits (나는 주어진 시간 내 최대한 성취를 위해 시간 계획을 한다). 1 (2명, 3.4%), 2 (10명, 15.6%), 3 (20명, 31.3%), 4 (14명, 21.9%), 5 (18명, 28.1%)
3. I expect rewards offered as incentives for efficient use of time (나는 효율적인 시간 활용에 대한 격려 차원의 보상을 기대한다). 1 (17명, 26.6%), 2 (15명, 23.4%), 3 (11명, 17.2%), 4 (11명, 17.2%), 5 (10명, 15.6%)

4. I emphasize on dates and history (나는 날짜와 역사를 강조한다).
   1 (1명, 1.6%), 2 (17명, 26.6%), 3 (20명, 31.3%), 4 (13명, 20.3%), 5 (13명, 20.3%)

5. I concern for details of the events, regardless of time required (시간이 걸려도 사건·일들의 세부적인 것에 대해 관심을 갖는다).
   1 (2명, 3.1%), 2 (8명, 12.5%), 3 (19명, 29.7%), 4 (16명, 25%), 5 (19명, 29.7%)

6. I emphasize on present experience rather than the pst or future (나는 과거나 미래보다 현재의 경험을 강조한다).
   1 (11명, 17.2%), 2 (18명, 28.1%), 3 (11명, 17.2%), 3 (11명, 17.2%), 5 (13명, 20.3%)

7. I consider carefully a problem until resolved (나는 문제가 해결될 때까지 신중을 기한다).
   1 (15명, 23.4%), 2 (8명, 12.5%), 3 (6명, 9.4%), 3 (20명, 31.2%), 5 (25명, 39.1%)

8. I stress on completing the event as a reward in itself (나는 사건을 마무리하는 것을 보상처럼 중요하게 강조한다).
   1 (4명, 6.3%), 2 (7명, 10.9%), 3 (9명, 14.1%), 4 (15명, 23.4%), 5 (29명, 45.3%)

Dichotomistic vs Holistic

9. In our society, judgments are black/withe, right/wrong specific criteria are uniformly applied in evaluating others (우리 사회는 판단에서 흑백, 옳고 그름과 같은 특정 기준이 균등하게 적용된다).
   1 (12명, 18.8%), 2 (8명, 12.5%), 3 (19명, 23.7%), 4 (16명, 25%), 5 (9명, 14.1%)

10. In our society, security comes from the feeling that one is right and fits into a particular role in society (우리 사회에서의 안정감은 자신이 속한 사회에서 적절한 곳에 적절한 역할을 하고 있는 느낌에서 온다).
    1 (7명, 10.9%), 2 (12명, 18.8%), 3 (13명, 20.3%), 4 (23명, 35.9%), 5 (9명, 14.1%)

11. In our society, information and experiences are systematically organize; details are sorted and ordered to form a clear pattern (우리 사회에서는 정보와 경험이 체계적으로 조직된다. 세부정보들은 정리되고 확실한 패턴을 만들게 된다).
    1 (12명, 18.8%), 2 (22명, 34.4%), 3 (12명, 18.8%), 4 (11명, 17.2%), 5 (7명, 10.9%)

12. In our society, judgments are open-ended the whole person and all circumstances are taken into consideration (우리 사회의 판단은 자유롭고 전인적이며, 모든 상황이 고려된다).
    1 (11명, 17.2%), 2 (21명, 32.8%), 3 (12명, 18.8%), 4 (12명, 18.8%), 5 (8명, 12.5%)

13. In our society, information and experiences are seemingly disorganized; details stand as independent points complete in themselves (우리 사회에서는 정보와 경험이 정리되지 않아 혼란스럽다. 세부 사항은 자체적으로 독립된 관점을 갖는다).
    1 (12명, 18.8%), 2 (8명, 12.5%), 3 (25명, 39.1%), 4 (8명, 12.5%), 5 (11명, 17.2%)

14. In our society, security comes from multiple interactions within the whole of society – on is in insecure if confined to particular roles or categories (우리 사회의 보안은 사회 전체 다양한 상호 작용에서 나온다. 특정 역할이나 범주들은 안전하지 않다).
    1 (8명, 12.5%), 2 (9명, 14.1%), 3 (15명, 23.4%), 4 (21명, 32.8%), 5 (11명, 17.2%)

Crisis vs Non-Crisis
15. I anticipate crisis (나는 위기를 예측한다). 1 (12명, 18.8%), 2 (9명, 14.1%), 3 (16명, 25%), 4 (12명, 18.8%), 5 (15명, 23.4%)
16. I emphasize planning (나는 계획을 강조한다). 1 (5명, 7.8%), 2 (7명, 10.9%), 3 (10명, 15.6%), 4 (14명, 21.9%), 5 (28명, 43.8%)
17. I seek quick resolution to avoid ambiguity (나는 모호함을 피하기 위해 신속히 해결책을 간구한다). 1 (3명, 4.7%), 2 (9명, 14.1%), 3 (14명, 21.9%), 4 (16명, 25%), 5 (22명, 34.4%)
18. I repeatedly follow a single authoritative, preplanned procedure (나는 미리 계획된 권위 있는 절차를 반복적으로 따라간다). 1 (6명, 9.4%), 2 (13명, 20.3%), 3 (21명, 32.8%), 4 (12명, 18.8%), 5 (12명, 18.8%)
19. I seek expert advice (나는 전문가의 조언을 구한다). 1 (3명, 4.7%), 2 (9명 (14.1%), 3 (11명, 17.2%), 4 (17명, 26.6%), 5 (24명, 37.5%)
20. I don't expect possibility of crisis (나는 위기가 올 것이라 생각하지 않는다). 1 (15명, 23.4%), 2 (21명, 32.8%), 3 (15명, 23.4%), 4 (7명, 10.9%), 5 (6명, 9.4%)
21. I focus on actual experience (나는 실제 경험에 초점을 둔다). 1 (7명, 10.9%), 2 (8명, 12.5%), 3 (12명, 18.8%), 4 (21명, 32.8%), 5 (16명, 25%)
22. I avoid taking action; I delay decisions (나는 행동을 피하고 결정을 유보한다). 1 (11명, 17%), 2 (20명, 31%), 3 (15명, 24%), 4 (13명, 20.3%), 5 (5명, 8%)
23. I seek unplanned solutions from multiple available options (여러 대안 중에서 계획하지 못한 해결책을 구한다). 1 (16명, 25%), 2 (14명, 21.9%), 3 (12명, 18.8%) 4 (10명, 15.6%), 5 (12명, 18.8%)
24. I distrust expert advice (전문가의 조언을 신뢰하지 않는다). 1 (34명, 53.1%), 2 (10명, 15.6%), 3 (10명, 15.6%), 4 (4명, 6.3%), 5 (6명, 9.4%)

Task vs Person
25. I focus on tasks and principles (나는 과업과 원칙에 초점을 둔다). 1 (3명, 4.7%), 2 (10명, 15.6%), 3 (17명, 26.6%), 4 (20명, 31.3%), 5 (14명, 21.9%)
26. I find satisfaction in the achievement of goals (나는 목표 달성에서 만족을 찾는다). 1 (4명, 6.3%), 2 (4명, 6.3%), 3 (9명, 14.1%), 4 (12명, 18.8%), 5 (35명, 54.7%)
27. I seek friends with similar goals (나는 나와 비슷한 목적을 가진 친구를 원한다). 1 (5명, 7.8%), 2 (6명, 9.4%), 3 (9명, 14.1%), 4 (23명, 35.9%), 5 (21명, 32.8%)
28. I accept loneliness & social deprivation for the sake of personal achieve (개인적 성취를 위해 외로움이나 교제가 줄어드는 것을 감수한다). 1 (13명, 20.3%), 2 (8명, 12.5%), 3 (21명, 32.8%), 4 (12명, 18.8%), 5 (10명, 15.6%)
29. I focus on persons and relationships (나는 개개인과 인간관계에 초점을 둔다). 1 (9명, 14.1%), 2 (8명, 12.5%), 3 (14명, 21.9%), 4 (18명, 28.1%), 5 (15명, 23.4%)

30. I find satisfaction in interaction (나는 상호 교제하는 것에 만족감을 느낀다).
1 (7명, 10.9%), 2 (4명, 6.3%), 3 (13명, 20.3%), 4 (16명, 25%), 5 (24명, 37.5%)

31. I seek friends who are group oriented (나는 그룹지향적인 친구들을 원한다).
1 (8명, 12.%), 2 (14명, 21.9%), 3 (12명, 18.8%), 4 (11명, 17.2%), 5 (19명, 29.7%)

32. I deplore loneliness; I sacrifice personal achievements for group interaction (나는 외로움을 싫어하고, 그룹 교제를 위해 개인적 성취를 희생한다).
1 (10명, 15.6%), 2 (7명, 10.9%), 3 (15명, 23.4%), 4 (19명, 29.7%), 5 (13명, 20.3%)

Status Focus (Prestige is credited) vs Achievement Focus (Prestige is attained)

33. Personal identity is determined by formal identification of birth and rank (개인의 정체성은 출생과 계급의 공적 신분에 의해 결정된다).
1 (6명, 9.4%), 2 (11명, 17.2%), 3 (17명, 26.6%), 4 (15명, 23.4%), 5 (15명, 23.4%)

34. The respect one receives is permanently fixed; attention focuses on high social status in spite of any personal failings they have (개인이 받는 존경은 영구적이다. 개인적 실수에도 사회적 지위가 높은 사람들에게 관심이 맞춰진다).
1 (12명, 18.8%), 2 (12명, 18.8%), 3 (8명, 12.5%), 4 (12명, 18.8%), 5 (20명, 31.3%)

35. An individual is expected to play his role & to sacrifices to attain higher rank (개인은 자기 역할을 해야 하고, 높은 지위를 얻기 위해 희생을 치뤄야 한다.)
1 (8명, 12.5%), 2 (9명, 14.1%), 3 (21명, 32.8%), 4 (13명, 20.3%) 5 (13명, 20.3%)

36. People associate only with their social equals (사람들은 같은 사회계층끼리 어울린다).
1 (5명, 7.8%), 2 (11명, 17.2%), 3 (15명 (23.4%), 4 (21명, 32.8%), 5 (12명, 18.8%)

37. Personal identity is determined by one's achievements (개인의 정체성은 자신의 업적으로 결정된다).
1 (4명, 6.3%), 2 (6명, 9.4%), 3 (10명, 15.6%), 4 (20명, 31.3%), 5 (24명, 37.5%)

38. Respect one receives varies with one's accomplishments & failure, attention focuses on performances (개인의 존경받는 정도는 성공 실패에 따라 다르지만 개인의 성과에 초점을 둔다).
1 (3명, 4.7%), 2 (10명, 15.6%), 3 (18명, 28.1%), 4 (21명, 32.8%), 5 (12명, 18.8%)

39. An individual is extremely self-critical & makes sacrifices to accomplish greater deeds (한 개인은 매우 자기 비판적이고, 더 큰 일의 성취를 위해 희생을 치른다).
1 (4명, 6.3%), 2 (17명, 26.6%), 3 (20명, 31.3%), 4 (12명, 18.8%), 5 (11명, 17.2%)

40. People associate with their equal accomplishment regardless of background (우리 사회는 자기 출신 배경과 무관하게 같은 성취를 한 사람들과 어울린다).
1 (7명, 10.9%),2 (6명, 9.4%), 3 (18명, 28.1%), 4 (17명, 26.6%), 5 (16명, 25%)

Concealment of Vulnerability vs Willingness to Expose Vulnerability

41. I protect self-image at all cost, I avoid error and failure (나는 어떤 대가를 치르더라도 내 이미지를 보호한다. 오류와 실수를 피한다).
1 (0%), 2 (0%), 3 (13명, 20/3%), 4 (19명, 29.7%), 5 (15명, 23.4%)

42. I emphasize on the quality of performance (다른 사람들에게 나를 잘 나타내는 것을 강조한다).
1 (2명, 3.1%), 2 (4명, 6.3%), 3 (16명, 26%), 4 (12명, 18.8%), 5 (30명, 46.9%)

43. I am unwilling to go beyond one's limits or to enter the unknown (내 한계를 초과하거나 알지 못하는 것을 하고 원하지 않는다).
1 (12명, 18.8%), 2 (11명, 17.2%), 3 (11명, 17.2%), 4 (14명, 21.9%), 5 (16명, 25%)

44. I deny fault; withdraw from activities to hide weaknesses and shortcomings (나는 잘못을 부정한다. 약점과 단점을 숨기려고 활동하지 않고 은닉한다).
1 (23명, 35.9%), 2 (16명, 25%), 3 (10명, 15.6%), 4 (7명, 10.9%), 5 (8명, 12.5%)

45. I refuse to entertain alternative views or to accept criticism (나는 비판을 수용하거나 대안들을 받아들이지 않는다).
1 (24명, 37.5%), 2 (14명, 21.9%), 3 (11명, 17.2%), 4 (9명, 14.1%), 5 (6명, 9.4%)

46. I conceal my personal life (나는 개인적인 삶을 드러내지 않는다).
1 (12명, 18.8%), 2 (16명, 25%), 3 (16명, 25%), 4 (11명, 17.2%), 5 (9명, 14.1%)

47. I don't concern much about error and failure (나는 실수와 오류에 별로 신경을 쓰지 않는다). 1 (27명, 42.2%), 2 (15명, 23.4%), 3 (6명, 9.4%), 4 (6명, 9.4%), 5 (10명, 15.6%)

48. I emphasize on completion of event (나는 일을 마무리 짓는 것을 중요시한다).
1 (2명, 3.1%), 2 (3명, 4.7%), 3 (18명, 28.1%), 4 (15명, 23.4%), 5 (28명, 40.6%)

49. I am willing to push beyond one's limits and enter the unknown (나는 내 한계를 넘어 알지 못하는 것도 기꺼이 시도하려 한다).
1 (10명, 15.6%), 2 (8명, 12.5%), 3 (17명, 26.6%), 4 (11명, 17.2%), 5 (18명, 28.1%)

50. I am ready to admit fault, weakness, and shortcomings (나는 실수와 약점과 부족함을 기꺼이 인정할 수 있다).
1 (6명, 9.4%), 2 (6명, 9.4%), 3 (10명, 15%), 4 (17명, 26.6%), 5 (25명, 39.1%)

51. I am open to alternative views and criticism (나는 비판이나 대안을 수용한다).
1 (7명, 10.9%), 2 (13명, 20.3%), 3 (5명, 7.8%), 4 (12명, 18.8), 5 (27명, 42.2%)

52. I am willing to talk freely about personal life (나는 개인적 삶에 대해 기꺼이 말한다).
1 (5명, 7.8%), 2 (8명, 12.5%), 3 (15명, 23.4%), 4 (18명, 28.1%), 5 (18명, 28.1%)

Leadership Based on Community

53. In our society, a good leader considers relationships more important than work (우리 사회에서 좋은 지도자는 일보다 관계를 중요시한다).
1 (7명, 10.9%), 2 (10명, 15.6%), 3 (21명, 32.8%), 4 (10명, 15.6%), 5 (16명, 25%)

54. In our society, a good leader considers community more than himself (우리 사회에서 훌륭한 지도자는 지역사회를 자신보다 중요하게 생각한다).
1 (12명, 18.8%), 2 (16명, 25%), 3 (13명, 20.3%), 4 (9명, 14.1%), 5 (14명, 21.9%)

55. In our society, a leader is expected to care for families who are in need, such as the sick, funeral, and children's school fees (우리 사회에서 우리는 지도자가 환자나 상을 당한 사람이나 자녀학비를 도와줄 것을 기대한다). 1 (4명, 6.3%), 2 (8명, 12.5%), 3 (12명, 18.8%), 4 (23명, 35.9%), 5 (17명, 26.56%)

56. In our society, we expect that a leader should concern for families' big events, such as wedding, harvest and visitors (우리 사회에서 우리는 지도자가 결혼, 추수, 손님 등 가족의 대사에 관심 갖는 것을 기대한다).
1 (6명, 9.4%), 2 (10명, 16.9%), 3 (15명, 23.4%), 4 (11명, 17.2%), 5 (22명, 34.4%)

57. In our society, both man and woman are equitably considered for leadership positions (우리 사회에서 남여 모두 동등하게 리더십을 가질 수 있다).
1 (8명, 12.5%), 2 (19명, 29.7%), 3 (11명, 17.2%), 4 (17명, 26.6%), 5 (9명, 14.1%)

Group Influence on Leadership

58. In our society, a leader's personal goals are connected to the demands and expectations of the community (우리 사회에서 지도자의 개인적 목표는 공동체의 요구와 기대와 연관된다).
1 (7명, 10.9%), 2 (8명, 12.5%), 3 (22명, 34.4%), 4 (15명, 23.4%), 5 (12명, 18.8%)

59. In our society, a leader is expected to dedicate himself to the community, even though he cannot accomplish his own goals (우리 사회에서 지도자가 자기 목표를 성취할 수 없어도 지역에 헌신할 것을 기대한다).
1 (9명, 14.1%), 2 (12명, 18.8%), 3 (17명, 26.6%), 4 (16명, 25%), 5 (10명, 15.6%)

60. In our society, a leader by himself cannot withdraw from his leadership position nor succeed his leadership position to someone else (우리 사회에서 지도자 스스로 지위에서 물러나거나 타인에게 승계할 수 없다).
1 (20명, 31.3%), 2 (9명, 14.1%), 3 (16명, 25%), 4 (7명, 10.9%), 5 (12명, 18.8%)

61. In our society, if our leader becomes a national leader, we anticipate that our leader would invest in developing our region more than other regions (우리 사회에서 우리 지도자가 국가의 지도자가 되면 그는 다른 지역보다 우리 지역을 발전시키는 데 투자할 것을 기대한다).
1 (9명, 14.1%), 2 (8명, 12.5%), 3 (19명, 29.7%), 4 (9명, 14.1%), 5 (19명, 29.7%)

62. In our society, if our leader becomes a national leader, we anticipate that he would choose close associates from our society (우리 사회에서 우리 지도자가 국가의 지도자가 되면 우리 지역의 측근을 기용할 것을 기대한다).
1 (4명, 6.3%), 2 (7명, 10.9%), 3 (22명, 34.4%) 4 (13명, 20.3%), 5 (18명, 28.1%)

Dictatorship & Concentration on Present - Problems Solving

63. In our society, a good leader concentrates on solving current problems than focusign on future plans and strategies (우리 사회에서 좋은 지도자는 미래의 계획과 전략보다 현 문제를 해결하는 데 집중한다).
1 (9명, 14.1%), 2 (8명, 12.5%), 3 (17명, 26.6%), 4 (16명, 25%), 5 (14명, 21.9%)

64. In our society, we expect that our leader should keep orderliness and consistency in our society even at the expense of innovation (우리 사회에서 우리는 지도자가 혁신을 희생하면서도 사회의 질서를 유지해 주기를 기대한다).
1 (2명, 3.1%), 2 (14명, 21.9%), 3 (19명, 29.7%), 4 (13명, 20.3%) 5 (16명, 25%)

65. In our society, it is not a big matter whether our leader keeps his leadership a long time (우리 사회에서 지도자의 장기 집권은 큰 문제가 되지 않는다).
1 (9명, 14.1%), 2 (7명, 10.9%), 3 (26명, 40.6%), 4 (13명, 20.3%), 5 (9명, 14.1%)

66. In our society, it is natural that our leader grants special assistances, such as rapid promotion, overseas-training privileges, rewards, and wage increase, to his close associates (우리 사회에서 지도자가 측근들에게 빠른 승진이나 해외 연수, 특별한 혜택과 보상을 주는 것은 당연하다).
1 (5명, 7.8%), 2 (19명, 29.7), 3 (16명, 25%), 4 (7명, 10.9), 5 (17명, 26.6%)

67. In our society, it is very hard for followers to express directly opposite opinions to the leader (우리 사회에서 추종자들이 지도자에게 반대의견을 표하는 것은 매우 어렵다).
1 (13명, 20.3%), 2 (9명, 14.1%), 3 (8명, 12.5%), 4 (12명, 18.8%), 5 (22명, 34.4%)

68. In our society, it is expected that followers should obey their leaders (우리 사회에서 추종자들은 지도자들에게 순종할 것을 기대한다).
1 (2명, 3.1%), 2 (6명, 9.4%), 3 (9명, 14.1%), 4 (21명, 32.8%), 5 (26명, 40.6%)

69. Rate the following leadership traits, as viewed in your society, from 1 to 5.

a. Intelligence (지성)
1 (1명, 1.6%), 2 (5명, 7.8%), 3 (10명, 15.6%), 4 (21명, 32.8%), 5 (27명, 42.2%)

b. Vision (비전)
1 (3명, 4.7%), 2 (4명, 6.3%), 3 (9명, 14.1%), 4 (18명, 28.1%), 5 (30명, 46.9%)

c. Humility (겸손)
1 (2명, 3.1%), 2 (3명, 4.7%), 3 (14명, 21.9%), 4 (16명, 25%), 5 (29명, 45.3%)

d. Honesty (정직)
1 (4명, 6.3%), 2 (1명, 1.6%), 3 (14명, 21.9%), 4 (13명, 20.3%), 5 (32명, 50%)

e. Faithfulness (성실)
1 (5명, 7.8%), 2 (1명, 1.6%), 3 (9명, 14.1%), 4 (16명, 25%), 5 (33명, 51.6%)

f. Maturity (성숙)
1 (2명, 3.1%), 2 (3명, 4.7%), 3 (18명, 28.1%), 4 (11명, 17.2%), 5 (30명, 46.9%)

g. Self-control (자기 절제)
1 (4명, 6.3%), 2 (3명, 4.7%), 3 (10명, 15.6%), 4 (15명, 23.4%), 5 (32명, 50%)

h. Flexibility (융통성)
1 (2명, 3.1%), 2 (3명, 4.7%), 3 (12명, 18.8%), 4 (15명, 23.4%), 5 (32명, 50%)

i. Creativity (창의력)
1 (3명, 4.7%), 2 (4명, 6.4%), 3 (11명, 17.2%), 4 (19명, 29.7%), 5 (27명, 42.2%)

j. Skills (재능)
1 (2명, 3.1%), 2 (1명, 1.6%), 3 (9명, 14.1%), 4 (15명, 23.4%), 5 (37명, 57.8%)

k. Tolerance (인내)
1 (3명, 4.7%), 2 (1명, 1.6%), 3 (10명, 15.6%), 4 (21명, 32.8%), 5 (29명, 45.3%)

l. Caring for Others (다른 사람 돌아보기)
1 (3명, 4.7%), 2 (1명, 1.6%), 3 (7명, 10.9%), 4 (14명, 21.9%), 5 (39명, 60.9%)

2) 동부아프리카 선교사들 대상의 설문 조사

다음으로 본 연구를 위해 2017년 10-11월에 걸쳐 동부아프리카(케냐, 우간다, 탄자니아)에서 사역하는 선교사 45명(남 28, 여 17)을 대상으로 설문 조사를 실시했다. 참여 대상자의 연령층은 40세 미만이 11명, 41-50세 12명, 51-60세 15명, 그리고 61-70세 4명, 그리고 70세 이상 3명이었다. 이들의 동부아프리카 사역 기간은 1-5년(17명), 6-10년(4명), 11-15년(9명), 15년 이상(15명)이었다.

설문을 통해 어떻게 지도자를 양성하는지 알아보았고, 지도자 양성과 관련한 리더십 자질에 대한 중요도, 그리고 리더십 기술에 대한 선교사의 견해를 묻고 더불어 동부아프리카 문화와 세계관에 대한 선교사들의 이해 정도를 알아보았다.

비전, 섬김과 돌봄, 유능함, 협력, 신뢰성, 확고함, 정직성, 영적 감각, 충성됨, 성숙함, 자기 절제 등 열한 가지 리더십 자질의 중요도에 대해서 리커트(Likert) 5척도로 표했다. 리더십 기술의 중요도, 즉 의사소통, 판단력, 자기 관리, 자기 동기 부여, 다중문화 능력, 멘토링 능력, 전략적 사고력, 모험을 감수하는 자세, 동기 부여 능력, 다국어 구사 능력, 자원하여 섬김, 비전 나누기를 5단계 척도로 표시했다.

그 밖에도 동부아프리카 선교지에서 지도자 양성에 영향을 미치는 외부적 요인들을 조사했고, 지도자가 될 사람들을 인선하는 방법도 알아보았다. 추가로 동부아프리카의 문화적 요소에 대한 선교사의 견해에 관해 여덟 문항을 조사했으나 일부 문항을 표하지 않은 응답자의 수가 있어서 유의미한 자료만 사용했다.

마지막 아프리카 문화와 세계관에 대한 여섯 문항은 선교사들의 문화와 세계관 인식을 조사하기 위한 것들이었다. 제시된 아프리카의 문화적 가치 열한 가지 요소 중 다섯 가지를 임의로 선택하도록 했으며 동부아프리카의 세계관적 요소에 관한 선교사의 견해를 표하도록 했다. 설문 내용과 결과는 다음 〈표 6-2〉와 같다.

표 6-2 동부아프리카 선교사 대상 설문 내용 및 결과

설문 조사 참여자 정보
참여자 성별: 남 (28명, 63%), 여 (17명, 37%), 합계 45명
참여자 연령: 40대 미만 (11명, 24%), 40대 (12명, 26%), 50대 (15명, 33%), 60대 (4명, 8.8%), 70대 (3명, 6.6%)
참여자의 선교사 사역 기간: 1-5년 (17명, 38%), 6-10년 (4명, 8.8%), 11-15년 (9명, 20%), 15년 이상 (15명, 33%)
1. 리더십 이양 계획을 언제 세워야 하는가?
1) 사역 초기부터 (42, 93.5%)   2) 가능한 지도자가 생겼을 때 (2명, 4.5%)   3) 은퇴 4년 전부터 (1명, 2%)   4) 은퇴 1년 전부터 (0)%
2. 리더십 계발을 위해 사용하는 프로그램은? (복수 표기)
1) 개인적 리더십 자료 (14)   2) 온라인 훈련 (1)   3) 리더십 세미나 참여 … 등 (26)   4) 타 문화 경험 (8명)   5) 기타 (3)

3. 리더십 계발에 멘토링이 효과적이고 생각하는가?

1) 전혀 효과적이지 않다 (0%)
2) 효과적이지 않다 (1명, 2%)
3) 효과적이다 (19명, 42%)
4) 매우 효과적이다 (24명, 53%)

4. 리더십 계발을 위해 어떤 멘토링을 사용하는가?

1) 선교부내 지도자 멘토 (15명, 33%)
2) 선교부내 인사담당 멘토 (3명, 6%)
3) 선교사 동료 멘토 (9명, 20%)
4) 외부선교사 멘토 (1명, 2%)
5) 선교부와 외부선교사 멘토 (16명, 35%)
6) 기타 (2명, 4%)

5. 리더십 자질의 중요도 (1은 중요하지 않음, 5는 매우 중요)

a. 비전
1 (1명, 2%), 2 (0%), 3 (5명, 11%) 4 (9명, 20%) 5 (30명, 64%)

b. 섬김과 돌봄
1 (0%), 2 (0%), 3 (2명, 4%), 4 (5명, 11%) 5 (38명, 82%)

c. 유능함
1 (0%), 2 (0%), 3 (10명, 22%), 4 (16명, 35%), 5 (19명, 42%)

d. 협력
1 (0%), 2 (0%), 3 (2명, 4%), 4 (9명, 20%), 5 (34명, 75.5%)

e. 신뢰성
1 (2명, 4%), 2 (0%), 3 (2명, 4%), 4 (4명, 9%), 5 (36명, 82%)

f. 확고함
1 (0%), 2 (0%), 3 (4명, 9%), 4 (18명, 40%), 5 (23명, 51%)

g. 정직성
1 (0%), 2 (0%), 3 (0%), 4 (3명, 6.6%), 5 (42명, 93%)

h. 영적 감각
1 (0%), 2 (0%), 3 (1명, 2%), 4 (12명, 27%). 5 (32명, 71%)

I. 충성됨
1 (0%), 2 (0%), 3 (3명, 6.6%), 4 (7명, 15.5%), 5 (35명, 78%)

j. 성숙함
1 (0%), 2 (0%), 3 (2명,4%), 4 (15명, 33%), 5 (28명, 62%)

k. 자기 절제
1 (0%), 2 (0%), 3 (1명,2%), 4 (14명, 31%), 5 (30명, 64%)

6. 리더십 기술의 중요도 (1은 중요하지 않음, 5는 매우 중요)
a. 커뮤니케이션 1 (0%), 2 (0%), 3 (2명, 4%), 4 (10명, 22%), 5 (33명, 73%)
b. 판단력 1 (0%), 2 (0%), 3 (3명, 6%), 4 (11명, 24%), 5 (31명, 69%)
c. 자기 관리 1 (0%), 2 (0%), 3 (2명, 4%), 4 (15명, 33%), 5 (28명, 62%)
d. 자기 동기 부여 1 (0%), 2 (0%), 3 (5명, 11%), 4 (15명, 33%), 5 (25명, 55.5%)
e. 다중문화 관리 능력 1 (0%), 2 (0%), 3 (6명, 13%), 4 (22명, 49%), 5 (17명, 38%)
f. 멘토링 능력 1 (0%), 2 (0%), 3 (3명, 6%), 4 (19명, 42%), 5 (23명, 51%)
g. 전략적 사고력 1 (0%), 2 (0%), 3 (5명, 11%), 4 (20명, 44%), 5 (20명, 44%)
h. 모험을 기꺼이 감수하려는 자세 1. (0%), 2 (0%), 3 (6명, 13%), 4 (24명, 53%), 5 (15명, 33%)
I. 동기 부여 능력 1 (0%), 2 (0%), 3 (12명, 26%), 4 (17명, 38%), 5 (13명, 29%)
j. 다중언어 구사 능력 1 (1명, 2%), 2 (1명, 2%), 3 (12명, 27%), 4 (18명, 40%), 5 (13명, 29%)
k. 자원하여 섬김 1 (0%), 2 (0%), 3 (2명, 4%), 4 (13명, 29%), 5 (30명, 67%)
l. 비전 나누기와 소통 1 (0%), 2 (0%), 3 (2명, 4%), 4 (13명, 29%), 5 (30명, 67%)

7. 리더십 계발에 큰 영향을 미치는 외부적 요인은?
1) 문화적 차이 (26명, 58%) 2) 경제적 불황 (9명, 20%) 3) 후원자들의 요구 (5명, 11%) 4) 정치적 불안정 (2명, 4%) 5) 기타 (3명, 6%)

8. 리더십 이양 계획이 있는가?
1) 예 (41명, 91%) 2) 아니오 (4명, 9%)

9. 이사회의 리더십 이양 계획이 있는가?

1) 예 (25명, 55%)
2) 아니오 (11명, 24%)
3) 이사회가 없다 (9명, 20%)

10. 리더십 이양의 가장 중요한 목적은?

1) 자립적 교회 설립 (12명, 27%)
2) 차세대 교회 지도자 계발 (10명, 22%)
3) 선교의 전략적 목표 (16명, 36%)
4) 장기적 선교사역 유지 (5명, 11%)
5) 기타/중복 (2명, 4%)

11. 차기 리더를 인선하는 평가 방법은?

a. 자기 추천자
1 (13명, 29%), 2 (3명, 6.6%), 3 (20명, 44%), 4 (8명, 18%), 5 (1명, 2%)

b. 성과 평가로
1 (0%), 2 (2명, 4%), 3 (15명, 33%), 4 (16명, 35.5%), 5 (12명, 26.6%)

c. 팀리더의 추천
1 (3명, 6.6%), 2 (1명, 2%), 3 (12명, 27%), 4 (15명, 33%), 5 (14명, 31%)

d. 목회자 추천
1 (0%), 2 (2명, 4%), 3 (17명, 38%), 4 (17명, 38%), 5 (9명, 20%)

e. 공동체의 추천
1 (2명, 4%), 2 (3명6.6%), 3 (10명, 22%), 4 (8명, 18%), 5 (22명, 49%)

동부아프리카의 세계관 요소에 관한 선교사들 의견

21. 최고신의 존재를 믿음

Yes (41명, 91%),   No (3, 6.6%),   모른다 (1명, 2.2%)

22. 영적인 세계를 믿음

Yes (44명, 97.7%)   No (0%)   모른다 (1명, 2.2%)

23. 대다수 사람들이 조상 숭배를 함

Yes (23명, 51%)   No (9명,20%)   모른다 (13명, 28.8%)

24. 살아 있는 것과 자연세계의 연결을 믿음

Yes (39명, 86.6%)   No (1명, 2.2%)   모른다 (5명, 11%)

25. 죽음 후의 삶을 믿음

Yes (43명, 95.5%)   No (2명, 4.4%)

동부아프리카의 문화적 가치 5 가지를 선택한다면 무엇인가?	
a. 정직 (9명, 20.4%)	b. 개인의 책무 (9명, 20.4%)
c. 다른 이들을 돌아본다 (29명, 65.9%)	d. 존경 (29명, 66%)
e. 인내 (26명, 59.1%)	f. 사람 중심 (28명, 63.6%)
g. 융통성 (7명, 15.9%)	h. 관계성 (37명, 84.1%)
i. 가족과 공동체 (38, 86.3%)	

이상 선교사 대상의 설문은 내가 연구하면서 발견한 동부아프리카 문화와 세계관을 기본으로 했으며, 아프리카 문화와 세계관, 지도자 양성과 이양을 연구한 외국 대학 학위 논문의 설문 항목들을 참고하여 임의로 작성했다.

2. 설문 조사 분석과 평가

동부아프리카의 문화와 세계관에서 본 기독교 지도자 양성에 관한 위 설문 조사 결과를 문항별로 살펴보고, 특이한 사항들을 분석하고 평가했다.

설문 내용과 결과(표 6-1, 표 6-2)에 표시된 응답자 수치는 원점수(Raw Score)를 표시했고, 평가를 위해 변환점수(Scaled Score)를 함께 사용했다. 변환점수는 1번 -2, 2번 -1, 3번 +1, 4번 +2, 5번 +3으로 값을 산출했다. 다음은 대부분의 범례이다.

1) 사실이 아니다
2) 부분적으로 사실이다
3) 대개 사실이다
4) 사실이다
5) 매우 확실한 사실이다

분석과 평가에서 범례 3, 4, 5번의 응답을 긍정으로 간주했고, 범례 1, 2번의 응답은 부정으로 간주했다. 표 끝의 괄호 안에 있는 Q는 질문을 의미하며, 숫자는 질문 항목을 말한다.

'의미'의 여부는 네 단계로 표시했다. 매우 유의미는 64명의 80% 이상인 52명 이상과 변환점수[2] 80% 이상인 128점 이상, 유의미는 각각 60~79%인 39~51명과 64~128점, 낮은 의미는 각각 50~59%인 32~38명과 32~63점, 매우 낮은 의미는 각각 49%이하인 31명 이하와 31점 이하를 의미한다.

1) 시간 대 사건(Time vs Event)

"나는 주어진 시간 내 최대한 성취를 위해 시간 계획을 한다"에 대한 설문 항목 2번에서 아래 〈표 6-3〉처럼 긍정적 응답이 52명(81.3%)이었고, 변환점수는 88로 유의미했다. 동부아프리카인은 일정한 시간 안에 최대 성과를 얻기 위해 계획성 있게 시간을 사용하는 것으로 나타났다.

외부인들은 흔히 동부아프리카인을 보면서 시간을 잘 지키지 않고 게으르고 나태하다는 판단을 쉽게 하곤 한다. 이것은 동부아프리카인을 보면서 가졌던 나와 많은 방문자의 생각이었다. 내가 동부아프리카인과 예배를 드리거나 모임을 할 때 정해진 시간에 시작했던 경험이 거의 없다. 또한, 마을을 방문하고 거리를 지날 때 하던 일들을 멈추고 삼삼오오 모여서 이야기꽃을 피우고 있는 모습을 보면서 판단했던 생각이다.

이러한 생각은 '이 사람들은 시간을 중요하게 생각하지 않아. 주어진 일들을 성취하기 위해 시간을 계획하는 일은 없을 거야'라는 해석으로 자연스럽게 이어졌다. 한편, 이 해석에는 동부아프리카인이 사람 중심적이고

---

[2] 변환점수의 최고점은 192점으로 64명 모두 5번(+3)으로 응답한 경우이고, 최저점은 -128점으로 64명 모두 1번(-2)으로 응답한 경우로서 최고점과 최저점 사이는 320점이다.

공동체 중심적 문화 요소들도 포함되어 있다.

나는 응답자들의 결과를 보면서 동부아프리카인의 시간 개념을 나의 다른 문화적 요소들로 판단한 실수였음을 발견하게 되었다. 동부아프리카인은 주어진 일을 성취하기 위해 시간을 계획하며, 시간을 지키며, 시간 사용에 최선을 다하는 모습을 보였다. 이것은 설문 항목 1번 "시간 엄수와 시간 사용에 대해 신경을 쓴다"에 응답한 결과를 통해서 드러났다. 긍정적으로 답한 이가 50명(78.1%)이었다(표 6-4 참조).

또한, 설문 항목 4번 "나는 날짜와 역사를 강조한다"에 대해 긍정으로 응답한 46명(71.9%)을 통해서도 알 수 있다(표 6-5 참조). 각각의 변환점수는 88점과 66점으로 모두 유의미했다.

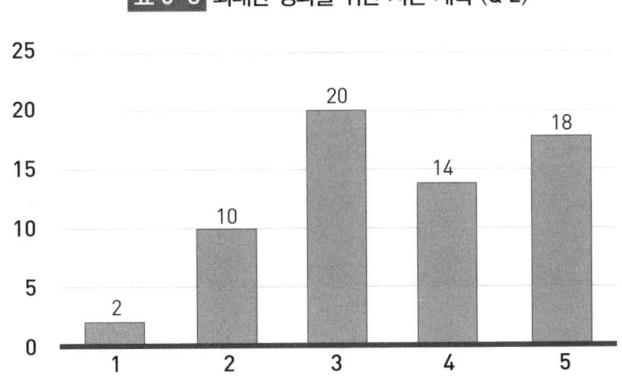

표 6-3 최대한 성과를 위한 시간 계획 (Q 2)

그러나 동부아프리카인이 최대한 성취를 위해 시간을 계획하고 시간을 활용하는 것에 대해 어떤 보상을 기대하는 것은 아니었다. 효율적인 시간 활용에 대한 보상을 바라는가에 대한 설문 항목 3번에 대해 부정적인 범례인 1, 2에 32명(50%)이었다(표 6-6 참조). 변환점수도 매우 낮은 의미인 14였다.

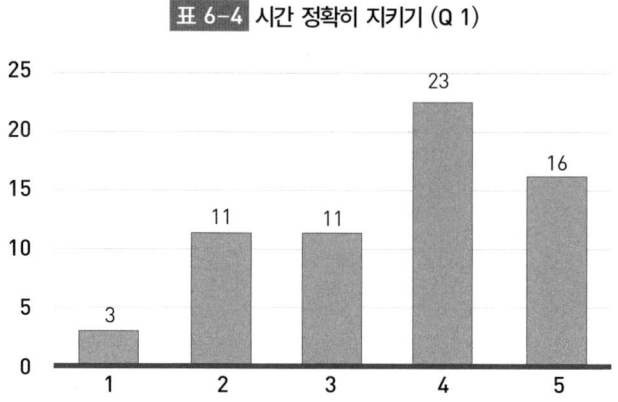

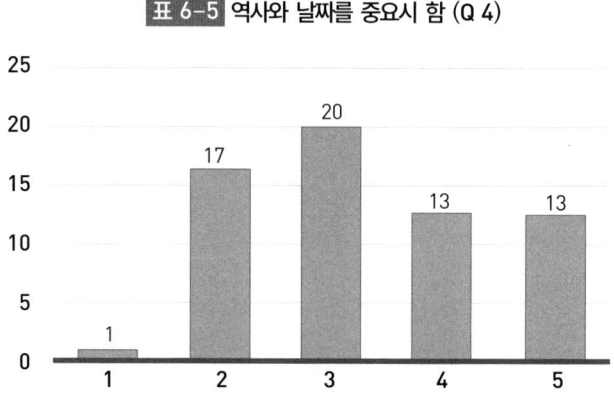

그렇다면 동부아프리카인이 시간활용에 보상을 바라지 않으나 주어진 시간 내 최대한 성취를 위해 시간을 계획하고 사용하는 이유는 무엇일까? 설문 항목 5번에서 8번까지의 응답을 통해서 해답을 찾아볼 수 있다.

제6장 동부아프리카의 문화와 세계관에 관한 설문 조사 결과 분석 239

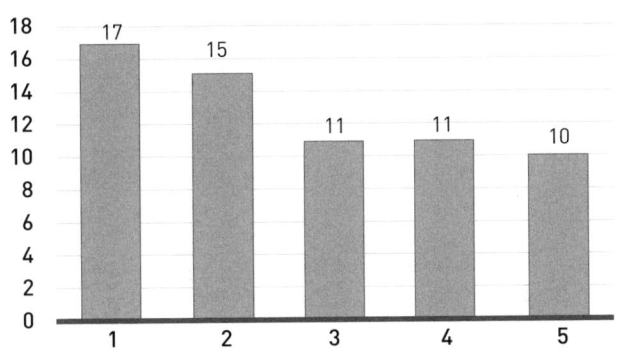

표 6-6 시간 활용에 대한 보상 기대 (Q 3)

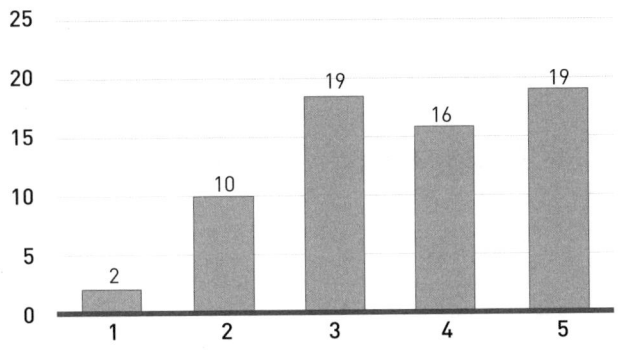

표 6-7 일을 잘 마무리하는 것의 중요성 (Q 5)

위 〈표 6-7〉에서 보듯이, 설문 항목 5번에 대해 일을 잘 마무리하는 것이 중요하다고 긍정적으로 응답한 이들이 54명(84.4%)이었고, 변환점수도 96으로 유의미했다. 또한, 설문 항목 7번의 문제를 해결하기까지 신중히 처리한다는 응답이 51명(79.7%)이었다. 변환점수도 103으로 유의미했다.

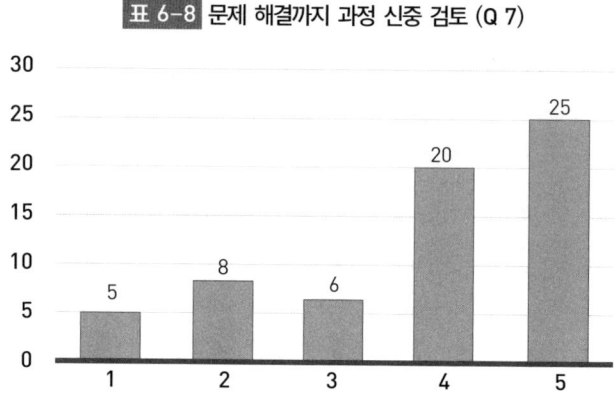

표 6-8 문제 해결까지 과정 신중 검토 (Q 7)

이와 비슷한 경향을 설문 항목 8번에서도 볼 수 있다. 아래 〈표 6-9〉에서 보듯이, 사건 마무리를 보상처럼 중요하게 여기는 응답자가 53명(82.8%)이었다. 변환점수도 111로 유의미했다.

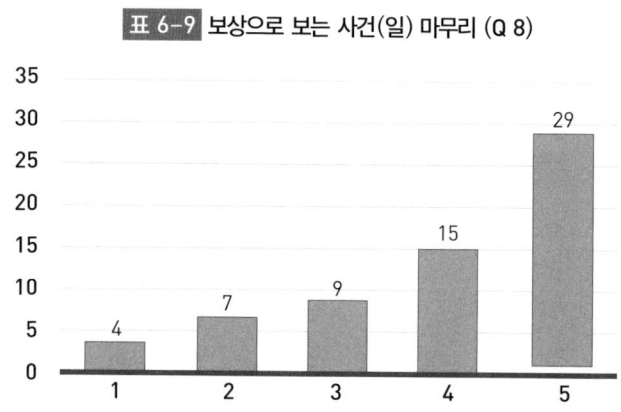

표 6-9 보상으로 보는 사건(일) 마무리 (Q 8)

이러한 응답들은 동부아프리카인이 주어진 일들을 잘 마무리하는 것의 중요성을 잘 반영하고 있다. 이들은 비록 시간이 걸리더라도 현재 주어진 일들을 잘 마무리하는 것이 매우 중요하다고 본다.

두 세계관적 요소인 '시간 대 사건'을 비교해 볼 때, 동부아프리카인은 시간의 중요성을 인정하지만 현재 주어진 일들이 잘 처리되고 진행되는 것을 더 우선시하고 있음을 알 수 있다. 다른 말로 하면, 충분한 시간을 들여서라도 일들을 잘 마무리해야 한다는 것이다.

이 결론은 앞에서 내가 제기한 동부아프리카인의 시간 관념에 대한 비판적 시각이 잘못되었음을 말해 준다. 동부아프리카인은 시간이 걸리더라도 지금 자기 옆을 지나는 이웃에게 충분하게 안부를 묻는 것이 중요하며, 개인의 일들은 다음으로 미루더라도 현재 공동체가 필요로 하는 일들을 먼저 돌보는 것이 마땅한 일로 보는 것이다.

그리고 동부아프리카인은 시간 활용 계획과 시간 사용이 중요하지만 이것들이 중요한 이유는 현재 해야 할 일들을 성취하는 데 필요한 것들이다. 그들에게는 일들을 성취하기 위해서 시간이 필요하고, 얼마든지 시간을 할애할 수 있다고 본다.

나는 선교사가 기독교 지도자 양성 시 이와 같은 동부아프리카인의 '시간 대 사건'의 세계관적 요소들을 충분히 참작해야 한다고 주장한다. 기독교 지도자들이 사건 중심의 세계관을 유지하되 시간을 어떻게 지혜롭게 사용할지에 대한 논의와 훈련이 필요하다고 본다.

그리고 그들이 사건이나 일을 대할 때, 어떻게 성경적으로 그 경중을 판단할지 훈련이 필요할 것이다. 이 과정에서 중요한 훈련 중의 하나는 기독교 지도자들이 하나님에게서 부여받은 중요한 사건 혹은 사역이 무엇인지 먼저 성경을 통해서 깨닫고 확신하도록 돕는 일이다. 나는 이와 같은 지도자 양성을 통해 동부아프리카 기독교 지도자들은 시간과 일, 일과 시간의 균형을 지혜롭게 유지하는 지도자들이 될 것으로 확신한다.

2) 체계적 대 통합적(Dichotomistic vs Holistic)

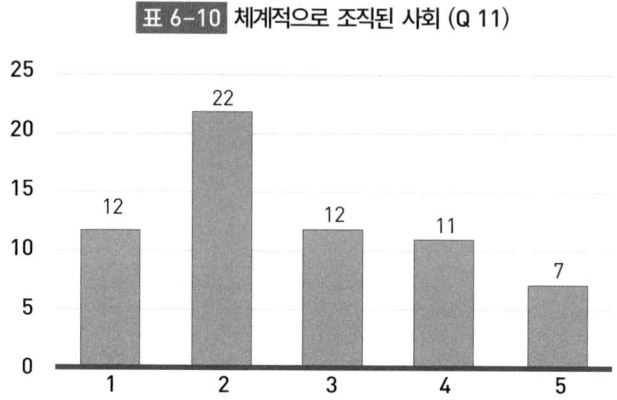

표 6-10 체계적으로 조직된 사회 (Q 11)

위 〈표 6-10〉에서 보듯이, 설문 항목 11번 "우리 사회에서는 정보와 경험이 체계적으로 조직된다. 세부 정보들은 정리되고 확실한 패턴을 만들게 된다"에 대해 부정적 대답인 1, 2번에 34명(53.2%)이 응답했다. 변환점수도 9로 매우 낮은 의미를 보였다. 이렇게 동부아프리카인은 자신들의 공동체가 체계적으로 조직되지 않은 사회라고 느끼고 있다.

유사한 의미의 설문 항목 10번 "우리 사회에서 개인이 자신의 공동체 사회 속에서 적절한 위치에서 역할을 수행하므로 안전함을 느낀다"에 긍정적으로 답한 사람은 다음 〈표 6-11〉과 같이 45명(70.3%)으로 나타났으며 변환점수는 60으로 낮은 의미를 나타냈다.

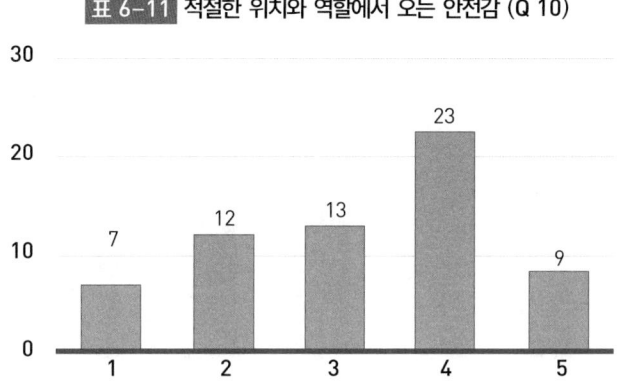

표 6-11 적절한 위치와 역할에서 오는 안전감 (Q 10)

설문 항목 10번과 11번은 거의 같은 의미의 질문이었지만 서로 모순되는 응답을 드러냈다. 체계적인 사회가 아니라는 11번의 응답과 체계적인 사회라는 10의 응답을 받은 것이다. 두 질문을 관찰한 결과 10번 질문이 체계적인 사회임을 분명하게 묻는 말이 아니었다. 응답자가 충분히 오해할 만한 질문이었다. 내 판단으로는 마치 10번을 통합적인 사회임을 묻는 말로 착각했을 가능성이 크다. 두 가지 이유로 이러한 판단을 내렸다.

첫째, 변환점수가 마이너스로 나온 11번의 응답에서 동부아프리카의 세계관이 체계적이라기보다는 통합적임을 분명하게 보여 주었다.

둘째, 이유는 14번 질문에 대한 응답인데, 아래 〈표 6-12〉에서 보듯이, 사회의 보안은 사회 전체의 다양한 상호 작용에서 나온다고 긍정적으로 응답한 사람이 47명(73.4%)이었고, 변환점수도 65로 유의미했다.

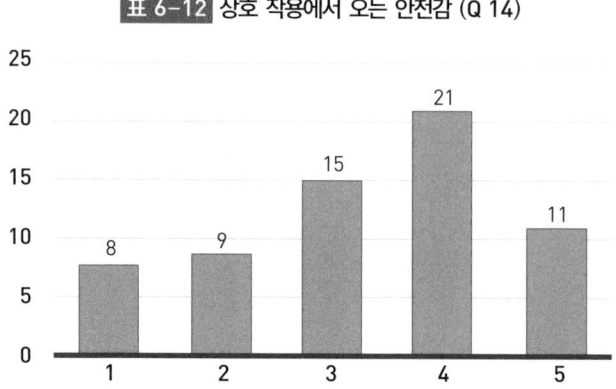

표 6-12 상호 작용에서 오는 안전감 (Q 14)

동부아프리카인은 우주와 인간을 통합적으로 본다. 인간과 자연, 지구와 우주, 인간과 영의 세계를 통합적으로 본다. 동부아프리카인은 이 모든 것이 각기 분리되어 있지 않고 통합되어 있으며, 서로에게 영향을 준다고 믿는다. 사람들은 특별히 영적 세계로부터 많은 영향을 받는다. 보통 사람들은 영들의 힘을 이용하거나 거부할 수 없다. 주술사나 무당들이 이런 영적 일들을 담당하고 있으므로, 사람들은 이들을 매우 두려워한다.

동부아프리카인은 인간을 볼 때도 통합적으로 본다. 인간은 육체적, 감성적, 윤리적, 영적 요소들이 통합된 존재이다. 그들에게는 이 모든 면이 잘 양성된 사람이 좋은 지도자이다.

나는 선교사가 지도자를 선발할 때 동부아프리카인의 통합적 세계관 요소를 충분히 고려해야 할 부분이라고 본다. 단순히 지도자의 학력이나 그와 잠시 함께 지내면서 알게 된 것만을 기준으로 그를 지도자로 선발하는 것은 큰 위험이 따를 수 있다. 특별히 그를 잘 알고 있는 공동체의 편견 없는 의견을 경청하는 것은 매우 중요한 부분이라고 본다.

본 연구 배경에서 내가 제기했던 RTC의 경우, 선교사들이 교단으로부터 추천받은 교장에 대해 그가 사역하던 교회와 그가 자란 공동체를 통해 좀 더 알아보고, 선교사들과 그와 친밀한 교제를 통해 서로 알아보지 못한 아쉬움이 있다. 이러한 과정이 충분히 있었더라면 그는 지도자로서 RTC에서 자기의 정체성을 찾았을 것이고, 그가 가지고 있었던 리더십 역량을 충분히 발휘할 수 있었으리라 생각한다.

3) 위기 대 비위기(Crisis vs Non-crisis)

아래 〈표 6-13〉에서 보듯이, 설문 항목 16번 "나는 계획을 강조한다"는 질문에 긍정적으로 응답한 사람이 52명(81.3%)로 나타났다. 변환점수도 105로 유의미했다. 또한, 아래 〈표 6-14〉와 같이 빠른 문제 해결책을 찾으므로 모호함의 위기를 피하겠다는 응답자가 52명(80.9%)이었고, 변환점수 또한 97로 유의미했다. 동부아프리카인은 계획이 중요하다고 생각한다.

이 두 질문에 대한 응답에서 알 수 있듯이, 동부아프리카인은 장래에 대한 계획이 중요하다고 생각하며, 모호함을 피하고자 신속히 해결책을 취하는 모습을 엿볼 수 있다.

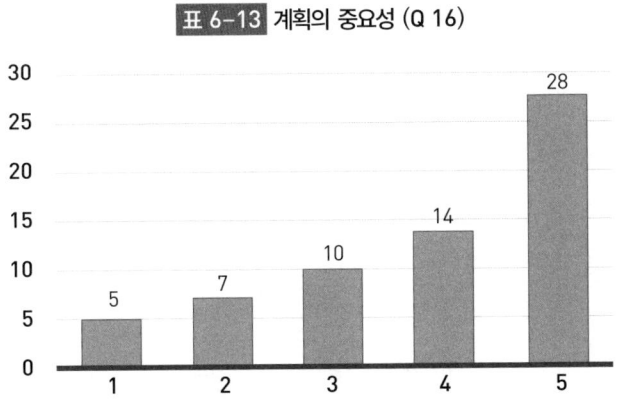

표 6-13 계획의 중요성 (Q 16)

표 6-14 모호함을 신속히 피함 (Q 17)

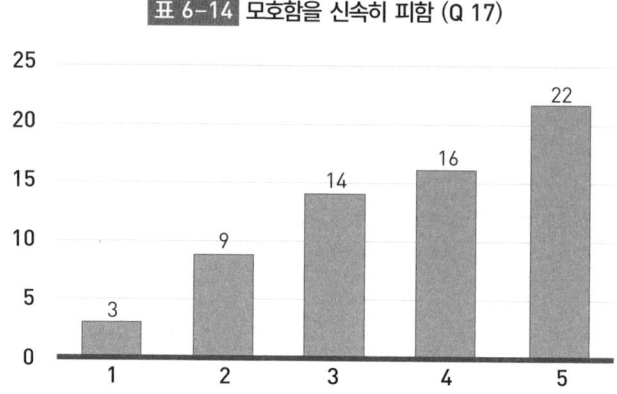

이러한 모습은 설문 항목 18번〈표 6-15〉와 19번〈표 6-16〉을 통해서 확인된다. 아래 〈표 6-15〉에서 보듯이, 미리 계획된 권위 있는 절차에 따른다는 설문 항목 18번에 긍정적으로 응답한 사람이 45명(70.4%)이었고, 변환점수는 56으로 유의미했다. 아래 〈표 6-16〉은 설문 항목 19번에 해당하는 응답자들인데, 전문가의 조언을 구한다는 물음에 긍정적으로 답한 사람이 52명(81.3%)으로 많았다. 변환점수도 102로 유의미했다.

위 두 질문을 통해 동부아프리카인이 미리 계획된 절차들을 받아들이고 따르며, 전문가의 조언을 존중히 여겨 받아들이는 모습을 보여 준다.

표 6-15 계획된 절차를 따름 (Q 18)

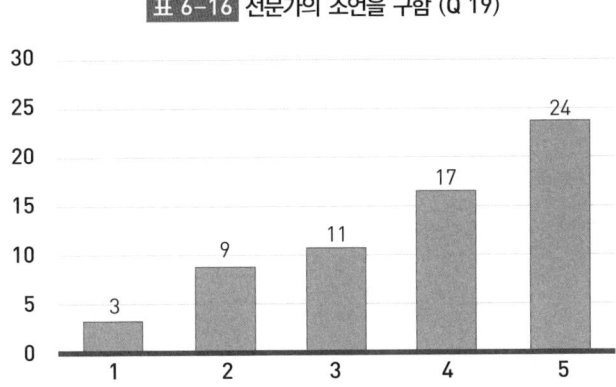

표 6-16 전문가의 조언을 구함 (Q 19)

이러한 모습은 위 계획의 중요성과 모호함을 신속히 피하려는 동부아프리카인의 생각을 뒷받침하고 있다. 위 설문 항목들에 대한 응답들을 통해 동부아프리카인이 미래에 대해 어떻게 생각하는지 미루어 알 수 있게 한다. 이들이 전통적으로 생각했던 시간 개념이 예전과 같지 않다는 것을 보여 준다.

아프리카의 전통적인 시간 개념을 설명하면서 음비티는 다음과 같이 주장했다.

> 전통적 개념에 의하면, 시간은 양 측면적 현상이 있는데, 긴 과거와 실제로 미래가 없는 현재이다. … 만약 사건이 미래에 일어날 가능성이 있다면, 혹은 그것이 자연의 필연적 리듬에 속하는 것이라면 그것은 잠재적 시간(potential time)을 구성하는 것이지 실제 시간(actual time)은 아니다.[3]

음비티가 주장한 동부아프리카의 전통적인 시간 개념이 맞는다면, 위의 설문 조사들에 관한 응답들은 동부아프리카인의 시간에 관한 세계관이 바뀌고 있음을 보여 준다.

---

3   Mbiti, *African Religions and Philosophy*, 17.

동부아프리카인의 시간 개념이 변하고 있음을 비위기 항목들에서도 발견할 수 있다. 설문 항목 21번 "나는 실제 경험에 초점을 둔다"라는 질문에 49명(76.6%)이 긍정적으로 응답했다(표 6-17 참조). 즉, 현재 경험이 중요함을 인정하면서도 위기가 올 것을 대비하는 모습을 찾아볼 수 있다. 변환점수는 80으로 유의미했다.

설문 항목 20번 "나는 위기가 올 것이라고 생각하지 않는다"의 질문에 오지 않을 것이라고 답한 부정적인 응답 1, 2번이 36명(56.2%)이었다. 변환점수는 -4로 매우 낮은 의미를 나타냈다(표 6-18 참조).

위 두 응답을 보면, 미래의 위기를 생각지 않고 현재 일에 집중하는 동부아프리카인의 모습을 볼 수 있다. 어떤 면에서 '위기'에 관한 항목에서 위기가 다가올 것을 생각하며 계획을 세우며, 문제들을 해결하기 위해 준비한다고 응답한 것과 대조되는 부분이라 할 수 있다.

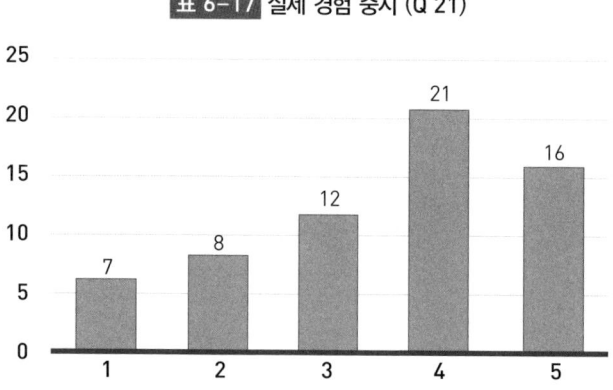

표 6-17 실제 경험 중시 (Q 21)

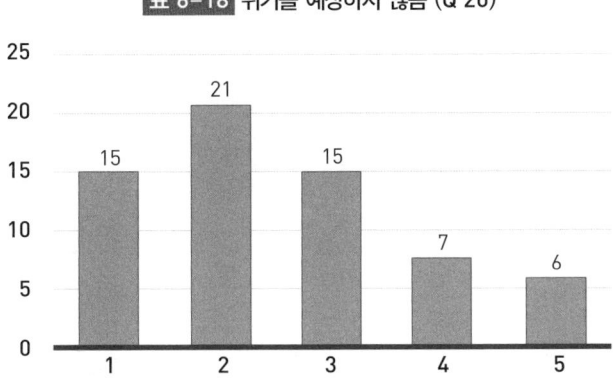

표 6-18 위기를 예상하지 않음 (Q 20)

나는 이러한 모순된 응답을 동부아프리카의 전통적인 세계관과 현대 교육과 세계화의 영향으로 그들의 세계관이 변해 가는 과정에 있는 것으로 해석한다. 미래를 생각하지 않는 모습과 미래를 준비하는 모습이 이들 안에 공존한다고 할 수 있겠다. 선교사들이 이러한 동부아프리카의 상황을 잘 활용하여 그들의 세계관을 성경적 세계관으로 변혁할 좋은 기회라고 본다.

기독교 지도자들이 미래를 생각하고 준비하는 삶은 매우 중요한 부분이다. 동부아프리카에서 선교사는 다시 오실 예수 그리스도를 바라보며, 현실을 직시하고 다가올 미래를 준비할 수 있는 기독교 지도자를 양성해야 한다.

4) 업무 대 사람(Task vs Person)

아래 〈표 6-19〉와 같이, '업무'에 관한 설문 항목 26번 "나는 목표 달성에서 만족을 찾는다"에 긍정적인 응답은 56명(87.6%)이었다. 변환점수도 126으로 유의미함을 나타내었다. 이 응답은 동부아프리카인이 업무 중심의 세계관적 요소를 가지고 있음을 분명히 보여 준다.

이와 같은 요소는 설문 항목 25번 〈표 6-20〉과 27번 〈표 6-21〉에 대한 응답에서도 잘 드러나고 있다.

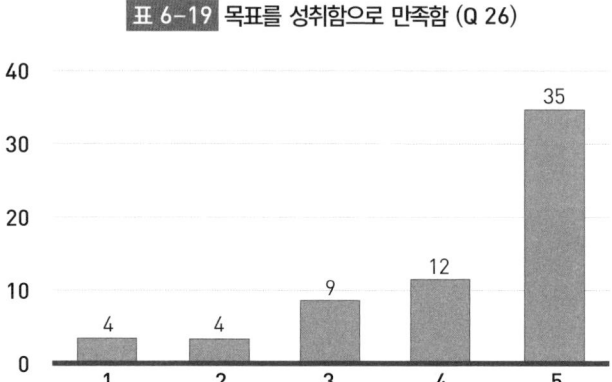

표 6-19 목표를 성취함으로 만족함 (Q 26)

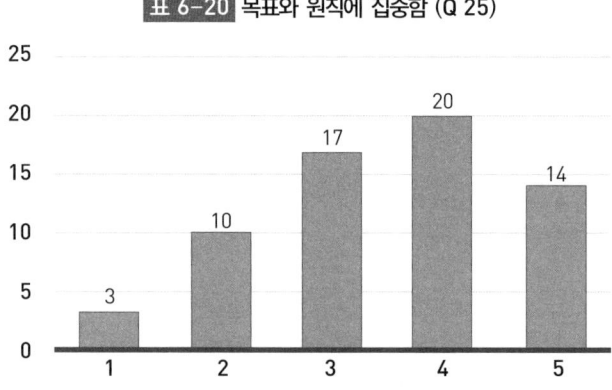

표 6-20 목표와 원칙에 집중함 (Q 25)

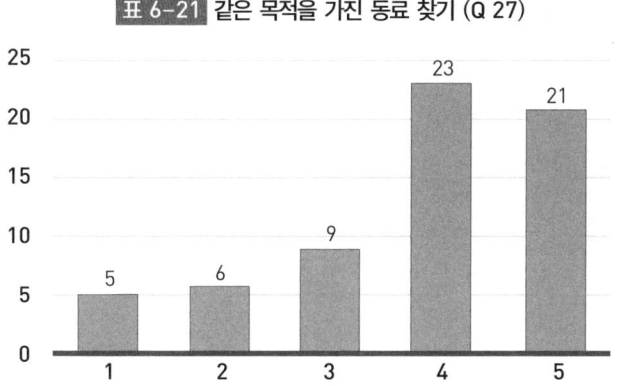

표 6-21 같은 목적을 가진 동료 찾기 (Q 27)

위 〈표 6-20〉에서 보듯이, 과업과 원칙에 초점을 둔다는 질문에 긍정적인 응답자가 51명(79.8%)이었다. 변환점수는 83으로 유의미했다. 동부아프리카인은 과업을 성취하는 과정에서 원칙들을 지키는 것을 중요하게 여긴다.

위 〈표 6-21〉에서 보듯이, 같은 목적을 가진 동료를 찾는 것에 긍정적인 응답자가 53명(82.8%)이었다. 변환점수는 102로 유의미했다. 동부아프리카인은 같은 목적을 가지고 함께 과업을 이루는 것이 중요하다고 여긴다.

제4장에서 여러 학자의 연구들과 GLOBE의 연구를 통해 동부아프리카의 세계관 요소로써 사람 중심을 소개했다. 이것 때문에 많은 외부인은 동부아프리카인은 과업에 관심이 없고, 과업을 진행할 때도 원칙을 지키지 않는 것으로 오해한다. 설문 조사 중 '과업' 항목에서 보았듯이, 동부아프리카인은 기본적으로 과업을 소홀히 여기거나 원칙을 무시하며 일하는 태도를 가지지 않는다.

선교사가 동부아프리카의 기독교 지도자를 양성할 때 그들이 원칙을 지키며 성실하게 일할 수 있도록 도전하고 훈련할 필요가 있다.

성경은 다음과 같이 훈계한다.

> 무슨 일을 하든지 마음을 다하여 주께 하듯 하고 사람에게 하듯 하지 말라(골 3:23).

선교사가 일에 대한 성경적 세계관을 동부아프리카인에게 소개하고 그것이 그들의 것이 되도록 한다면, 일에 관한 변화된 세계관을 보이기 시작한 동부아프리카인은 더 분명한 과업에 관한 관점을 가질 수 있을 것이다.

동부아프리카인이 일에 관한 관점이 바뀌기 시작했다고 해서 그들의 사람 중심의 세계관이 바뀐 것은 아니다. 설문 문항 29번부터 32번까지의 응답 모두 사람 중심의 요소를 강력히 지지하고 있다. 그중 30번을 보면, 상호 교제에 대해 만족한다는 질문에 긍정적으로 응답한 사람은 53명 (82.8%)이었다. 변환점수는 99로 유의미했다.

동부아프리카의 세계관의 사람 중심 요소는 선교사가 기독교 지도자 양성 시 반드시 유념해야 할 요소이다. 지도자의 학습이나 훈련, 일의 진행 속도가 좀 느리더라도 기다려 주고 격려해 주는 것이 중요하다. 한두 번의 실수가 있더라도 치명적인 실수가 아니라면 용서하고 다시 시작할 기회를 주는 것이 새롭게 지도자 후보자를 찾는 것보다 훨씬 빠르고 효과적이라고 본다.

선교사는 동부아프리카 기독교 지도자들에게 성경적 세계관이 말하는 사람 중심의 요소가 무엇인지 가르칠 필요가 있다. 성경적 인간관계는 단순히 인간적인 차원에서 서로를 아끼고 존경하는 것이 아니다.

하나님의 사랑을 깨달은 지도자가 하나님의 사랑으로 이웃을 사랑하는 것에서 성경적 인간관계의 시작이다. 선교사는 동부아프리카의 지도자가 그들의 문화 차원을 넘어서 하나님의 사랑으로 자신의 이웃을 사랑하는 단계로 나아갈 수 있도록 훈련해야 한다.

5) 상태 초점(가치 인정) 대 성취 초점(가치 획득) (Status Focus: Prestige is Credited vs Achievement Focus: Prestige is Attained)

설문 항목 33번 "우리 사회에서 개인의 정체성은 출생과 계급의 공적 신분에 의해 결정된다"라는 질문에 대해 아래의 〈표 6-22〉와 같이 47명(73.4%)이 긍정적 대답을 했다. 변환점수는 유의미한 69를 나타냈다. 특이한 것은 40대 미만 37명 참가자 중 10명은 부정적인 답을 했는데 이것은 미미하지만 젊은 계층의 가치 변화를 엿볼 수 있게 한다.

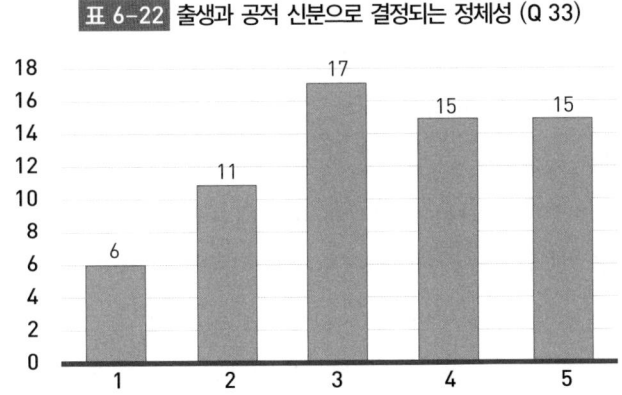

표 6-22 출생과 공적 신분으로 결정되는 정체성 (Q 33)

설문 항목 37번 "우리 사회에서 한 개인의 정체성은 자신의 업적으로 결정된다"에 대해 아래 〈표 6-23〉과 같이 54명(84.4%)이 긍정적으로 답했고, 변환점수도 108로 유의미함을 나타내었다. 이것은 최근 동부아프리카의 현실을 경험한 이들의 문화 가치가 변화되고 있음을 보여 주는 한 예라할 수 있다.

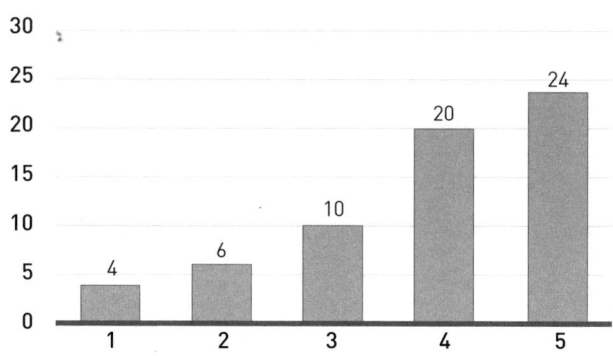

표 6-23 개인의 성취와 업적으로 정체성 획득 (Q 37)

제5장에서 살펴보았듯이, 아프리카인들은 부족의 수장인 추장은 혈통적으로 세습되는 통치자로 받아들였다. 이러한 가치관은 혈통적으로 지도자가 되는 추장 가문과 개인의 능력과는 상관없이 지도자의 위치에 오를 수 없는 평범한 백성들이라는 두 신분 사회를 만들었다.[4]

이와 같은 전통적 리더십 가치관과 비교해 볼 때, 설문 조사의 응답은 매우 상반되는 가치관을 드러내고 있다. 상당수의 동부아프리카 기독교인은 사회적 신분이 일의 성취와 업적에 따라 변할 수 있다고 판단한다.

이러한 예들을 우간다와 케냐 안의 신학교들에서 찾아볼 수 있다. 내가 가르쳤던 우간다 개혁신학교(Reformed Theological College: RTC)의 경우, 1999년부터 RTC 캠퍼스에서 남아프리카공화국에 있는 노스웨스트대학교(North West University: NWU)로부터 신학 학사(B.Th.)와 우등 학사(BA Honours) 학위를 받을 수 있는 학위 결연을 체결했다.

RTC 교장이 2008년 이사회에 보고한 자료에 의하면, 우등 학사에 5명, 신학 학사와 준학사(Advanced Diploma)에 21명, 졸업(Diploma)에 7명이었다.[5]

---

4 Smith, "Worldview and Culture: Leadership in Sub-Sahara Africa," 250.
5 "RTC report to BOG," 2007년 5월 2일.

대부분의 RTC 학생은 NWU로부터 학위를 얻기 위해서 RTC를 선택했다. 2013년 NWU와 학위 결연이 끝나면서 RTC는 우간다 정부에 등록하기 위해 노력했다. 가장 큰 이유는 신학교가 학위를 주지 않을 때, 학생들 수급에 큰 타격이 있었기 때문이다. 동일한 이유로 케냐 마차코스(Machakos)에 있는 스콧신학대학(Scott Theological College)은 학위를 주기 위해 2012년 스콧크리스천대학교(Scott Christian University)로 바꾸면서 학위를 주는 정식 대학이 되었다.6

그 외에도 케냐 키자베(Kijabe)에 위치한 모펫성경대학(Moffat Bible College)과 케냐 몸바사(Mombasa)에 있는 프와니성경대학(Pwani Bible College)도 정부로부터 대학 인가를 받기 위해 절차를 진행하고 있다. 이러한 변화는 신학교에 진학하는 그리스도인들도 그들의 학문적 업적과 성취를 통해 사회적 신분 변화를 추구하고 있다는 증거이다.

동부아프리카 안에서 이러한 세계관적 가치 변화는 지도자 양성에 긍정적인 요인으로 작용한다. 선교사가 지도자 선발 과정에서 출생 신분을 고려하지 않아도 그들의 리더십에 대한 가치관을 거부하는 것이 아니다. 선교사는 하나님께서 그를 어떻게 준비시키셨는지, 그리고 그가 하나님의 인도하심에 어떻게 반응했는지를 중점적으로 점검해야 한다.

한 사례를 소개한다.

이 선교사는 탄자니아 콜란도토(Kolandoto)에서 사역하던 중 한 청년 S를 지도자로 지목했다. 그 당시 그는 이 선교사가 가르치고 있는 성경학교 1년 과정에 입학한 학생이었다. 그의 부모님은 산골 작은 마을에서 사는 가난한 농부였다. 그는 11명의 형제 중 다섯째 자녀였다. 이 선교사가 그를 지켜보면서 지도자로 양육하고 싶은 마음을 갖게 되었다.

---

6   Scott Theological College, ⟨http://www.scott.ac.ke/index.php/history-50th-anniversary⟩, accessed on 19 December 2017.

S는 늘 하나님 앞에서 바르고 정직하게 살려고 노력하는 청년이었다. 기도하기와 전도하는 일에 최선을 다했다. 아파도 수업에 결석하는 일이 없었다.

1년제 성경학교를 졸업한 후, 그는 이 선교사의 제자훈련을 받으며, 전도사로서 교회 사역을 시작했다. 바쁜 사역 중에도 중, 고등학교 검정고시를 준비하여 합격했다. 그 후 목회자로 준비하기 위해 다르에스살람에 있는 칼빈신학교에 입학하여 신학과 4년을 마치고 목사 안수를 받았다.

그의 학업에 대한 열정은 여기에서 멈추지 않았다. 다르에스살람대학교에 입학하여 학사(B.A.) 학위를 받았고, 2016년부터 총신대학교 신학대학원 영어부에 입학하여 신학 훈련을 받았고(M.Div.), 칼빈대학교에서 박사(Ph. D.) 학위를 받았다.

이 선교사는 S의 출신 지역이나 가정 배경과 상관없이 그의 성실함과 정직함과 말씀에 순종하는 자세를 보고 지도자로 선발했다. 지금까지 S의 성장 과정과 리더십 영향력을 살펴보면, 개인의 성취와 업적으로 지도자의 정체성을 찾아가는 모습을 확인할 수 있다.

6) 약점 은폐 대 노출(Concealment of Vulnerability vs Willingness to Expose Vulnerability)

설문 항목 41번 "나는 어떤 대가를 치르더라도 이미지를 보호하며 오류와 실수를 피한다"에 54명(73.4%)이 긍정적으로 답했고, 변환점수는 72로 유의미했다(표 6-24 참조). 그리고 설문 항목 42번 "다른 사람들에게 나를 잘 나타내는 것을 강조한다"에는 58명(91.7%)이 긍정적으로 답했으며, 변환점수도 126으로 유의미했다(표 6-25 참조).

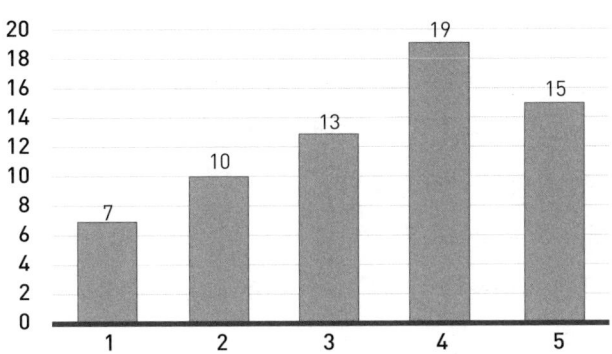

표 6-24 이미지 보호의 중요성 (Q 41)

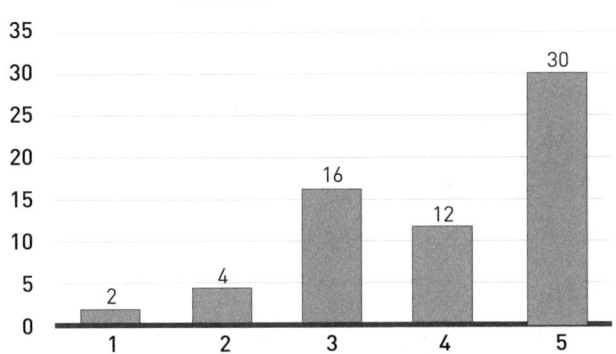

표 6-25 외형의 중요성 (Q 42)

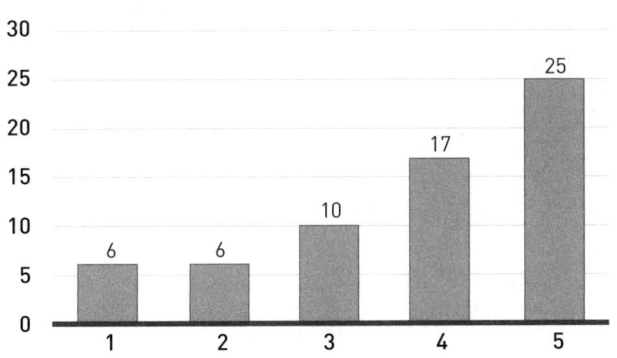

표 6-26 개인적 실수와 약점을 기꺼이 인정함 (Q 50)

반면, 약점과 취약함을 드러내는 설문 항목 50번 "나는 실수와 약점과 부족함을 기꺼이 인정할 수 있다"에는 위 〈표 6-26〉과 같이 52명(80%)이 긍정으로 답했고, 변환점수 101로 유의미함을 보여 주었다. 이것은 공동체와 개인의 거리가 가까우므로 개인의 실수나 약점과 부족함을 부정할 수 없는 사회적 환경을 반영한 응답일 수 있다.

동부아프리카 기독교인들은 개인의 좋은 이미지를 유지하는 것이 매우 중요하지만 개인의 실수나 약점을 숨기는 것보다 정직하게 노출하는 것이 중요하다고 본다.

내가 RTC에서 사역하는 동안 남학생 기숙사를 건축한 일이 있었다. 건축이 마무리되어 갈 무렵, 선교사들이 한 안건을 가지고 오랫동안 토론했다.

안건의 내용은 각 방에 전기 코드를 설치할지에 대한 여부였다. 결론은 '전기 코드는 만들어 주지 말자'라는 것이었다. 그 이유는 다리미 사용과 전열기 사용으로 전기 낭비가 심하고 심지어 불이 날 위험이 있기 때문이었다. 대신 다리미를 사용할 수 있는 한 방을 마련해 주었다. 학교 운영자는 방을 하나라도 더 많이 만드는 것이 중요했으나, 선교사들은 학생들에게 다리미 실과 안전이 더 중요하다고 판단했다.

동부아프리카인은 교회나 강의실이나 외출할 때, 옷을 잘 다려 입고 나갔다. 구두나 운동화도 매일 깨끗이 닦았다. 도리어 선교사들이 옷이나 구두에 신경 쓰지 않았다. 자신의 이미지를 좋게 보이려는 문화적 가치를 잘 보여 주는 예라 할 수 있다.

제5장에서 살펴본 것처럼, 이 세계관적 가치는 공동체와 지도자의 관계를 잘 설명해 주는 좋은 예라 할 수 있다. 지도자는 그 공동체에서 가장 존경받는 자이며, 공동체의 대표이다. 공동체는 자기 지도자의 성품이나 행동을 공개적으로 비난하여 수치스러운 상황에 빠뜨려서는 안 된다. 도리어 공동체는 자신들의 지도자가 자존감을 유지하며, 사회적 역할을 잘할

수 있도록 보호해야 한다.[7]

선교사가 지도자를 양성할 때, 비록 지도자가 어리고 자신의 멘티라 할지라도 공개적으로 그를 비난하는 것이 얼마나 무례한 행동인지 기억해야 할 부분이다.

그러나 위 〈표 6-26〉에서 보듯이, 선교사가 동부아프리카 학생들의 실수나 약점을 지적해 주고 개선을 요구하면, 그들은 선교사의 충고를 받아들이고 개선하려고 노력한다. 내가 RTC에서 학생들을 지도할 때, 이런 경험을 많이 했다. 전체 모임이나 수업 시간에는 비판적이며 부정적인 학생들일지라도 개인적으로 만나 그의 실수나 약점을 조언해 주면, 그들이 그것들을 인정하고 개선하려고 노력했다.

7) 공동체 기반 리더십(Leadership Based on Community)

공동체와 개인의 중요성에 대한 설문 항목 54번 "우리 사회에서 훌륭한 지도자는 지역사회를 자신보다 중요하게 생각한다"에 긍정적인 응답자는 36명(56%)으로 공동체의 중요성을 보이고 있지만 개인을 중요시하는 경향도 충분히 읽을 수 있다.

변환점수는 30으로 매우 낮은 의미를 나타냈다. 지도자에 대한 공동체의 기대에 관한 설문 항목 55번 "우리 사회에서 우리는 지도자가 환자나 상을 당한 사람이나 자녀 학비를 도와줄 것을 기대한다"에 대해 아래 〈표 6-27〉에서 보듯 52명(82%)이 그렇다고 답했고 변환점수도 93으로 유의미했다. 동부아프리카인은 지도자가 자기의 정체성을 가지고 공동체의 필요를 돌보는 것을 매우 중요하게 여기고 있다.

---

7   Smith, "Worldview and Culture: Leadership in Sub-Sahara Africa," 251.

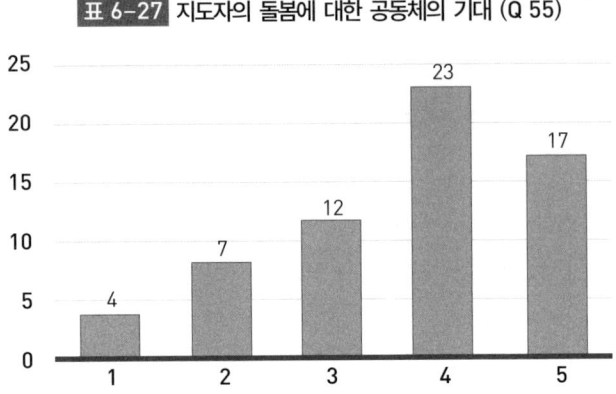

표 6-27 지도자의 돌봄에 대한 공동체의 기대 (Q 55)

그리고 공동체가 지도자에 대한 기대를 묻는 설문 항목 56번 "우리 사회에서 우리는 지도자가 결혼, 추수, 손님 등 가족의 대사에 관심 두는 것을 기대한다"에 아래 〈표6-28〉에 보듯이 48명(82%)이 긍정적으로 응답했다. 공동체는 지도자가 가족의 대사에 관심을 표현하는 것을 기대하고 있다. 그러나 변환점수 81로 볼 때, 그들의 긴급한 필요들, 즉 질병이나 장례나 자녀학비를 돕는 것에 비해 지도자의 도움을 덜 기대하고 있음을 보여 준다.

이와 같은 지도자 역할에 대한 동부아프리카인의 세계관적 가치는 지도자 양성에서도 강조될 부분이다. 공동체의 가족 중에 긴급한 필요가 있을 때, 지도자는 그들을 돌봐야 한다. 내가 선교지에서 가장 어려웠던 일 중의 하나는 구제였다.

'누구를 어디까지 도와야 하나?'

늘 고민했다. 현지인보다 부요한 선교사로서 당연히 가난한 이웃을 도와야 하겠지만, 두 가지 이유에서 갈등했다. 도와줌으로 그들의 자립심과 자존심을 약화할 수 있다는 것과 그들이 하나님을 의지하기보다 인간인 선교사를 의지하는 불신앙을 키울 수 있다는 이유였다.

오랫동안 서부아프리카에서 선교사로 사역했던 데이빗 마란츠(David Maranz)도 그의 책 『아프리카 친구와 돈 문제: 아프리카에서 관찰』(*African Friends and Money Matters: Observations from Africa*)이 갈등을 잘 말해 주고 있다.[8]

서구인들이 아프리카를 여행하고 아프리카에서 일할 때 아프리카 친구들과 돈 문제로 많은 좌절을 경험한다. 또한, 아프리카인들도 서구인들이 돈을 사용하는 방식 때문에 많은 좌절감을 경험한다.

마란츠는 서로가 실망하는 근본적인 이유는 서구인들과 아프리카인들이 돈과 자원들을 매우 다른 방식으로 사용하고 관리하기 때문이라고 판단했다. 그는 이러한 차이점이 많은 오해와 마찰을 불러온다고 진단했다.

나는 설문 조사의 응답을 통해 동부아프리카에서 돈과 관련된 지도자의 역할을 재확인했다. 지도자는 공동체의 가족들에게 긴급한 일들, 특히 질병과 장례와 자녀 학비의 필요가 발생했을 때, 그들을 돕는 것이 매우 중요하다. 이것은 선교사와 동부아프리카 기독교 지도자 모두가 기억해야 할 세계관적 가치이다.

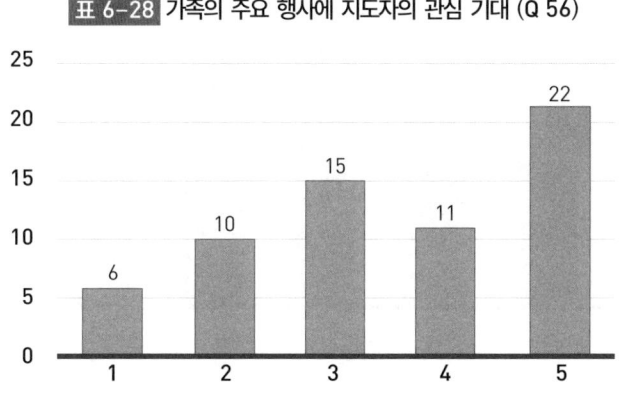

표 6-28 가족의 주요 행사에 지도자의 관심 기대 (Q 56)

---

8 David Maranz, *African Friends and Money Matters: Observations from Africa* (Dallas, TX: SIL, 2001)

8) 리더십에 미치는 출신 부족의 영향력(Group Influence on Leadership)

아래 〈표 6-29〉와 같이, 설문 항목 58번 "우리 사회에서 지도자의 개인적 목표는 공동체의 요구와 기대와 연관된다"에 대해 49명(77%)이 긍정적으로 답했고, 변환점수 66으로 유의미했다.

또한, 설문 항목 59번 "우리 사회에서 지도자가 자가 목표를 성취할 수 없어도 공동체에 헌신을 기대한다"에 43명(67%)이 긍정으로 답했고 변환점수는 49로 낮은 의미를 나타냈다.

또한, 아래 〈표 6-30〉과 같이, 설문 항목 62번 "우리 사회에서 우리 지도자가 국가의 지도자가 되면 우리 지역의 측근을 기용할 것을 기대한다"에 대해 긍정적인 응답은 53명(83%)을 나타내었고 변환점수도 87로 유의미했다. 40대 미만 37명 응답자 중 31명이 자기 부족 중에서 참모 기용을 긍정적으로 답했다.

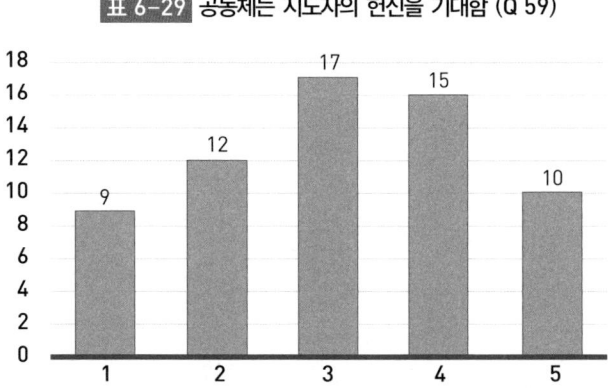

표 6-29 공동체는 지도자의 헌신을 기대함 (Q 59)

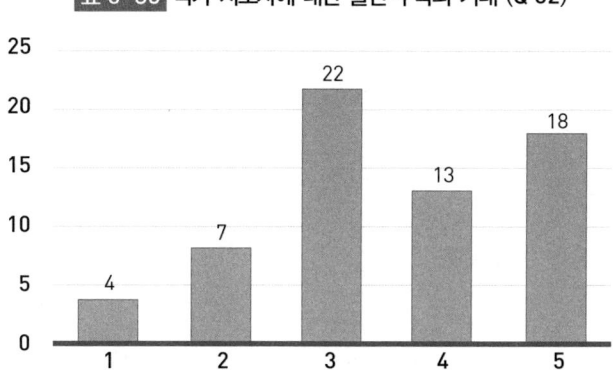

표 6-30 국가 지도자에 대한 출신 부족의 기대 (Q 62)

리더십에 미치는 출신 부족의 영향력에 관한 응답을 분석해 볼 때, 동부아프리카인은 지도자가 개인적 목표를 가지고 그것을 성취해 가는 것이 바람직하다고 판단했다. 그러나 그들의 지도자가 국가 지도자가 될 경우, 그들은 그 지도자로부터 기대하는 바가 확연하게 드러났다. 자신들 지역을 우선으로 양성하고 부족민에게 혜택을 줄 것을 크게 기대하고 있음을 읽을 수 있다. 동부아프리카에서 선교사가 지도자 양성을 진행할 때 주의할 부분이다.

첫째, 지도자는 그 부족민 중에서 선발한다. 선교사가 영적 지도자를 양성하는 것을 목표로 하지만 그 지역의 공동체는 선교사가 자신들의 부족민을 지도자로 양성하길 원한다.

둘째, 부족 공동체는 그들의 지도자가 지역민들을 고용할 것을 기대한다. RTC는 우간다에 온 학생뿐만 아니라 주변 나라들, 즉 케냐, 남부수단, 콩고, 르완다, 부룬디, 탄자니아에서 온 학생들이 함께 수학했다. 간혹 RTC에서 직원이 필요할 경우 출신 나라와 상관없이 채용한 경우가 있었다.

한 번은 재정 담당자가 필요해서 케냐 출신 W를 고용했다. 그는 자기 성실함과 정직함과 영적 성숙 면에서 그 일을 맡기에 적합한 인물이었다. 그러나 그가 재정 과장으로 있는 동안 우간다 학생들이 늘 불만을 토로했다. 이유는 우간다에 있는 학교에서 케냐 사람을 고용한다는 이유에서였다.

셋째, 지도자를 배출한 공동체는 지도자를 통해 눈에 보이는 양성이 그 공동체 안에 이루어지기를 기대한다. 이와 같은 공동체의 기대를 고려한다면, 선교사는 지도자 양성을 위한 커리큘럼에 공동체양성(Community Development) 항목을 포함할 필요가 있다.

9) 독재(Dictatorship)와 현재 문제 해결(Concentration on Present-problems Solving)

동부아프리카인은 지도자가 혁신을 가져오지 못해도 사회질서를 유지하는 것을 더 선호하고 있다. 아래 〈표 6-31〉과 같이, 설문 항목 64번 "우리 사회에서 우리는 지도자가 혁신을 희생하면서도 사회의 질서를 유지해 주기를 기대한다"에 대한 응답은 48명(75%)이었다. 변환점수는 75로 유의미했다.

동부아프리카인은 지도자가 현재 당면한 일에 충실하지 않으면서 미래의 발전을 위해 계획하고 노력하는 것은 옳지 않다고 보고 있다. 먼저 현안을 해결해야 한다고 판단한다. 이들의 응답은 동부아프리카인의 시간 개념도 반영하고 있다. 동부아프리카인은 경험할 수 없고 상상할 수 없는 미래의 사건보다 경험할 수 있는 현재의 일들이 더 중요하고 의미가 있다.[9]

이 질문과 유사한 63번 질문 항목 "우리 사회에서 좋은 지도자는 미래의 계획과 전략보다 현 문제를 해결하는 데 집중한다"에 대한 응답도 거의 동일했다.

긍정적인 응답자가 47명이었고, 변환점수는 26으로 매우 낮은 의미를 나타냈다. 선교사는 동부아프리카 지도자가 성경적 미래 개념을 가질 수

---

[9] Mbiti, *African Religions and Philosophy*, 22-23.

있도록 훈련해야 한다. 한 기독교인으로서, 지도자는 경험할 수 있는 실현된 현재의 하나님 나라뿐만 아니라 미래에 완성될 하나님 나라를 기대하며 소망할 수 있어야 한다.

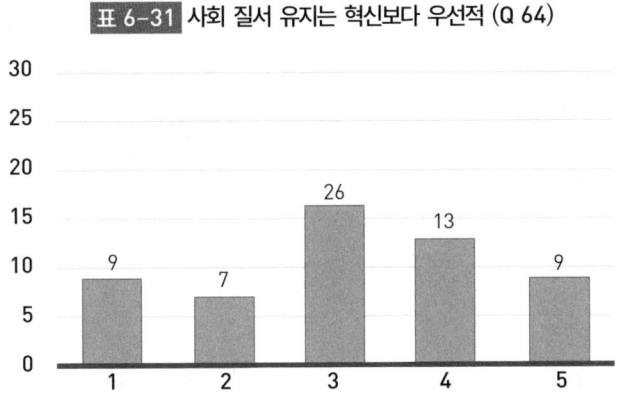

표 6-31 사회 질서 유지는 혁신보다 우선적 (Q 64)

설문 항목 65번 "우리 사회에서 지도자의 장기 집권은 큰 문제가 되지 않는다"에 대한 응답은 아래 〈표 6-32〉에서 보듯이 48명(75%)이 긍정적으로 답했고, 변환점수는 54로 낮은 의미를 나타냈다. 48명의 긍정적인 응답 중에 3번 응답이 두드러지게 많았다. 3번을 제외한 부정적인 응답과 긍정적인 응답의 비율이 비슷하게 나왔다. 지도자의 장기 집권에 대해 크게 문제 삼지 않는 것을 나타내고 있다.

이와 같은 세계관적 요소를 가진 지도자는 자신의 지도자 유지에만 집착할 가능성이 크다. 선교사는 지도자 양성 초기부터 그들이 리더십 권한을 위임하고, 차세대 지도자들을 양성하고 세울 수 있도록 훈련해야 한다.

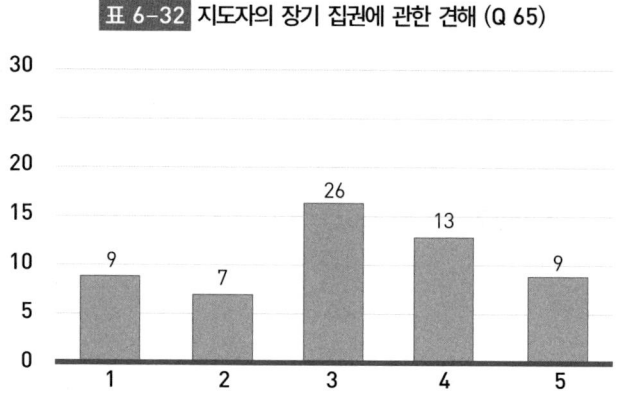

설문 항목 67번 "우리 사회에서 추종자들이 지도자에게 반대의견을 표현하는 것은 매우 어렵다"에 대해, 아래 〈표 6-33〉과 같이 매우 어렵다는 범례 5번 응답이 22명(34%)를 차지했다. 대부분이 반대의견이 어렵다고 답했으나 전혀 어렵지 않다고 답한 사람도 13명(20%)이었고, 그중 10명이 40대 미만 응답자였다.

변환점수는 63으로 낮은 의미를 나타냈다. 이것은 젊은 층의 세계관 변화로 이해할 수 있을 것이다. 왜냐하면, 전통적으로 아프리카에서 추종자는 지도자와의 좋은 관계를 유지하려고 자신들의 솔직한 감정을 숨기며, 심지어 정보를 왜곡시키는 일까지도 어렵게 생각하지 않았기 때문이다.[10]

선교사는 지도자 양성에서 이 상반되는 세계관적 가치를 조화롭게 다루어야 한다. 지도자는 전통적인 세계관만 생각하고 추종자의 긍정적인 반응만을 기대해서는 안 된다. 선교사는 차세대의 젊은이들이 지도자에게 그들의 반대의견을 표현할 수 있는 지도자가 기억하게 하고, 그것을 용납할 수 있도록 훈련해야 한다.

10　Kuada, "Culture and Leadership in Africa: A Conceptual Model and Research Agenda," 18.

제6장 동부아프리카의 문화와 세계관에 관한 설문 조사 결과 분석 267

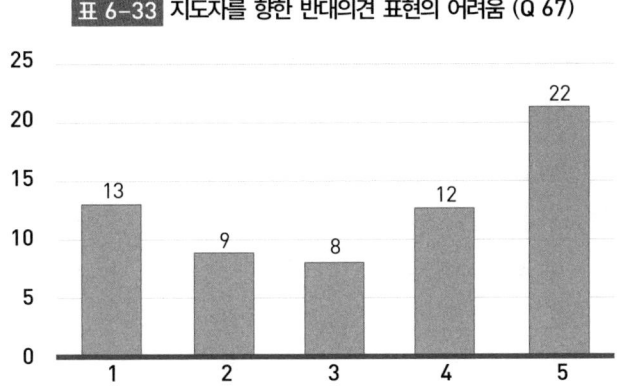

표 6-33 지도자를 향한 반대의견 표현의 어려움 (Q 67)

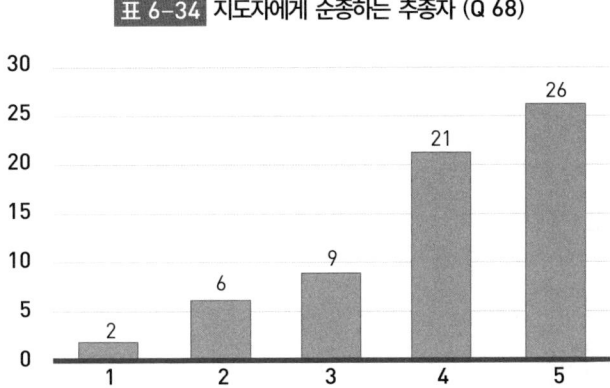

표 6-34 지도자에게 순종하는 추종자 (Q 68)

지도자에게 복종하기를 묻는 설문 항목 68번 "우리 사회에서 추종자는 지도자에게 순종할 것을 기대한다"에 대한 응답은 아래 〈표 6-34〉에서 보듯이 56명(88%)이 긍정으로 답했고, 변환점수도 119로 유의미했다. 이는 동부아프리카인은 추종자들이 지도자에게 복종하는 분명한 문화적 가치를 가지고 있다.

17년 1월 6명의 팀과 함께 케냐 코어(Korr)를 방문한 적이 있다. 그 지역에 있는 여러 초등학교와 중, 고등학교를 찾아갔다. 한 초등학교를 방문했을 때 국기에 대한 예식을 진행하는 시간이었다. 열 명 남짓의 상급반 학생들이 군대 제식에 맞추어 국기를 게양했다. 우간다의 학교들에서도 흔히 보았던 광경이었다. 이와 같은 군대식의 훈령은 교실 안에서도 동일하다. 학생들 체벌과 기합은 기본적으로 있는 일이다. 누구든지 군대식의 순종체계를 동부아프리카 사회 여러 구석에서 쉽게 엿볼 수 있다.

나는 동부아프리카인이 어린 학교생활에서부터 지도자에게 순종해야 하는 가치를 몸에 익혔다고 판단한다. 선교사는 지도자 양성에서 권위와 힘으로 지도자에게 절대적으로 순종하는 가치관을 성경적 가치관으로 변혁시킬 필요가 있다. 하나님의 은혜와 사랑에 감격하여 마음 중심에서 나오는 순종이다.

기독교인은 "인간의 모든 제도를 주를 위하여 순종하되 혹은 위에 있는 왕이나"(벧전 2:13)라는 말씀처럼, 하나님께서 지도자를 세워 주셨기 때문에 하나님께 순종하는 차원에서 그에게 순종한다.

10) 리더십 자질

리더십 자질을 묻는 설문 항목 69번은 열두 개의 범례를 제시했다. 범례는 지성, 비전, 겸손, 정직, 충실, 성숙, 자기 절제, 융통성, 창의력, 재능, 인내, 다른 사람을 돌봄이다. 대부분 자질에 대해 중요하다고 응답했다. 범례별로 5번 '매우 중요하다'의 응답자들은 최소한 27명(42%)이었다(표 6-35 참조).

높은 변환점수를 얻은 자질들을 열거하면, 성숙함 145, 다른 사람을 돌봄 145, 인내 132, 융통성 131, 성실 129이었다. 반면에 창의력 120, 재능 123, 비전 125, 자기 절제 125는 이것들에 비해 낮은 변환점수를 보여 주었다. 그러나 이러한 점수조차도 다른 설문 항목의 변환점수와 비교해 볼 때 여전히 높은 점수들이다.

변환점수를 통해 알 수 있는 동부아프리카인은 지도자가 가져야 할 중요한 자질로서 성숙함을 선택했다. 그들의 가치관 차원에서 볼 때 지도자는 무엇보다도 먼저 성숙해야 한다. 성숙함은 지혜와 판단에 있어서 완숙한 상태를 의미한다.[11] 여기에 기독교 지도자들은 영적 성숙함도 포함한다.

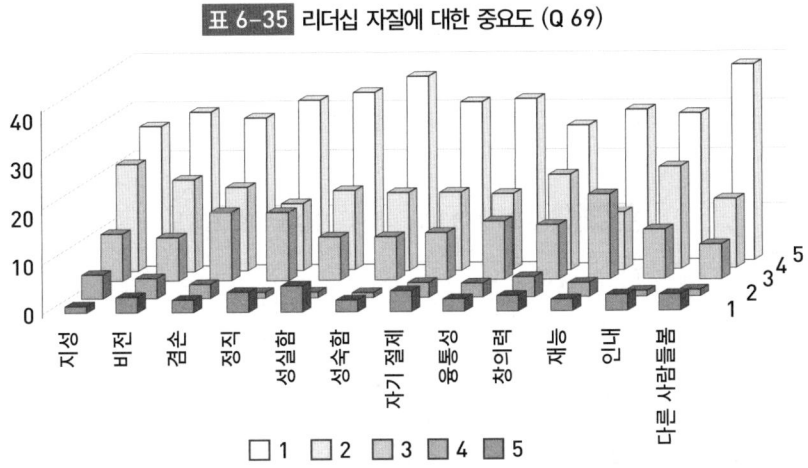

표 6-35 리더십 자질에 대한 중요도 (Q 69)

영적 성숙은 에베소서 4:13(우리가 다 하나님의 아들을 믿는 것과 아는 일에 하나가 되어 온전한 사람을 이루어 그리스도의 장성한 분량이 충만한 데까지 이르리니)이 잘 설명해 주고 있다. 예수 그리스도를 알고 믿는 것에 하나가 되며, 그리스도의 장성한 분량에 이르기까지 성숙한 사람을 의미한다.

동부아프리카인은 지도자가 성숙할 뿐만 아니라 다른 사람을 돌보고, 인내심이 있고, 융통성이 있고, 성실하기를 기대한다. 동부아프리카에서

---

11 Merriam-Webster, Maturity, 〈https://www.merriam-webster.com/dictionary/maturity〉, accessed on 23 December 2017.

선교사가 지도자를 선발하고 양성할 때, 우선하여 점검할 자질들이다.

한편, 동부아프리카의 선교사들은 지도자 양성을 위해 지도자 대상자가 갖추어야 할 자질을 아래 〈표 6-36〉과 같이 보여 주었다. 항목마다 리커트 척도 5단계(1은 중요, 5는 매우 중요)를 사용하여 중요도를 표시하고, 응답자의 수를 백분율로 표시했다. 선교사들이 생각하는 리더십 자질로 정직성, 섬김과 돌봄, 신뢰성이 많았다.

5번 '매우 중요하다'에 해당되는 응답만 볼 때 정직성 42명(93%) 변환점수 132, 섬김과 돌봄 38명(84%) 변환점수 126, 신뢰성 36명(82%) 변환점수 117, 충성됨 35명(78%) 변환점수 122, 협력 34명(76%) 변환점수 122였다.

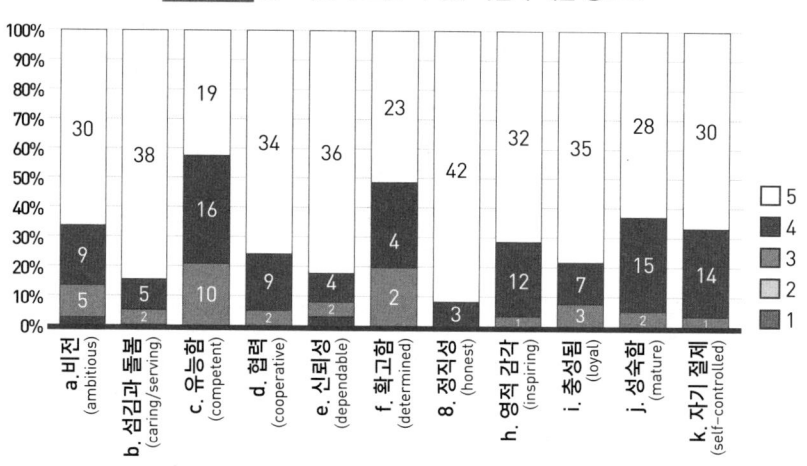

표 6-36 선교사들이 보는 리더십 자질에 대한 중요도

선교사들이 중요시하는 리더십 자질의 범례 열한 개는 동부아프리카인을 대상으로 한 범례 열두 개와 동일하지는 않다. 그러나 그중 일치하는 일곱 개 가치를 비교해 볼 때, 선교사들이 중요하게 여기는 리더십 자질들과 동부아프리카인의 것과 거리가 있음을 발견하게 된다. 다만 두 그룹 모두 섬김과 돌봄은 중요한 리더십 자질로 인정했다. 선교사는 지도자가 다

른 이들을 섬기고 돌보는 일을 동부아프리카의 문화적 가치 차원에서뿐만 아니라, 성경의 종의 리더십 차원에서 양성시킬 필요가 있다.

11) 리더십 기술과 행동

지도자가 가져야 할 리더십 기술들의 중요성을 묻는 설문 문항 6번에 대한 선교사들의 응답을 분석했다. 리더십 기술들에 관한 항목들을 통해서 선교사들이 리더십 행동 중 중요시하는 요소들이 무엇인지 확인했다.

열두 가지 리더십 기술 중 선교사들이 중요하게 취급하는 것들은 커뮤니케이션(변환점수 121), 비전 나누기와 소통(118), 판단력(118), 자원하여 섬김(118)이었다. 한마디로, 선교사들은 지도자들이 원활한 커뮤니케이션을 하며, 바르게 판단하며, 자원하여 섬기는 자가 되기를 기대하고 있다.

이와 같은 지도자를 양성하기 위해서 선교사는 그들에게 본을 보여야 한다. 본을 보이기 전, 선교사는 동부아프리카인의 커뮤니케이션 방법과 결정하는 과정과 섬김의 영역을 배워야 한다. 그리고 그들의 리더십 행동들이 성경적으로 변화될 부분은 없는지 살펴보아야 한다.

12) 지도자 양성에 미치는 외부 요인과 리더십 선발 및 리더십 이양 시기

설문 항목 7번 "지도자 양성에 큰 영향을 미치는 외부적 요인은?"이란 질문에 대해서 선교사들은 문화적 차이라고 응답했다. 이 범례에 대한 응답자는 26명 58%였다. 선교사들은 지도자 양성에 문화의 영향력이 크게 작용하고 있음을 시인하고 있다. 지도자 양성을 시도하기 전, 선교사는 동부아프리카의 문화를 철저히 연구하여 그들이 가지고 있는 리더십 가치를 알고, 그것을 적용하여 지도자 양성을 추진해야 한다. 그렇지 않으면 서양식 혹은 한국식 리더십 가치를 가지고 동부아프리카 문화에 맞지 않는 지도자를 양성하는 오류를 범할 수 있다.

리더십 인선에 관한 설문 항목 11번 질문에 대한 응답에서 선교사는 지역사회공동체의 추천을 가장 중요시하고 있음을 나타냈다. 이것은 목회자의 추천을 받는 것보다 웃도는 수치로서 목회자 한 사람의 추천보다는 여러 사람의 공통된 의견을 중시하는 모습을 반영하고 있다.

선교사가 지도자를 발굴할지라도 공동체의 의견을 묻는 과정이 필요하다. 이렇게 하는 이유는 여러 명의 의견을 듣는 차원도 있지만 공동체를 지도자 양성 초기부터 참여시킴으로 공동체를 위한 지도자를 양성하는 차원도 있다. 설문에 제시한 다섯 범례는 자기 추천자, 일의 성과, 동역한 팀 지도자의 추천, 목회자 추천, 공동체의 추천이었다.

선교사가 생각하는 리더십 이양 시기에 관한 설문 항목 1번 질문에는 사역 초기부터(43명, 93.5%), 가능한 지도자가 생겼을 때(2명, 4.5%), 은퇴 4년 전부터(1명, 2%), 은퇴 1년 전부터(0명) 순서였다. 대부분 선교사가 사역 초기부터 이양을 생각하며 사역을 시작하는 것으로 나타났다. 이 응답은 선교사가 지도자 양성도 사역 초기부터 계획하고 있음을 의미한다고 할 수 있겠다.

마지막 설문 항목으로, 한국 선교사들이 생각하는 동부아프리카의 아홉 가지 문화적 요소 중 다섯 가지를 선택하는 문항에서 가족과 공동체(38), 관계성(37), 돌봄(29), 존경(29), 인내(29), 사람 중심(28), 정직(9), 책무(9), 융통성(7) 등의 순서로 나타났다. 이것은 외부인인 선교사가 동부아프리카인의 문화적 가치들을 말해 준다는 차원에서 의미가 있다. 또한, 동부아프리카 문화를 모르는 초임 선교사들과 선교 후보생들에게 의미 있는 자료가 될 것이다.

제7장
제언

이론적 연구와 실증연구를 통해 동부아프리카 기독교 지도자 양성을 어떻게 효과적으로 할지 아홉 가지로 제언한다.

1. 통합적 지도자 양성을 제언한다

리더십에 관한 연구가 지난 몇 세기 동안 여러 연구자에 의해 진행됐고, 지금도 계속 진행되고 있다. 그 이유는 사람이 모이는 모든 공동체 안에는 지도자와 추종자가 있고, 그 안에는 문제들이 끊이지 않고 일어나기 때문이다. 그 문제들은 개인과 시대적인 환경에 따라 다르다.

한두 가지 이론으로 그 현상을 설명하거나 일어나는 문제들을 해결하기란 불가능하다. 리더십 연구의 역사를 보더라도 이것이 증명된다. 한때는 힘과 능력이 탁월한 사람을 지도자로 세웠고, 다른 때는 리더십 자질을 보거나 지도자의 관계성이나 역동적 과정을 보고 택하기도 했다.

그러나 지도자가 그러한 요소들을 갖췄다고 성공을 장담할 수 없다. 연구가들은 지도자 자신의 역량이나 자질 외에도 추종자나 상황의 변수들이 리더십에 크게 작용함을 발견했다. 결국, 리더십과 지도자 양성은 통합적 연구를 요구한다.

선교사는 지도자 양성을 위해서 통합적 양성 과정과 관찰을 계획해야 한다고 본다. 구체적인 실천 사항으로 선교사는 지도자와 개인적인 멘토링을 통해 리더십 역량을 양성할 수 있도록 공식 훈련이나 양성 활동이나 자조 활동에 참여할 수 있도록 격려하고, 도전하며, 후원해야 한다.

공식 훈련으로 대학교나 대학원에서 리더십 자질과 양성에 관해 전공할 수 있도록 도우며, 워크숍이나 세미나에 참석하도록 소개해 주고 참여할 수 있도록 주선할 수 있다. 공식 훈련을 통해서 지도자는 학습 능력을 배양하고, 행동 변화가 일어나고, 실적을 높일 기회를 얻게 된다.

선교사는 지도자가 그의 역량보다 힘든 일이나 경험하지 못한 일들을 경험하게 함으로 리더십 역량을 키울 수 있다. 이러한 경험을 통해서 지도자는 새로운 정보와 문제들을 보는 새로운 시각과 새로운 관계 수립과 신기술을 배울 기회를 얻게 된다. 선교사는 지도자가 개인 성장 프로그램에 참여하게 함으로써 자신감과 리더십 역량을 양성할 수 있도록 할 수 있다. 이처럼 지도자 양성은 통합적으로 이루어져야 한다.

2. 기독교 지도자 양성의 기초를 제공하는 영적 리더십의 지속적 연구를 제언한다

영적 지도자는 하나님의 부르심에 따라 그가 주신 역량과 책임을 갖고, 특정한 그룹을 향한 하나님의 목적을 성취하기 위해 그 그룹에 영향력을 행사하는 사람이라 할 수 있다. 이 정의에서 보듯이 영적 지도자는 신적 부르심과 능력을 갖춘 자이기에 막강한 영향력을 행사할 수 있다. 성경에서 사용된 용어들을 볼 때도 그 사실을 인정하게 된다. 지도자는 한 공동체의 대표자이며, 지혜롭고 용감한 자이며, 공동체를 이끌고 보호하는 자이다.

영적 지도자가 이와 같은 역할을 감당하려면 그의 지위나 권위나 개성에서 나오는 영향력으로는 부족하다. 영적 리더십의 영향력은 그 이상의 것에서 발휘되어야 한다.

성경에서 볼 수 있는 영적 영향력은 독실한 믿음, 영적 감화력, 조건 없는 사랑, 자기 희생, 순종의 본 등에서 오는 것을 볼 수 있다. 이러한 자질들을 성경은 영적 지도자를 종처럼 섬기는 자로, 양을 돌보기 위해서 모든 수고를 아끼지 않는 목자로, 맡겨 주신 직분에 죽도록 충성하는 청기기로 묘사한다.

동부아프리카에서 기독교 지도자를 양성하기 위해 이와 같은 영적 리더십 자질 양성에 중점을 두어야 한다.

먼저 선교사는 하나님께서 지도자가 속한 가족과 성장 배경 속에서 지도자의 삶을 어떻게 다루셨는지 살펴본다. 그리고 지도자가 기도와 하나님의 말씀을 통해 하나님을 얼마나 깊이 알고 있는지 점검한다. 또한, 지도자의 동기가 진실한지, 하나님의 말씀을 깨닫고 순종하여 그의 삶에 변화가 있는지 꼼꼼하게 살펴볼 필요도 있다.

다음으로 영적 지도자는 다른 사람들을 섬기는 사역 과정에서 자신의 은사들을 발견하고 양성시키는 과정이 요구된다. 필요하면 공식적 훈련이나 비공식적 훈련을 통해 그의 은사들을 양성시켜야 한다.

사역 과정에서 지도자는 영적 전쟁, 믿음과 기도에 대한 도전, 영향력에 대한 도전을 통해 사역의 성숙을 가져오게 된다. 이 과정에서 영적 지도자는 자신의 은사를 최대한 활용하여 사역에 열매를 맺게 되며 하나님과 더 깊은 교제를 통해 영적 권위가 증가함을 경험하게 될 것이다.

이처럼 영적 리더십에 관한 지속적 연구를 통해 교회와 사회가 필요로 하는 영적 지도자를 양성할 수 있다.

3. 동부아프리카의 문화와 세계관을 성경적 세계관으로 바꾸는 지도자 양성 과정 고안을 제언한다

세계관 변혁은 문화와 세계관을 아는 것에서 시작된다. 문화 가치 차원을 통해 발견한 동부아프리카의 문화는 사람 중심, 관계 중심, 단기 중심, 남성 중심, 집단주의, 낮은 불확실성 회피, 먼 권력 거리, 인본주의 정신, 공동체 중심, 가족주의 등의 요소를 가지고 있다.

또한, 동부아프리카인의 세계관적 요소들을 살펴보면, 최고신 존재, 통합적 우주관, 연속적 현재, 우주와 연합된 인간, 자손들의 기억으로 살아 있는 죽은 조상 등이다. 선교사가 이와 같은 동부아프리카의 문화와 세계관적 요소들을 이해하고, 그들의 세계관을 성경적 세계관으로 변혁시킬 수 있는 훈련 과정을 고안하고, 그 과정에 따라 영적 지도자를 양성해 나가야 한다.

이와 같은 과정을 고안할 때, 선교사가 반드시 기억해야 할 성경적 세계관의 핵심 요소가 있다. 그것은 창조, 타락, 구속, 재림이며, 그 정점은 예수 그리스도시다. 이 요소들은 성경 전체에 흐르는 하나님의 거대 이야기이다. 이 거대 이야기의 중심에 예수 그리스도가 우뚝 서 계시기 때문에 성경적 세계관을 이해하기 위해서 예수 그리스도에 대한 신구약 성경의 가르침을 알아야 한다.

예수 그리스도에 관한 성경의 가르침을 네 가지 테마로 살펴볼 수 있다.

첫째, 인지론적 논제는 창조주와 창조물이 대표적이다. 전지전능하신 하나님께서 우주 만물을 선하고 아름답게 창조하셨다. 그러나 이 완전한 세계는 인간의 범죄로 파괴되었고 인간은 죽음에 이르게 되었다. 사랑이신 하나님은 피조물을 회복하고 인간과 깨어진 관계를 회복하기 위해 하나님 자신인 그리스도께서 인간으로 이 땅에 오셨다.

그리고 그리스도는 십자가에서 돌아가셨고 사흘 만에 부활하셨고 승천하셨다. 이제 죄인은 그리스도 안에서 죄 용서함을 받게 되고, 거룩한 삶을 살 수 있게 된다. 세상 끝 날에 예수 그리스도는 재림하시어 하나님 나라를 완성하신다.

둘째, 감성적 논제는 하나님과 이웃을 이해하는 데 중요한 역할을 한다. 먼저 살펴볼 것은 하나님에 대한 경외심이다. 그것은 우리가 하나님의 면전에 들어갈 때 느끼는 거룩한 경외감이다. 이 감정은 멀리 계시지만 위대하고, 전능하고, 인간의 경험과 이해를 뛰어넘는 신에 대한 느낌이다.[1]

또한, 사랑과 희락과 화평과 오래 참음과 자비와 양선의 요소들이 있다. 이것들은 그리스도를 닮은 감성적 표식이다.[2] 기독교인은 사랑해야 한다. 왜냐하면, 하나님이 사랑이시기 때문이다. 성부와 성자와 성령 사이에 완전한 사랑이 이루어진다. 하나님은 피조물과 관계에서 완전한 사랑을 보여 주신다.

하나님은 아가페 사랑을 하신다. 아가페 사랑은 다른 사람들의 행복에 조건 없이 자발적으로 헌신하며, 희생적이고 용서하며, 통제하기보다는 능력을 부여하며, 원수도 친구도 사랑한다.

희락은 하나님과 다른 사람과의 좋은 관계에서 오는 열매이다. 이것은 타인 중심이며, 다른 사람들의 행복과 기쁨을 보며 깊이 만족한다.

화평은 원수와 더불어 정의와 용서와 화목을 이루려는 행동이다. 이것은 하나님께서 보좌에 앉아 천사를 보내 죄인들을 심판하지 않고 예수 그리스도를 자신을 대적한 원수들에게 보내어 그들의 죄를 위해 십자가에

---

1 Stephen Neill, *Christian Holiness: The Carnahan Lectures for 1958* (London: Lutterworth Press, 1960), 11.
2 P. G. Hiebert, *Transforming Worldviews: An Anthropological Understanding of How People Change* (Grand Rapids: Baker Academic, 2008), 292.

죽으심으로 정의와 용서와 화목을 이루신 본에서 잘 드러난다.[3]

오래 참음은 어떤 것들이 일어나고 다른 사람들이 결정하도록 능동적으로 기다리며, 주변의 삶 깊숙이 들어가서 고난을 함께 나누는 행동을 의미한다. 이것은 내적으로 보고, 듣고, 만지고, 맛을 보고, 냄새를 맡을 수 있는 능력이 있어야 한다.[4]

셋째, 행동적 논제는 하나님의 성품에 근거하는 것으로서 예수 그리스도께서 보여 주신 거룩하고, 의롭고, 성결하고, 공평하고, 긍휼하신 모습을 닮아 가는 것이다. 이러한 삶의 모습은 개인뿐만 아니라 정치, 경제, 문화의 모든 영역에서도 동일하게 드러나야 한다.

넷째, 통시적 논제는 성경이 전 우주와 인간 역사의 모든 관점을 포함한다. 즉, 통시적 논제는 하나님께서 온 우주와 인간 역사 안에서 행하신 창조, 죄, 악, 타락, 구속은 시공간 안에서 일어난 사건으로 본다.

선교사는 동부아프리카의 문화와 세계관과 성경적 세계관을 아는 것으로 마쳐서는 안 된다. 이 두 세계관을 세밀하게 비교하고 분석하여 서로 다른 부분들을 찾아내야 한다. 그리고 동부아프리카 지도자들이 예수 그리스도를 그들의 삶 전 영역에 왕과 주로 모심으로써 급진적인 세계관 변혁을 이룰 수 있도록 도와야 한다.

이 급진적 세계관 변혁의 시점을 회심이라 부르는데, 생의 한순간에 시작된 삶이지만 전 생애를 거쳐 모든 영역에서 그리스도를 따르는 삶을 의미한다. 그런 점에서 세계관 변혁은 평생 계속되어야 한다.

---

[3] Christopher Marshall, *Beyond Retribution: A New Testament Vision for Justice, Crime, and Punishment* (Grand Rapids: Eerdmans, 2001), 284.

[4] D. McNeill, Douglas Morrison & Henri Nouwen, *Compassion: A Reflection on the Christian Life* (Garden City, NY: Doubleday, 1982), 20-21.

동부아프리카 기독교 지도자들이 인식적이고 감성적이고 윤리적인 차원에서 성경적 세계관을 따를 때, 그들 내면에 있는 전통적인 세계관은 긴장하게 되고, 이 긴장감을 줄이기 위해 내부적으로 세계관의 재구성이 일어나게 된다. 내부에서 일어난 세계관의 재구성은 곧 다시 표면적 문화에 영향을 주어 결국 새로운 문화를 창출하게 된다.

4. 공동체 정신을 강화하는 지도자 양성을 제언한다

동부아프리카는 다양한 문화를 가진 대륙이다. 그러나 동부아프리카의 다양한 문화들이 공통으로 가진 하나의 가치가 있다. 그것은 바로 인간중심이라는 가치다. 이 가치는 지도자가 다른 사람과 관계성을 중시하고, 이를 발전시키는 지도자 양성이 필요함을 말해 준다.

전통적으로 동부아프리카 사회는 공동체 전체가 서로에 대해 책임지는 문화를 가지고 있다.

한 예로, 동부아프리카에서는 어린애들이 부모에게만 속한 것이 아니라 공동체에 속한 것으로 본다. 그러므로 자기 직계 자녀들이 아니더라도 공동체의 어른 중 누구라도 훈육할 수 있다.

또한, 어린애들이 공동체에 속해 있으므로, 공동체가 그들의 필요를 책임지는 것을 당연시한다. 학령기의 아이들이 상급학교에 갈 때 필요한 수업료와 기타 필요를 공동체가 전체적으로 부담하려고 애쓴다.

이와 같은 공동체 중심의 세계관적 요소는 우분투(Ubuntu) 사상에 잘 드러나 있다.[5] 우분투는 공동체를 건설하고 유지하기 위한 열정과 상호 의존

---

5   April & Ephraim, "Implementing African Leadership: An Empirical Basis to Move Beyond Theory," presented at the 1st International Conference on Values-Based Leadership at Stellenbosch University in SA (2006): 5

과 인간의 존엄성과 인간성과 성숙을 표현하는 사상이다. 우분투의 공동체적 요소들을 다음과 같이 설명할 수 있다.

우분투 사상은 개인보다 공동체를 중시하며, 공동체라는 문맥에서 개인의 존재와 생각이 인지되며, 우분투 사상에 근거한 팀워크를 통해 협력과 경쟁 있는 전략이 이루어지며, 공동체 안의 사람들이 생산물이나 조직의 이익보다 먼저 인정된다.

또한, 추종자들이 동부아프리카 문맥에서 사회적이고 문화적 가치를 발견할 수 있으며, 공동체의 장로들을 존경하며, 공동체의 책임을 준수하며, 협력적 관리체제(governance)를 수립할 수 있다.[6] 이 모든 특징이 공동체적 요소들을 포함하고 있다.

동부아프리카의 우분투 사상을 볼 때, 공동체를 중시하는 지도자 양성의 중요성은 더욱 뚜렷해진다. 서구인들은 지도자 양성을 개인의 능력이나 기술을 양성하는 것으로 생각하는 경향이 있다. 이러한 예를 변혁적 리더십 이론에서 찾아볼 수 있다.

변혁적 리더십 특징은 카리스마, 지적 자극, 개별화된 배려 등이다. 카리스마는 조직에 대한 사명감을 느끼고 있으며, 그 조직에서 중요한 것이 무엇인지 알고 있으며, 추종자에게 미래에 대한 비전을 제시할 줄 아는 지도자가 그의 추종자들이 직무에 열중하게 하고, 조직에 충성하게 한다는 것이다.

지적 자극은 지도자가 추종자의 문제 접근 방식을 다양한 각도에서 보도록 고무시킴으로써 추종자들이 판단력과 탁월한 능력을 갖출 수 있도록 돕는 것이다. 개별화된 배려는 지도자가 추종자와 일대일 관계를 기초로 추종자의 관심을 파악하여 이를 만족시킬 뿐만 아니라, 멘토링이나 코

---

[6] Richard Ngomane, "Leadership Mentoring and Succession in the Charismatic Churches in Bushbuckridge: A Critical Assessment in the Light of 2 Timothy 2:1-3," Ph. D., University of Pretoria, (2013): 127-147

칭을 통해 추종자의 열정을 자극하고 높임으로써 그들을 양성시키는 것을 의미한다.[7] 이러한 리더십 접근은 개인주의를 기초로 한 것으로 지도자와 추종자 사이를 분명하게 구분하고 있다.

이처럼 서양의 전통적 지도자 양성은 지도자의 개인적 훈련과 기술 습득과 개인의 능력을 배양하는 방식임을 알 수 있다. 그러나 다수의 연구자가 지도자와 공동체와 공동체 환경의 복잡한 상호 작용으로 리더십이 세워진다는 연구 결과를 발표했다.[8]

이런 결과는 개인 지도자 양성 이론에서조차 공동체의 역할을 중시하게 되었다. 즉, 개인 기술 습득과 능력 배양을 통한 지도자 양성과 동시에 공동체의 구성원들이 관여하는 사회적 과정을 통한 지도자 양성에 관한 연구가 함께 시도되고 있다. 사회적 과정을 통한 지도자 양성은 실행공동체(Community of Practice)의 구성원들 가운데 헌신을 강화할 수 있도록 사회적 시스템을 사용한다. 이를 통해 개인은 관계성의 중요성을 보게 된다.

구체적으로는 공동체 훈련 프로그램을 사용하여 관계성을 중요시하는 지도자를 양성할 수 있다. 지도자의 행동을 전방위 각도에서 관찰하는 360도 피드백, 목표를 중심으로 하는 경영 간부 코칭, 형식적 훈련과 비형식적 훈련과 무형식적 훈련을 통한 멘토링, 장벽을 넘어서는 네트워킹, 경험을 위한 업무 배치 등을 사용할 수 있다. 지도자 양성 과정에서 관계성을 확대함으로써 지도자들은 그들의 공동체뿐만 아니라, 더 넓은 공동체의 지도자로서 영향력을 줄 수 있는 능력을 배양하게 된다.

교회는 처음부터 공동체로 시작되었다. 기독교인들은 예수 그리스도를 그들의 주님과 구세주로 고백하는 공동체 안에서 자기 정체성을 찾는다.

---

[7] Bernard M. Bass, "Two Decades of Research and Development in Transformational Leadership." *European Journal of Work and Organizational Psychology*, 1999, 8 (1), 9-32

[8] R. A. Barker, "How can We Train Leaders if We Do not Know What Leadership Is?", *Human Relations* 50(4) (1997): 351-352

신약의 초대 교회는 공동체 중심의 원리를 잘 실천한 표본이다. 그들은 각자 자기의 소유물을 기꺼이 교회에 바쳤고, 교회는 필요한 자들에게 그것을 나눠 줌으로 모든 이들의 필요가 채워졌다. 어떤 이들은 자신의 소유물을 팔아 사도들에게 가져오기도 했다. 모든 믿는 자가 모든 것을 함께 공유하고 나누었다. 이 모든 행사 중심에는 사도들, 즉 지도자가 있었다 (행 2:44-45).

동부아프리카 기독교 지도자들은 동부아프리카 문화에 자리하고 있는 공동체 중심의 가치를 성경적 리더십 원리와 그 가치를 비교하여 이를 새롭게 적용할 필요가 있다.

5. 하나님 나라 관점을 강화하는 지도자 양성을 제언한다

정체성은 개개인이 느끼는 자신의 유일성이다. 한 개인의 유일성은 그가 속한 사회의 한 일원으로서 다른 사람과 관계에서 갖는 사회적 정체성이다. 개인의 정체성은 개인의 목표에 영향을 주고, 개인의 목표는 그의 행동과 일 수행에 영향을 미친다. 이처럼 개인의 정체성과 목표는 불가분의 관계를 맺는다.

동부아프리카 지도자의 개인적 목표는 두 영역으로부터 영향을 받는다. 하나는 부와 명예와 성취와 관련된 개인적 야망과 기대감이고, 다른 하나는 가족과 씨족, 종족과 친구들의 요구와 기대에서 오는 공동체적 목표이다. 이 둘은 상호 영향을 미치고 또 강화한다.

예를 들면, 한 사람이 성공하면 자기 가족과 씨족 안에서 그의 신분이 상승하게 된다. 이것은 가까운 가족과 친척들의 기대를 자아내는 계기가 된다. 그는 가족들에게 직업을 알선해 주거나 조카들의 학자금을 챙겨 주는 등의 기대에 부응해야 한다.

이런 상황에서 동부아프리카 지도자는 개인의 목표나 야망을 축소하게 되고 가족과 친족의 요구를 만족시키기 위해 더 많은 자원들을 축적하게 된다. 그러나 어떤 지도자들은 끝없는 친척들의 요구를 견디지 못하여 그들 문화에 적절하지 않은 행동을 하거나 친인척들과 관계를 단절하기도 한다.

공동체적 목표는 동부아프리카 사회에서 찾을 수 있는 집단주의적 형태에서 파생한다. 쿠아다(Kuada)는 이것을 "가족주의"(familism)라고 말한다.[9] 가족주의란 사회조직의 한 형태로서 가족이 계속 유지되고 그 역할을 하게 하려고 모든 가치를 결정하는 것을 말한다. 이와 같은 사회구조 속에서 한 개인의 목표와 행동과 성공과 이상은 가족의 부와 비교하여 평가된다.

동부아프리카에서 가족의 일원은 자기 가족에 대한 윤리적 규칙과 책임감을 벗어날 수 없으므로 일단 리더십 지위에 오르면 리더십 이양이나 위임은 매우 어려워진다. 동부아프리카의 많은 정치지도자가 장기 집권을 하며, 자기 부족 출신을 정부 요직에 앉히며, 자신의 출신 지역들을 다른 지역들보다 더 발전시키는 일들은 가족주의의 실례라고 볼 수 있다.

그러므로 선교사는 동부아프리카 기독교 지도자를 양성할 때, 처음부터 개인의 가족과 친척과 종족의 요구와 기대를 넘어서 민족적 안목과 세계적 안목을 갖도록 훈련하는 것이 중요하다.

이 목적을 달성하기 위해 선교사가 하나님 나라 관점(God's Kingdom Perspective)으로 동부아프리카 지도자를 훈련할 것을 제안한다. 공생애 초기부터 마지막까지 예수 그리스도는 유대주의 세계관으로 굳어져 있는 제자들에게 하나님 나라의 도래에 관해 선포하셨고(마 3:2), 천국 비유로 그들에게 교훈하셨고(마 13:24), 천국 복음이 온 세상에 증거될 때 예수 그리스

---

9   Kuada, "Culture and Leadership in Africa: A Conceptual Model and Research Agenda," *African Journal of Economic and Management Studies* 1(1) (2010) : 17

도의 재림이 이루어질 것이라고 예언하셨다(마 24:14). 예수 그리스도는 복음의 내용이 천국에 관한 것임을 분명하게 밝히셨다.

선교사는 동부아프리카 지도자들이 가지고 있는 강한 공동체적 세계관 요소를 하나님 나라 관점으로 변혁시킬 필요가 있다. 우리는 음비티의 지적에 귀를 기울여야 한다.

> 전도는 넓은 의미에서 개인과 지역 사회가 회심하게 하며, 그 파급 효과는 하나님의 나라의 확장이다. 동부아프리카에서 외국 선교사에 의한 선교는 종종 하나님 나라를 등한시했다. 그러나 복음은 하나님 나라에 관한 것이다(막 1:14). … 우리는 회심에 관한 동기를 자주 보고 들어왔다. 신약의 강조점은 분명히 그것과 다르며, 이것은 아프리카 선교에서 새롭게 발견해야 하는 부분이기도 하다.[10]

동부아프리카 지도자들은 회심을 통해 그가 하나님 나라 백성이 되었으며, 그리스도가 왕으로 그의 삶을 통치하시는 분임을 확신해야 한다. 하나님 나라의 백성으로서 그들은 하나님 나라에 대한 사랑이 동기가 되고, 모든 족속이 그리스도의 왕권에 복종하는 비전을 가져야 한다.

이와 같이 동부아프리카의 전통적인 세계관이 하나님 나라 관점의 세계관으로 변화될 때, 동부아프리카 기독교 지도자들은 편협한 혈연과 부족 중심의 정체성을 뛰어넘어 다른 부족들과 민족들을 품는 정체성을 가질 수 있다.

---

10   J. Mbiti, *Bible and Theology in African Christianity* (Nairobi: Oxford University Press, 1986), 192.

6. 추종자를 존중하는 지도자 양성을 제언한다

리더십 이론 중, 지도자와 추종자의 관계성에 대해서 집중적으로 연구한 교환적 지도자-추종자 이론(Leader-member Exchange Theory)이 있다.[11]

이 이론에 의하면 지도자는 각 추종자와 상호 교환적 관계성을 발전시킨다. 이 교환적 관계성은 개인적으로 상호 협력할 수 있고, 추종자의 능력과 신뢰성을 바탕으로 이루어진다. 이 이론에 따르면 많은 지도자는 측근에서 자신을 보좌할 수 있는 신뢰할 만한 소수의 추종자와 높은 교환적 관계성(High-exchange Relationship)을 양성시킨다.

이런 관계성을 지속시키기 위해 지도자는 가까운 추종자에게 중요한 임무, 책임, 권한 등을 위임하거나, 더 많은 정보를 나누거나, 중요한 결정에 포함하거나, 임금 인상, 특별 포상과 같은 가시적 보상을 하거나, 추종자의 경력을 높이는 업무를 맡기게 된다.

루소(Rousseau)의 주장처럼[12] 이런 관계는 심리학적 계약에서 온다고 볼 수 있다. 지도자 편에서는 추종자가 성실히 일함으로 책임을 다하고, 추종자 편에서는 지도자가 직업을 보장해 주고 임금을 지급해 줄 것을 심리적으로 기대하는 것이다.

동부아프리카 리더십에 교환적 지도자-추종자 이론과 유사한 리더십 행동을 찾아볼 수 있다. 쿠아다(Kuada)는 동부아프리카에서 지도자와 추종자와의 교환적 관계를 독재적 기부(Autocratic-Benevolence)라는 말로 표현했다.[13]

---

11 Robert C Liden, Raymond T. Sparrowe, Sandy Wayne, "Leader-member exchange theory: The past and potential for the future." *Research in Personnel and Human Resources Management* 15 (1997): 47-119.

12 Rousseau, "New Hire Perceptions of Their Own and Their Employer's Obligations: A Study of Psychological Contracts," *Journal of Organizational Behaviour* 11 (1990): 391.

13 Kuada, "Culture and Leadership in Africa: A Conceptual Model and Research Agen-

동부아프리카 지도자들은 추종자에 대해 독재적인 태도를 보이지만, 측근들에게는 특별한 특권과 기회를 제공한다는 의미로 만든 용어다. 이러한 특권에는 해외연수 프로그램에 참여할 기회, 빠른 승진, 자금 융자 승인 등이 포함된다.

동부아프리카 지도자들은 부모가 자녀에게 하듯 추종자를 보살피는 리더십 행동을 생각한다. 반면, 추종자는 지도자와 조화로운 관계를 유지하기 위해 자신들의 솔직한 감정을 숨긴다든지 정보를 왜곡시키는 것을 그리 어렵게 생각하지 않는다. 이와 같은 동부아프리카의 지도자-추종자 관계는 한 기관이나 나라를 발전시키기보다는 방해하는 요소가 된다. 이를 극복하기 위해서 나는 지도자 양성 과정에서 변혁적 리더십 스타일을 가르치고 훈련하는 과정이 중요하다고 본다.

변혁적 리더십은 지도자와 추종자의 관계를 잘 설명하고 있다.[14] 학자들이 비교한 변혁적 리더십과 계약적 리더십의 비교는 이것을 이해하는 데 도움이 된다. 계약적 리더십은 추종자의 사리사욕과 이익에 호소함으로 동기를 불어 넣는 리더십 스타일이라면, 변혁적 리더십 지도자가 윤리적 가치에 대해 추종자의 양심을 깨우고 그들의 힘과 에너지와 자원을 불러일으켜 조직을 변화시키는 리더십이라 할 수 있다.

변혁적 리더십에서 추종자는 지도자를 신뢰, 찬양, 충성, 존경하고, 주어진 일보다 더 많은 일을 하고자 하는 동기가 있다. 지도자는 추종자에게 업무의 중요성을 인식시키고, 추종자의 개인적 관심을 기관이나 팀을 위해 승화시키도록 설득하고, 더 높은 차원의 필요를 제시함으로써 동기를 부여하고, 결국, 변혁을 가져온다.

---

da," 18.
14 주상지, 『교회 사역자들을 위한 리더십 계발의 12가지 열쇠』, 181-182.

반면, 계약적 리더십은 추종자들이 지도자의 명령에 따른 결과물로 변화되는 과정인데, 업무의 목적에 대한 열정이나 헌신의 동기로 보기 힘들다.

변혁적 리더십의 중요한 구성 요소는 카리스마와 지적 자극과 개인 배려다. 카리스마는 지도자가 자신이 속한 조직에 사명감을 가지며, 조직의 중요한 것이 무엇인지 파악하고 있는 자이다. 그는 추종자들이 직무에 헌신할 수 있게 하며, 지도자를 존경할 수 있게 한다. 지도자는 추종자에게 미래의 비전을 제시하며, 지도자에 대한 강한 애정을 유도하며, 추종자의 신뢰와 존경을 받는 사람이다.

지적 자극은 추종자들이 직면한 문제의 본질을 이해하고 해결 방안을 고안하며, 새로운 아이디어를 도입하여 문제해결 능력을 증대하는 것이라 할 수 있다. 개인 배려는 추종자와 일대일 관계성을 통해 개인의 필요를 파악하여 그것들을 공급해 줄 뿐만 아니라, 멘토링이나 코칭을 통해 그들의 비전을 더 높은 차원으로 이끄는 것을 의미한다.

추종자 없는 지도자는 존재하지 않는다. 양자의 관계 설정이 어떠한가에 따라 직무 수행에 큰 영향을 미친다. 동부아프리카 지도자들은 그들의 태도에서 독재적인 모습을 찾아볼 수 있으나, 그들 측근에게는 특별한 기회와 특권을 제공함으로 상호 공존하는 형태를 가지고 있다.

이와 같은 태도와 관계성을 극복하기 위해서 변혁적 리더십 스타일을 통한 지도자 양성이 필요하다. 지도자는 변혁적 리더십을 통해 추종자들이 성장할 수 있는 환경을 만들어 주며, 그들이 헌신할 수 있도록 윤리적 가치를 소유하게 한다.

리더십 가치는 지도자가 겸손한 태도를 가지고 헌신적으로 일할 때, 그것이 공동체 전체의 가치로 발전되어 간다. 리더십 가치가 자리를 잡으면 다음으로 지도자는 추종자에게 권한 부여의 환경을 조성해 나가야 한다. 더 나아가 지도자는 추종자들이 새로운 프로젝트를 시도할 기회를 마련하고 경험을 쌓는 과업을 부여한다. 지도자는 추종자를 여러 가지 과업에 참여시킴으로써 지도자의 기대를 전달하고, 추종자들이 나타난 결과에 대해 책임질 수 있게 할 수 있다.

이처럼 추종자는 지도자들의 거짓 없는 겸손함과 헌신된 삶의 모습을 기대한다. 이들이 기대하고 원하는 지도자의 모습은 성경에서 말하는 지도자의 모습과 크게 다르지 않다. 최고의 지도자이신 예수 그리스도는 창조주이시지만 피조물인 인간이 되심으로 겸손의 극치를 보여 주셨고, 자신을 많은 사람의 대속물로 내어 주심으로 완전한 헌신을 보여 주셨다.

동부아프리카의 지도자들이 예수 그리스도의 겸손과 헌신을 본받아 겸손한 자들이 되고, 헌신적으로 다른 이들을 섬기는 지도자들이 된다면 공동체로부터 환영받고 존경받는 지도자가 될 것이다.

7. 멘토링(Mentoring)을 통한 지도자 양성을 제언한다

멘토링은 다양한 경험을 가진 멘토가 경험이 없는 멘티를 도와 맡겨진 사역을 감당할 수 있도록 능력을 부여하는 관계를 의미한다. 연구에 의하면, 멘토링은 용납과 격려와 코칭과 상담과 같은 심리적인 기능을 제공한다. 더 나아가 후원과 보호, 도전과 과제와 노출 등을 통해 능력을 촉진하는 기능도 제공한다.[15]

실제적인 예들로서, 멘토인 선교사는 멘티인 동부아프리카 기독교 지도자를 자신의 리더십보다 더 영향력 있는 지도자로 성장할 수 있도록 도전한다. 선교사는 멘티가 지도자 양성을 위해 필요한 자원들을 제공한다. 선교사는 멘티가 본받을 수 있는 모델이 된다. 선교사는 멘티의 어려운 사역

---

15   Yukl, *Leadership in Organizations*, 377.

전환 과정에서 사역 조정과 사역 학습과 스트레스 감소를 통하여 멘티를 돕는다.

  선교사는 효과적인 멘토링을 하기 위해 멘티가 자발적으로 참여할 수 있는 여건을 만든다. 이를 위해 선교사는 멘티에게, 멘티는 선교사에게 선택권을 부여한다. 좋은 멘토를 선택하기 위해서, 멘티는 까다로운 질문들을 통해 멘토가 그에게 영감을 줄 수 있는 사람인지, 자기 안에 갖고 싶은 기술과 성품과 태도를 보여줄 수 있는 사람인지 판단해야 한다.

  또한, 멘티는 멘토가 듣는 기술을 소유하고 있는지, 자신을 지도자로 양성하려는 관심이 있는지 파악해야 한다. 멘토링을 시작하기 전, 멘토와 멘티 모두 멘토링의 유익과 함정에 관해 이해하고 있어야 하며, 멘토와 멘티의 역할과 과정을 정확히 숙지하고 있어야 한다.

  멘토링 관계는 네 단계를 통해서 발전된다.[16] 시작 단계, 멘티 단계, 분리 단계, 영원한 친구 단계이다.

  첫째, 시작 단계는 보통 6개월에서 1년 정도 걸리며, 멘토와 멘티가 관계를 맺어 가는 시기이다. 이 시기에 멘토와 멘티의 역할과 서로의 위치가 정해진다. 멘토와 멘티 모두 멘토링의 필요를 인식하게 되며, 존경과 신뢰가 깊어지며, 공감과 이해가 발전된다.

  둘째, 멘티 단계는 보통 2년에서 5년이 걸린다. 이 단계에서 멘티는 자신의 사역을 자신의 공적으로 생각하기보다는 멘토의 지시와 격려와 보조와 조언의 결과라고 받아들인다. 멘토는 멘티에게 중요한 결정의 기회들을 제공함으로 멘티에 대한 신뢰를 표현한다. 이 단계에서 멘티는 자기 발견, 새로운 능력 획득, 멘토로부터 받는 지지와 격려의 유익을 갖게 된다.

---

16 D. M. Hunt & C. Michael, "A Career Training and Development Tool, Academy of Management," 8(3) (1983): 483.

셋째, 분리 단계는 관계에서 분리를 의미한다. 이 단계는 구조적인 관계 변화가 생긴 후, 6개월에서 2년 사이에 발생한다.

넷째, 영원한 친구 단계는 분리 단계 후, 멘토와 멘티가 서로 독립하는 마지막 단계이다.

스탠리와 클린턴은 멘토링의 십계명, 즉 열 가지 중요한 지침을 언급했다.[17] 친밀한 관계성, 분명한 목적, 정기적인 만남, 상호 책임감, 의사소통 방법, 비밀 보장, 기간을 정한 멘토링 과정, 정기적인 평가, 멘토링에 대한 기대치, 마감 등이다. 이 모든 요소가 멘토링에서 매우 중요하다. 선교사가 지도자 양성을 위해 멘토링을 사용할 때, 기억해야 할 중요한 요소들이다.

8. 지도자 양성 과정에서 동부아프리카의 전통적 방법의 적용을 제언한다

지난 수 세기 동안 동부아프리카에서 적용되어 온 리더십 스타일이 있다. 선교사는 효과적인 지도자 양성을 위해서 동부아프리카의 문화적 뿌리와 동부아프리카 역사 속에서 실행되었던 리더십 모형들을 연구하고 적용할 필요가 있다.

티만(Theimann)과 그의 동료들은 "상황적인 긴장: 지도자와 경영 실행에 끼치는 문화의 영향력"(Context Tension: Cultural Influences on Leadership and Management Practice)에서 식민지 이후 동부아프리카 리더십의 경영관리 유형을 세 가지로 분류했다.[18]

---

[17] Stanley & Clinton, *Connection: the Mentoring Relationships You Need to Succeed in Life*, 197-208.
[18] Theimann et al., "Context Tension: Cultural Influences on Leadership and Management Practice," 49.

서구식 리더십 경영 아이디어를 그대로 동부아프리카에 적용한 유형, 동부아프리카 르네상스를 주창하며 서구식 리더십 경영 아이디어를 거부한 유형, 개인을 한 수단으로 인식하는 서구의 도구적 리더십 유형을 받아들여 동부아프리카를 개선하려는 리더십 경영 유형이다.

그러나 그들은 이와 같은 경영 리더십의 유형들이 동부아프리카에서 성공할 수 없을 것으로 전망했다. 왜냐하면, 이미 지난 역사를 되돌릴 수 없을 뿐만 아니라, 동부아프리카의 다문화와 세계화 현상을 막을 수 없기 때문이다. 그리고 공동체의 변혁이 일어나지 않는 한, 동부아프리카인은 '개선'이란 이름으로 들어오는 어떤 변화도 허용하지 않을 것이기 때문이다. 이러한 점들을 참작하여, 그들은 이 세 유형의 리더십 경영 모델을 접목한 혼합형 리더십 유형을 제안했다.[19]

그들은 서구인과 동부아프리카의 문화관점의 근본적인 차이는 각기 삶을 통해 배우고 발전시킨 원리에서 나온다고 주장했다. 서구인들은 기본적으로 사실(fact)과 논리(logic)와 실제의 본질에 기초한 학문적 방식(scholastic approach)으로 삶을 경험하고 배우지만, 동부아프리카인은 인간성(humanism)에 기초한다.

이 두 유형의 원리들이 아프리카 안에서 시행되었다. 식민지 시대에는 포르투갈, 벨기에, 프랑스, 네덜란드, 영국, 독일, 아랍에서 경험한 여러 다양한 리더십 유형들을 경험했다. 후기 도구주의 시대에는 북미, 유럽, 아시아에서 들어온 다른 리더십 유형들을 경험했다. 이제 동부아프리카인은 이 사이의 차이점과 일치되는 부분들을 연구해야 한다. 그리고 동부아프리카의 가치와 사고에 부합할 뿐만 아니라 동부아프리카 지도자들에게 영향을 줄 수 있는 리더십 유형을 양성해야 한다.[20]

---

19 Theimann et al., "Context Tension: Cultural Influences on Leadership and Management Practice," 39

20 Theimann et al., "Context Tension: Cultural Influences on Leadership and Management

앞에서 살펴보았듯이, 나는 동부아프리카의 여러 유형의 리더십 스타일 중 중심되는 하나는 우분투 사상에 기초한 리더십이라고 생각한다. 응고마네(Ngomane)는 그의 박사 논문에서 동부아프리카 우분투 사상이 글로벌 공동체에 이바지할 수 있는 네 가지 이유를 역설한다.

첫째, 우분투 사상을 경영자 리더십 시스템에 적용하는 것이다. 음비기(Mbigi)와 마리(Maree)는 우분투 사상을 양성하고 접목한 동부아프리카인 스타일 경영을 제창한 학자들이다. 그들은 아프리카 스타일의 배움을 격려하는 공동체를 형성하며, 스토리텔링을 통해 전략적인 계획을 만들며, 모든 계층의 공동체에 계획된 전략을 나누며, 친밀하고 믿을 수 있는 관계성을 가진 멘토들과 참여 기술을 개발하는 일들이다.[21]

둘째, 아프리카의 사회적 자산을 활용한 지도자 양성이다. 지적 자산처럼 사회적 자산도 가치 있는 재원이다. 동부아프리카는 글로벌공동체가 사용할 수 있는 풍부한 감성적이고 영적인 사회적 자산을 소유하고 있다.[22]

사회적 자산은 전략과 정책과 절차와 과정의 모든 단계에 큰 영향력을 행사한다. 그러나 현재의 기업 관행과 기업 사고와 연구 보고에서는 감성적이고 영적인 사회적 자원을 거의 사용하지 않고 있다. 이 점에서 동부아프리카의 풍성한 사회적 자원을 글로벌공동체에 나누어 줄 필요가 있다.

셋째, 효과적인 의사소통과 이를 통한 관계성 강화이다. 동부아프리카는 전통적으로 공동체의 생존을 위해서 효과적인 의사소통 방법들을 사용

Practice," 49.
21 L. Mbigi & J. Maree, *Ubuntu: The Spirit of African Transformation Management* (Randburg: Knowledge Resources, 1995); Ngomane, "Leadership Mentoring and Succession in the Charismatic Churches in Bushbuckridge: A Critical Assessment in the Light of 2 Timothy 2:1-3," 157-158에서 재인용.
22 L. Mbigi, *In Search of the African Business Renaissance* (Randburg: Knowledge Resources, 2000), 16-21.

해 왔다. 우분투는 인간관계의 상호성을 강조한다. 한 사람은 다른 사람과의 관계성 속에서 그 정체성을 가지며, 세상과 조화를 이룬다.[23] 지도자 양성 과정에서 우분투의 이러한 면을 활용할 필요가 있다.

넷째, 동부아프리카의 우분투 사상은 글로벌 조직의 변혁에 도움을 줄 수 있다. 조직의 변혁은 지식적인 과정만 있는 것이 아니다. 거기에는 감성적이고 영적인 면들도 있다. 조직의 감성적이고 영적인 자원에 접근하기 위해서는 상징, 신화, 의례, 의식이 필요하다. 이와 같은 우분투 사상이 글로벌 변혁에 필요한 부분들을 채울 수 있다.

9. 현지 지도자들과 협력을 통한 지도자 양성을 제언한다

선교사 설문 조사에 드러났듯이 선교사들은 사역 초기부터 리더십 이양을 생각한다. 선교사는 리더십 이양을 위해서 지도자 양성을 반드시 해야 한다.

닉 페트리(Nick Petrie)는 그의 논문에서 현시대가 겪고 있는 지도자 양성의 도전과 미래 지도자 양성을 위한 동향에 대해서 논의했다.[24] 현시대가 겪고 있는 지도자 양성에 대한 도전은 환경변화, 지도자에게 요구되는 재능의 변화, 변함없는 지도자 양성 방법, 현 지도자 양성 방법의 비효율성 등을 지적했다.

현재의 도전을 극복하기 위해서 미래의 지도자 양성은 변화될 것이다. 예상되는 변화 중 하나는 개인적이고 엘리트 중심의 지도자 양성에서 협력적인 지도자 양성으로의 전환이다. 이미 이러한 경향들을 현재 리더십

23　Ngomane, "Leadership Mentoring and Succession in the Charismatic Churches in Bushbuckridge: A Critical Assessment in the Light of 2 Timothy 2:1-3," 159-160.
24　Nick Petrie, "A White Paper," Center for Creative Leadership, December (2011).

스타일에서 찾아볼 수 있다. 예를 들면, 정보 공유, 권위에 대한 융통성, 자원 공유, 그룹 결정, 중앙 통제의 분산 등이다.

이와 같은 리더십 스타일은 동부아프리카 리더십 형태에서 발견할 수 있었다. 저서 본론에서 살펴보았듯이, 동부아프리카인은 인본주의적 원칙인 개인의 독특성과 진실성과 섬김의 가치 위에 집합적이고 참여적인 형태의 리더십을 추구하고 있다. 지도자는 자신의 공동체로부터 리더십 역할을 인정받기를 원하고 있다.[25]

미래 지도자 양성에 대한 전망과 동부아프리카 리더십 스타일을 고려해 볼 때, 선교사는 지도자 양성을 독자적으로 하기보다는 현지 지도자와 함께 진행해야 한다. 한 선교사 부부의 실례를 들어본다.

T 선교사는 콩고와 탄자니아에서 비행 조종사, TIMO[26] 사역자, 교회 개척자로 30년 동안 사역했다.

나는 질적 연구를 위해서 준비한 열 가지 질문을 남편 선교사에게 물어보았다.

"사역을 이어 갈 계승자를 어떻게 양성했습니까?"

T 선교사는 다음과 같이 고백했다.

"삶을 통한 지도자 양성은 적절한 지도자를 양성하는 데 필수적입니다. 개인 제자훈련과 삶에서 그리고 그가 지도자로 선출된 후에도 일대일로 많은 시간을 보냈습니다. 또한, 국가 지도자들 사이에서도 도전하고 격려하는 동료 멘토링을 실시했습니다. 우리에게 성경적 원리를 현명하게 따르는 교회 지도자들과 거룩한 남녀들이 있었던 것이 다행이었습니다."

25　Bolden & Kirk, "African Leadership: Surfacing New Understandings Through Leadership Development," 81.
26　TIMO는 Training In Ministry Outreach의 약어로 AIM선교회의 2년간 선교사 현장 사역 훈련이다.

그는 개인적으로 현지인 지도자 양성에 전념했지만, 홀로 한 것이 아니라 선교지 교회 지도자들과 함께 그 일들을 진행했다고 고백했다.

또 다른 질문은 이것이었다.

"지도자 양성과 이양에서 동부아프리카 문화를 어떻게 수용했으며, 적용했습니까?"

그는 다음과 같이 답했다.

"우리는 그렇게 했습니다. 위에서 언급했듯이, 우리가 함께 일하는 현지 교회와 긴밀한 관계를 맺고 있었으며, 그들과의 관계로 인해 동부아프리카 문화를 항상 이해하고 받아들였습니다. 문화 이해에 있어서 동부아프리카의 관점과 성경적 관점이 다를 경우 우리는 함께 논의하면서 최상의 해결책을 찾으려고 노력했습니다.

한 가지 예로 전통적인 동부아프리카 문화에서 남편의 역할이었는데, 이것이 다른 기독교인들에게 어떻게 보였는가에 대한 논의였습니다. 우리는 탄자니아의 전통적 이해보다는 성경적 이해로 결론을 맺었습니다."

그들은 교회와 협력하면서 그들의 문화를 더 깊이 이해할 수 있었고, 성경적 세계관에 맞지 않는 요소들은 성경적 세계관으로 변혁시켜 나갔다. 그들이 선교지 교회와 협력이 없었더라면 할 수 없었던 사역이다.

선교사가 사역 초기부터 리더십 이양을 계획한다면, 지도자 양성도 함께 포함해야 한다. 이 모든 과정에서 선교사는 선교지 지도자들과 함께 계획하고 진행해야 한다.

구체적으로는 다음과 같은 일들을 함께 진행할 수 있다. 지도자 양성 훈련의 목표 정하기, 훈련 프로그램과 훈련 프로그램에 사용할 교제 정하기, 양성 활동 제공하기, 예를 들면, 그룹 미팅, 책임 있는 직무 할당, 프로젝트, 관계 양성 활동, 개인 미팅 등의 활동을 함께 계획한다.[27]

---

27 Randall Frank Gilman, "Developing a Leadership Training Program for the Local Church

더 나아가 선교사와 현지 리더십은 구체적인 지도자 양성 프로그램 운영 계획을 작성한다. 훈련 그룹을 어떻게 구성할지, 훈련 프로그램을 누가 인도할 것인지, 누가 동참할 것인지, 훈련 그룹을 어느 정도 크기로 할 것인지, 얼마나 자주 훈련할 것인지, 훈련 일정과 장소와 모임 시간은 어떻게 할 것인지, 프로그램 예산은 어떻게 할 것인지를 함께 결정한다. 그리고 그들과 함께 리더십 훈련 프로그램을 평가한다.

---

  in the Twenty-first Century," (D. Min., Liberty Baptist Theological Seminary, 2003), 86-105.

제8장
결론

나는 다음 세 가지 질문과 함께 본 저서를 집필하기 시작했다.

첫째, "동부아프리카 문화와 세계관의 특징은 무엇인가?"
이 질문에 답하기 위해 문화와 세계관에 관한 일반 학문적 연구와 함께 동부아프리카의 문화와 세계관 특징을 연구했다.

둘째, "동부아프리카 문화와 세계관에서 보는 리더십은 무엇인가?"
이 질문에 답하기 위해 리더십에 관한 일반적 학문 연구와 아프리카인이 저술한 책과 논문들을 탐구했으며, 내가 경험한 지난 30년을 점검해 보았다.

셋째, "동부아프리카에서 기독교 지도자를 어떻게 양성할 것인가?"
이 질문에 답하기 위해 성경이 말하는 지도자는 누구인가, 그리고 문화와 세계관 변혁이 가능한가를 다루었다.

끝으로 이 모든 연구를 종합하여 지도자 양성에 필요한 아홉 가지 실천 사항을 제언했다. 이제 본서에서 다루어진 제언을 참고하여 각 선교지에 맞게 실제적인 지도자 양성 프로그램을 만드는 일은 독자들의 몫이라 생각한다. 이를 통해 선교사가 동부아프리카에서뿐만 아니라 세계 여러 곳에서 그곳의 교회와 지역사회에 필요한 기독교 지도자를 양성할 수 있고, 그들로 인해 동부아프리카 교회와 세계 교회가 크게 성장하고, 남은 세계 선교 과업을 성취해 나갈 수 있으리라 확신한다.

참고 문헌

국문 서적

김석현, 백삼균.『인사관리론』. 서울: 한국방송통신대학출판부, 1992.
김성태.『선교와 문화』. 경기: 도서출판 이레서원, 2000.
명성훈,『성경속의 리더십 마스터 키』. 서울: 국민일보, 2000.
장훈태,『선교를 위한 문화인류학』. 한국복음주의선교신학회 서울: 이레서원, 2001.
조광연,『성서 리더입니까』. 서울: 예영커뮤니케이션, 1996.
주상지,『교회 사역자들을 위한 리더십 계발의 12가지 열쇠』. 서울: 서로사랑, 1994.

외서 번역서

Engstrom, T.W. *The Making of a Christian Leader*. Grand Rapids: Zondervan, 1978; 권명달 역.『크리스쳔 지도자가 되는 길』. 서울: 보이스사, 1990.
Haggai, John E. *The Leading Edge*. Texas: Word Books, 1988; 권명달 역.『리더가 되라』. 서울: 보이스사, 1991.
Maxwell, C. John. *Developing the Leader Within You*. Nashville: Thomas Nelson, 1993; 강준민 역.『당신 안에 잠재된 리더십을 키우라』. 서울: 두란노, 1997.
Mbiti, J. *African Religions and Philosophy*. London: Heinemann, 1999; 장용규 역.『동부 아프리카 종교와 철학』. 서울: 지식을만드는지식, 2012.

외국 서적

Arnold, D. *Forward to The Fall of Patriarchy: Its Broken Legacy Judged by Jesus and the Apostolic House Church Communities*. Ed. Dell Birkey. Tucson: Fenestra Books, 1975.
Bass, B. M. *Leadership and Performance Beyond Expectations*. New York: Free Press. 1985.
Berghoef, Gerard & De Koster, Lester. *The Dacons Handbook: A Manual of Stewardship*. Grand Rapids: Christian's Library Press, 1980.
Biehl, Bobb. *The Elders Handbook: A Practical Guide for Church Leaders*. Grand Rapids:

Christian's Library Press, 1996.
Blackaby, Henry & Richard. *Spiritual Leadership: Moving People on to God's Agenda*. Nashville: Broadman & Holman, 2001.
Blake, R. & Mouton, J. *The Managerial Grid: Key Orientations for Achieving Production Through People*. Houston, Tex.: Gulf Pub. Co., 1964.
Brown. F. & Driver, S. R. & Briggs, C. A. *A Hebrew and English Lexicon of the Old Testament with an Appendix Containing the Biblical Aramaic*. Oxford: Clarendon, 1907.
Bunker, K. W. & Webb, A. D. *Learning How to Learn from Experience: Impact of Stress and Coping: Technical Report 154*. Greensboro, NC: Center for Creative Leadership, 1992.
Burnett, D. *Unearthly Powers: A Christian Perspective on Primal Folk Religion*. Easbourne: MARC, 1988.
Burns, MacGregor J. *Leadership*. New York: Harper and Row. 1978.
Clinton, R. *The Making of a Leader*. Colorado Springs CO: Navpress, 1988.
_____. *Leadership emergence theory: A Self-study Manual for Analyzing the Development of a Christian Leader*. Altadena CA: Barnabas Resources, 1989.
Danermark, B. & Ekstrom, M. & Jakobsen, L. & Karlsson, Jan Ch. *Explaining Society: Critical Realism in the Social Sciences*. London: Routledge, 2002.
Dayton, Edward R. & Engstrom, Ted W. *Strategy for Leadership: Planning, Activating, Motivating, Elevating*. Old Tappan: Revell Company, 1979.
DePree, M. *Leadership is an Art*. NY: Bantam Doubleday Dell, 1989.
Drath, W. *The Deep Blue Sea: Rethinking the Source of Leadership*. San Francisco: Jossey-Bass, 2001.
Drath, W. H. & Palus, C. J. *Making Common Sense: Leadership as Meaning-Making in a Community of Practice*. Greensboro, NC: Center for Creative Leadership, 1994.
Drucker, Peter F. *The Effective Executive*. New York: Harper and Row, 1967.
Eims, Leroy. *Be the leader You Were Meant to Be: Biblical Principles of Leadership*. Wheaton, Ill.: Victor Books, 1982.
Ellison, J. Edgar. *Home Grown Leaders*. Pasadena: William Carey Library, 1999.
Engstrom, T. W. *The Making of a Christian Leader*. Grand Rapids: Zondervan Publishing Company, 1977.
Engstrom T. W. & Dayton, E. R. *The Art of Management for Christian Leaders*. Waco: Word Books, 1976.

Engstorm T. W. & Juro. David J. *The Work Trap.* Old Tappan, NJ: Fleming H. Revell, 1979.

Fiedler, F. E. *A Theory of Leadership Effectiveness.* NY: McGraw-Hill, 1967.

Ford, L. *Transforming Leadership.* Downers Grove, IL: InterVarsity Press, 1991.

Fuller, Harold. *Mission-Church Dynamics: How to Change Bicultural Tensions into Dynamic Missionary Outreach.* Pasadena: William Carey Library, 1980.

Gehman, Richard. *African Traditional Religion in Biblical Perspective.* Nairobi: East African Educational Publishers. 2000.

Greenleaf, R. *Servant Leadership.* NY: Paulist Press, 1977.

Greenway, R. S. ed. *The Pastor-Evangelist: Preacher, Model, and Mobilizer for Church Growth.* Phillipsburg, N.J.: Presbyterian and Reformed, 1987.

Hall, Edward. *Silent Language.* Garden City, NY: Doubleday, 1959.

_____. *Hidden Differences: How to Communicate with the Germans.* Hamburg: Stern, 1983.

Hands, Geoffrey. *Sixty Great Founders.* Fearn, Scotland: Christian Focus Publications, 1995.

Hersey, P. & Blanchard, K. *Perspectives in Leader Effectiveness.* Ohio: Ohio University Press, 1980.

_____. *Management of Organizational Behavior: Utilizing Human Resources.* Rev 4th ed. Englewood Cliffs. NJ: Prentice-Hall, 1982.

Hiebert, P. G. *Cultural Anthropology.* Philadelphia: J.B. Lippincott Company, 1976.

_____. *Anthropological Reflections on Missiological Issues.* Grand Rapids: Baker Books, 1994.

_____. *Transforming Worldviews: An Anthropological Understanding of How People Change.* Grand Rapids: Baker Academic, 2008.

Hiebert, P. & Shaw, D. & Tienou, T. *Understanding Folk Religion: Christian Response to Popular Religious Beliefs and Practices.* Grand Rapids: Baker Academic, 1999.

Hofstede, G. *Cultures Consequences: International Differences in Work Related Values.* Beverly Hills: Sage, 1980.

Holmes, A. *Contours of a Worldview.* Grand Rapids: Eerdmans, 1983.

Hughes, J. & Sharrock, W. *The Philosophy of Social Research*, London & New York: Longman, 1997.

Hull, Bill. *The Disciple Making Pastor.* Grand Rapids: Fleming H. Revell, 1988.

Hybels, Bill. *Courageous Leadership*. Grand Rapids: Zondervan, 2008.

Indaba, Mutwa C. *My Children, African Tribal History, Legends, Customs and Religious Beliefs*. Edinburg: Payback Press/Canongate Books, 1998.

Jackson, T. *Management and Change in Africa: A Cross-cultural Perspective*. London: Routledge, 2004.

Johnson, Glen. *Leadership That Builds: Nehemiah A Biblical Model for Our Times of Crisis*. Manila: OMF Literature, 1996.

Katz. D. & Kahn, R. L. *The Social Psychology of Organizations*. 2nd ed. New York: John Wiley, 1978.

Keyton, J. *Communication & Organizational Culture: A Key to Understanding Work Experiences*. Sage: Thousand Oaks, 2011.

Kouzes, James M. & Posner, Barry Z. *The Leadership Challenge: How to Get Extraordinary Things Done in Organizations?*. San Francisco: Jossey-Bass Publishers, 1987.

Kraft, C. H. *Christianity with Power*. Ann Arbor: Servant, 1989.

_____. *Anthropology for Christian Witness*. Vol 1. Pasadena: Fuller Theological Seminary, 1994.

_____. *Anthropology for Christian Witness*. NY: Orbis Books, 1996.

Kuhn, Thomas. *The Structure of Scientific Revolutions*. Chicago: University of Chicago Press, 1970.

Leighton, F. *Transforming Leadership: Jesus' Way of Creating Vision, Shaping Values & Empowering Change*. Downers Grove: InterVarsity Press, 1991.

Lindsey, E. & Homes, V. & McCall, M. W. *Key Events in Executive Lives, Technical Report 32*. Greensboro, NC: Center for Creative Leadership, 1987.

Lingenfelter, Sherwood G. & Mayers, M. K. *Ministering Cross-Culturally: An Incarnational Model for Personal Relationships*. Grand Rapids, MI: Baker Books, 1986

Lombardo, M M. & Eichinger. R W. *Eighty-eight Assignments for Development in Place: Enhancing the Developmental Challenge of Existing Jobs*. Technical Report No. 136. Greenshoro, NC: Center for Creative Leadership, 1989.

MacDonald, Gordon. *Ordering Your Private World*. Crowborough, East Sussex, Great Britain: Highland Books, 1985.

Malinowski, Bronislaw. *Myth in Primitive Psychology*. Westport, CT: Negro Universities Press, 1926.

Malphurs, Aubrey. *Being Leaders*. Grand Rapids: Baker Books, 2003.

Maranz, David. *African Friends and Money Matters: Observations from Africa.* Dallas, TX: SIL, 2001.

Marshall, C. *Beyond Retribution: A New Testament Vision for Justice, Crime, and Punishment.* Grand Rapids: Eerdmans, 2001.

Maxwell, John C. *Developing the Leader Within You.* Nashville: Thomas Nelson Publishers. 1993.

Mbigi, L. *In Search of the African Business Renaissance.* Randburg, South Africa: Knowledge Resources, 2000.

_____. *The Spirit of African Leadership.* Randburg, South Africa: Knowledge Resources, 2005.

Mbigi, L. & J. Maree. *Ubuntu: The Spirit of African Transformation Management.* Johannesburg: Sigma Press, 1995.

Mbiti, J. *African Religions and Philosophy.* London: Heinemann, 1970.

_____. *Introduction to African Religion.* London: Heinemann, 1975.

_____. *Bible and Theology in African Christianity.* Nairobi: Oxford University Press, 1986.

McCall, M. W. & Lombardo, M. M. *Off the Track: Why and How Successful Executives Get Derailed. Technical Report No. 21.* Greensboro, NC: Center for Creative Leadership, 1983.

McIntosh, Gary L. & Rima, Samuel D. *Overcoming the Dark Side of Leadership: The Paradox of Personal Dysfunction.* Grand Rapids: Baker Books, 1997.

McNeill, D. & Morrison, Douglas & Nouwen, Henri. *Compassion: A Reflection on the Christian Life.* Garden City, NY: Doubleday, 1982.

Middleton, J. R. & Walsh, B. J. *Truth is Stranger than it Used to be: Biblical Faith in a Post-modern Age.* Downers Grove, IL: InterVarsity Press. 1995.

Mulemfo, M. *Thabo Mbeki and the African Renaissance.* Pretoria: Actua Press, 2000.

Muller, E. Klaus & Henning, Christoph. *Soul of Africa: Magical Rites and Traditions.* Cologne: Konemann, 1999.

Neill, Stephen. *Christian Holiness: The Carnahan Lectures for 1958.* London: Lutterworth Press, 1960.

Newbigin, L. *What is the Gospel? SCM Study Series 6.* Madras: Christina Literature Society, 1942.

_____. *The Relevance of Trinitarian Doctrine for Today's Mission.* Richmond: John Know Press, 1963.

_____. *Proper Confidence: Faith, Doubt, and Certainty in Christian Discipleship.* Grand Rapids: Eerdmans, 1995.

_____. *The Household of God: Lectures on the Nature of the Church.* Carlisle, UK: Paternoster Press, 1998.

Northhouse, P. G. *Leadership Theory and Practice.* Thousand Oaks, CA: Sage, 2004.

O'Donovan, W. *Biblical Christianity in African Perspective.* 2d ed. Carlisle: Paternoster, 1996.

Parsons, Shils & Talcott. *Toward a General Theory of Acton.* ed. E Tolman. Cambridge, MA: Harvard University Press, 1952.

Peirce, C. *Philosophical Writings of Perice*, Ed. J .Buchler. NY: Dover, 1955 .

Prior, Kenneth. *Perils of Leadership: Overcoming Personal Battles with.* Downers Grove: InterVarsity, 1990.

Redfield, Robert. *The Primitive World and Its Transformations.* Harmondsworth, UK: Penguin Books, 1968.

Rossi, Ino. *From the Sociology of Symbols to the Sociology of Signs: Toward a Dialectical Sociology.* New York: Columbia University Press, 1983.

Sanders, J. Oswald. *Spiritual Leadership.* Chicago, IL: Moody Publishers, 2007.

Schein, E. H. *Organizational Culture and Leadership,* 2nd ed. San Francisco: Jossey-Bass, 1992.

Selwyn. Edward. *The First Epistle of Peter.* Grand Rapids: Baker, 1981.

Smith, Fred. *Learning to Lead.* Waco: Word Books, 1986.

Smith, P. B. & Peterson, M. & Thomas, D. C. *The Handbook of Cross-cultural Management Research.* CA: Sage Publications Inc., 2008.

Spears, L. C. *Insights on Leadership: Service, Stewardship, Spirit, and Servant-leadership.* ed. New York: Wiley, 1998.

Stanley, Paul D. & Clinton, J. Robert. *Connecting: The Mentoring Relationships You Need to Succeed in Life.* Colorado Springs, Co: NavPress, 1992.

Steffen, A. Tom. *Passing the Baton.* La Habra, CA: Center for Organizational & Ministry Development, 2010.

Taylor, William D. Ed. *Kingdom Partnerships for Synergy in Missions.* Pasadena, Calif.: William Carey Library, 1994.

Thayer. J. Henry. *Greek English Lexicon of The New Testament.* Grand Rapids: Zondervan, 1988.

Tippett, A. *Introduction to Missiology*. Pasadena: William Carey Library, 1987.

Trench, R. *Synonyms of the New Testament*. London: Kegan, Paul, Trench, Trubner, & Company, 1894.

Turaki, Yusufu. *Foundations of Africa Traditional Religion and Worldview*. Nairobi: Word Alive Publishers, 2006.

Vanderbloemen, William & Bird, Warren. *NEXT: Pastoral Succession That Works*. Grand Rapids, MI: Baker Books, 2014.

Van Engen, C. *God's Missionary People: Rethinking the Purpose of the Local Church*. Grand Rapid, MI: Baker Books, 1991.

Wagner, Peter. *Frontiers in Missionary Strategy*. Chicago: Moody Press, 1971.

Wallis, J. *The Call to Conversion*. San Francisco: Harper San Francisco, 1981.

Walsh, Brain J. & Middleton, R. *The Transforming Vision: Shaping a Christina World View*. Downers Grove, Il.: IVP, 1984.

Walton, Mary. *The Deming Management Method*. NY: Perigee Books, 1986.

Warren. R. *The Purpose Driven Church: Growth without Compromising Your Message and Mission*. Grand Rapids: Zondervan, 1995.

Westermann, J. *The Leadership Continuum: A Biblical Model for Effective Leading*. Deer Lodge. Tenn.: Lighthouse, 1997.

Witmer, Timothy Z. *The Shepherd Leader: Achieving Effective Shepherding in Your Church*. Philipsburg, NJ: P & R Publishing Co., 2010.

Young, E. J. *The Book of Isaiah*. Grand Rapids: Eerdmans, 1972.

Yukl, G. *Leadership in Organizations*. Harlow: Pearson Education Limited, 2013.

Zahan, D. *The Religion, Spirituality, and Thought of Traditional Africa*. Chicago: University of Chicago Press, 1979.

Zuboff, S. *In the Age of the Smart Machine: The Future of Work and Power*. New York: Basic Books, 1998.

학술지 논문

Ashford S. J. & Cummings, L. L. "Feedback as an Individual Resource: Personal Strategies of Creating Information." *Organizational Behavior and Human Performance* 32 (1983): 377-378.

Avolio, R. J. & Reichard, R. J. & Hannah, S. T. & Walumbwa, F. O. & Chan, A. "A Meta-analytic Review of Leadership Impact Research: Experimental and Quasi-experimental Studies." *The Leadership Quarterly* 10 (2009): 345-373.

Barker, R. A. "How can We Train Leaders if We Do Not Know What Leadership Is?." *Human Relations* 50(4) (1997): 351-352.

Barling, J. & Weber, A. & Kelloway, E. K. "Effects of Transformational Leadership Training on Attitudinal and Financial Outcomes." *Journal of Applied Psychology* 8 (1996): 827-832.

Bass, B .M. "The Future of Leadership in Learning Organizations." *Journal of Leadership Studies* Vol. 7 No. 3 (2000): 18-40.

Baskerville, R. F. "Hofstede Never Studied Culture." *Accounting, Organizations and Society* 28 (2003): 2-9.

Blume, B. D. & Ford, J. K. & Baldwin, T. T. & Huang, J. L. "Transfer of Training: A Meta-analytic Review." *Journal of Management* 36 (2010): 1065-1105.

Blunt, P. & Jones, J. "Exploring the limits of Western leadership theory in East Asia and Africa." *Personnel Review* 26 Iss: 1/2 (1997): 6-23.

Bolden, R. & Kirk, P. "African Leadership: Surfacing New Understandings through Leadership Development." *International Journal of Cross Cultural Management*, 9 (1) 2009: 72-84.

Carbaugh, D. "Comments on Culture in Communication Inquiry." *Communication Reports* 1 (2009): 38-41.

Conger, J. A. "The Brave new World of Leadership Training," *Organizational Dynamics*, 21(3) Winter (1993): 46-58.

Davies, J. & Easterby-Smith. M. "Learning and Developing from Managerial Work Experiences." *Journal of Management Studies* 2 (1984): 169-183.

Day, D. "Leadership Development: A Review in Context." *The Leadership Quarterly* 11(4) 2001: 581-613.

Day, D. V. & Harrison, M. M. "A Multi-level Identity-based Approach to Leadership." *Human Resource Management Review* 17(4) (2007): 360-373.

Dechant, K. "Making the Most of Job Assignments: An Exercise in Planning for Learning." *Journal of Management Education* 18 (1994): 198-211.

Dickson, M. W. & Hartog, D. N. Den & Mitchelson, J. K. "Research on Leadership in a Cross-cultural Context: Making Progress, and Raising New Questions." *The Leadership Quarterly* 14 (2003): 729-768.

Dorfman, P. W. & Howel, J. P. & Hibino, S. & Lee, J. & Tate, K. U. & Bautista, A. "Leadership in Western and Asian Countries: Commonalities and Differences in Effective Leadership Processes Across Cultures." *The Leadership Quarterly* 8 (3) (1997): 233-274.

Feldman, D. C. & Lankau, M. J. "Executive Coaching: A Review and Agenda for Future Research." *Journal of Management* 31 (2005): 829-848.

Fiedler, F. E. "Research on Leadership Selection and Training: One View of the Future." *Administrative Science Quarterly* 41 (1996): 241-250.

Ford J. K. & Weissbein, D. A. "Transfer of Training: An Updated Review and Analysis." *Performance Improvement Quarterly* 10 (1997): 22-41.

Fry, Louis. "Toward a Theory of Spiritual Leadership." *The Leadership Quarterly* 14 (2003): 693-727.

Fu, P. & Yukl, G. "Perceived Effectiveness of Influence Tactics in the United States and China." *The Leadership Quarterly* 11 (2) (2000): 251-266

Harvey, M. "Human Resource Management in Africa: Alice's Adventures in Wonderland." *International Journal of Human Resource Management* 13 (7) (2002): 1119-1145.

Hofstede, Geert. "Dimensionalizing Cultures: The Hofstede Model in Context." *International Journal of Behavioral Medicine*. 2 (2007): 1-26.

House, R. & Javidan, M. & Hanges, P. & Dorfman, P. "Understanding Cultures and Implicity Leadership Theories Across the Globe: An Introduction to Project GLOBE." *Journal of World Business* 37 (2002): 3-10.

Hunt, D. M. & Michael, C. "A Career Training and Development Tool, Academy of Management." 8(3) (1983): 475-485.

Jackson, C. L. & Colquitt, J A. & Wesson, M J. & Zapata-Phelan, C P. "Psychological Collectivism: A Measurement Validation and Linkage to Group Member Performance." *Journal of Applied Psychology* 91 (4) (2006): 884-899.

Javidan, M. & House, R. "Cultural Acumen for the Global Manger: Lessons from Project GLOBE." *Organizational Dynamics* 29(4) (2001): 289-305.

Kaplan, R. E. "Character Change in Executives as Reform in the Pursuit of Self-worth." *Journal of Applied Behavioral Science* 26 (4) (1990): 461-481.

Keys, B. & Wolfe, J. "The Role of Management Games and Simulation in Education and Research." *Journal of Management* 16 (1990): 307-336.

King, Louis. "A Definitive Statement on Church-Mission Relationships." *Church Growth*

Bulletin 10(2) (1977): 175-190.

Kuada, J. "Culture and Leadership in Africa: A Conceptual Model and Research Agenda." *African Journal of Economic and Management Studies* 1(1) (2010) : 9-24.

Leistner, E. "African Perceptions of Time and Economic Development." *Africa Insight* 28 (1998): 36-40.

Leonard, D. K. "The Political Realities of African Management." *World Development* 15(7) (1987): 899-910.

Leskiw, S .L. & Singh, P. "Leadership Development: Learning from Best Practices." *Leadership & Organization Development Journal* 28(5) (2007): 444-464.

Lingenfelter, J. "Training Future Leaders in Our Classrooms." *Missiology* 29(4) (2001): 449-459.

London, M. & Smither. J. W. "Can Multi-source Feedback Change Perceptions of Goal Accomplishment, Self-evaluations, and Performance-related Outcomes? Theory Based Applications and Directions for Research." *Personnel Psychology* 48 (1995): 803-839.

London, M. & Wohlers A. J. & Gallagher, P. "A Feedback Approach to Management Development." *Journal of Management* Development 9(6) (1990): 17-31

Lord, R. G. & Hall, R. J. "Identity, Deep Structure, and the Development of Leadership Skill." *The Leadership Quarterly* 16(4) (2005): 591-615.

Malunga, C. "Learning Leadership Development from African Cultures: A Personal Perspective." *INTRAC Praxis Note* 25 (2006): 1-13.

McCall, M. W. Jr. "Executive Development As a Business Strategy." *The Journal of Business Strategy* 3 (1992): 25-31.

_____. "Leadership Development Through Experience." *Academy of Management Executive* 18(3) (2004): 127-130.

McCauley, C. D. & Eastman, L. J. & Ohlott, P. J. "Linking Management Selection and Development Through Stretch Assignments." *Human Resource Management* 34 (1) (1995): 93-115.

McCauley, C. D. & Ruderman, M. N. & Ohlott, P. J. & Morrow, J. E. "Assessing the Developmental Components of Managerial Jobs." *Journal of Applied Psychology* 79 (1994): 544-560.

Mezirow, J. "Perspective Transformation." *Adult Education* 28(2) (1978): 100-110.

Montgomery, J. D. "Probing Managerial Behaviour: Image and Reality in Southern Africa." *World Development* 15(7) (1987): 1-29.

Moreau, A. Scott. "Paul G. Hiebert's Legacy of Worldview," *Trinity Journal* 30NS (2009): 223-233.

Moreau, J. S. "A Critique of John Mbiti's Understanding of the African Concept of Time." *East African Journal of Evangelical Theology* 5(2) (1986): 36-48.

Munchus, G. & McArthur, B. "Revisiting the Historical Use of the Assessment Center in Management Selection and Development." *Journal of Management Development* 10(1) (1991): 5-13.

Nelson, J. K. & Zaccaro, S. J. & Herman, J. L. "Strategic Information Provision and Experiential Variety as Tools for Developing Adaptive Leadership Skills." *Consulting Psychology Journal: Practice and Research* 62 (2010): 131-142.

Nussbaum, B. "African Culture and Ubuntu: Reflections of a South African in America," *World Business Academy Perspectives* 17 (2003): 1-11.

Nwankwo, S. & Richards, D. C. "Privatization: the Myth of Free Market Orthodoxy in Sub-Saharan Africa." *The International Journal of Public Sector Management* 14(2) (2001): 165-180.

Ohlott, P. J. & Ruderman, M. N. & McCauley, C. D. "Gender Differences in Manager's Developmental Job Experiences." *Academy of Management Journal* 37 (1994): 46-47.

Opler, Morris. "Themes as Dynamic Forces in Culture." *American Journal of Sociology* 51 (1945), 198-206.

Patterson, Stanley E. "*Spiritual Leadership: Moving People on to God's Agenda* [review] / Henry T and Richard Blackaby." *Journal of Applied Christian Leadership*: Vol. 5: No. 2, 2011, 109-111.

Petrie, Nick. "A White Paper." Center for Creative Leadership, December (2011): 1-36.

Rothwell, W. J. & Kazanas. H. C. "Management Development: The State of the Art as Perceived by HRD Professionals." *Performance Improvement Quarterly* 4 (1) (1994): 40-49.

Rousseau, D. M. "New Hire Perceptions of Their Own and Their Employer's Obligations: A Study of Psychological Contracts," *Journal of Organizational Behaviour* 11 (1990): 389-400.

Saari, L. M. & Johnson, T. R. & McLaughlin, S. D. & Zimmerle, D. M. "A Survey of Management Training and Education Practices in U.S. Companies." *Personnel Psychology* 41 (1988): 731-743.

Schwarts, Shalom H. & Bilsky, W. "Toward a Theory of the Universal Content and Structure of Values: Extensions and Cross-cultural Replications." *Journal of Personality and Social Psychology* 58 (5) (1990): 885-886.

Shenkar, O. "Cultural Distance Revisited: Towards a More Rigorous Conceptualization and Measurement of Cultural Differences." *Journal of International Business Studies* 32 (3) (2001): 519-535.

Sherwood, D. A. "The Relationship Between Beliefs and Values in Social Work Practice: Worldviews Make a Difference." *Social Work and Christianity* 24 (2) (1997): 115-135.

Smith, Betsie. "Worldview and Culture: Leadership in Sub-Sahara Africa." *New England Journal of Public Policy* 19 Iss. 1 (2003): 243-274.

Smith, P. B. & Misumi, J. & Tayeb, M. & Peterson M. & Bond, M. "On the Generality of Leadership Styles Across Cultures," *Journal of Occupational Psychology* 62 (1989): 97-109.

Spears, Larry. "Character and Servant Leadership: Ten Characteristics of Effective, Caring Leaders." *The Journal of Virtues & Leadership*, Vol. 1 Iss. 1 (2010): 25-30.

Stogdill, R. "Personal Factors Associated with Leadership: A Survey of the Literature." *The Journal of Psychology* 25 (1948): 35-71.

Tannenbaum R. & Schmidt, W. "How to Choose a Leadership Pattern." *Harvard Business Review* (May-June 1973): 162-180

Theimann, N. M. & April, K. & Blass, E. "Context Tension: Cultural Influences on Leadership and Management Practice." *Reflections* 7 (4) (2006): 38-49.

Turban D. B. & Dougherty, T. W. "Role of Protege Personality in Receipt of Mentoring Career Success." *Academy of Management Journal* 37 (1994): 688-702.

Waldman, D. A. & Atwater, L. E. & Antonioni, D. "Has 360-degree Feedback Gone Amok?." *Academy of Management Executive* 12 (1998): 86-94.

Wallace, A. F. "Revitalization Movements," in *American Anthropology*. 8 (1956): 266-275.

Yukl G. & R. Lepsinger. "360-degree Feedback: What to Put into it to Get the Most Out of it." *Training* (Dec.) (1995): 45-50.

Baldwin T. T. & Padgett, M. Y. "Management development: A review and commentary." In *International Review of Industrial and Organizational Psychology*. Vol. 8. Eds. C. L. Cooper & I. T. Robertson. NY: Willy, 1993. 35-85.

Chhokar, J. S. & Brodbeck, F. C. & House, R. J. "Culture and Leadership Across the

World: The GLOBE Book of In-Depth Studies of 25 Societies." In *African Leadership: Surfacing New Understandings through Leadership Development*. Eds. R. Bolden & P. Kirk. London: Routledge, 2007. 299-333.

Guthrie, V. A. & Kelly-Radford, L. "Feedback-intensive Programs." In *C. D. Center for Creative Leadership Handbook of Leadership Development*. Eds. R. McCaulery & S. Moxley & Van Velsor. San Francisco: Jossey-Bass, 1998. 66-105.

Hemphill, J. K. & Coons, A. E. "Development of the Leader Behavior Description Questionnaire." In *Leader Behavior: Its Description and Measuremen*. Eds. R. M. Stogdill & A. E. Coons. Columbus: Bureau of Business Research. Ohio State University, 1957, 6-38.

Horton, Robin. "African Traditional Thought and Western Science." In *Rationality*, Ed. Bryan R. Wilson. New York: Harper Torchbooks, 1970, 131-171.

House, R. J. & Hanges, P. J. & Ruiz-Quintanilla, S. A. & Dorfman, P. & Javidan, Dickson, W. M. M. & Associates. "Cultural Influences on Leadership and Organizations: Project GLOBE." In Advances in *Global Leadership*. Eds. W. H. Mobley & M. J. Gessner & V. Arnold. Stamford, CT: JAI Press, 1999, 131-233.

Kaplan, R. E. & Kofodimos, J. R. & Drath, W. H. "Development at the Top: A Review and Prospect." In Research in *Organizational Change and Development*. eds. W. Pasmore & R. W. Woodman. Greenwich, CT: JAI Press, 1987, 229-273.

Kluckhohn, C. "Values and Value-Orientations in the Theory of Action: An Exploration in Definition and Classification." In *Toward a General Theory of Action*. Eds. T. Parsons & E. Cambridge Shil, MA: Harvard University Press, 1951, 388-433.

McCauley, C. D. "Leader Training and Development." In *The Nature of Organizational Leadership*. Eds. S. J. Zaccaro & R. J. Klimoski. San Francisco: Jossey-Bass, 2001, 347-383.

Noe, R. A. "Mentoring Relationships for Employee Development." In *Applying Psychology in Business: The Manager's Handbook*. Eds. J. W. Jones & B. D. Steffy & D. W. Bray. Lexington, MA: Lexington Press, 1991, 475-482.

Noe, R. A. & Greenberger, D. B. & Wang. S. "Mentoring: What We Know and Where We Might Go from Here." In *Research in Personnel and Human Resources Management* (21). Eds. R. Ferris & J. J. Martocchio. Oxford, England: Elsevier, 2002, 129-173.

Rauch, C. F. & Behling, O. "Functionalism: Basis for an Alternate Approach to the Study of Leadership." In *Leaders and Managers: International Perspectives on Managerial*

Behavior and Leadership. Eds. J. G. Hunt & D. M. Hosking & C. A. Schriesheim & R. Stewart. Elmsford, NY: Pergamon Press: 1984, 45-62.

Richards, D. & Engle, S. "After the Vision: Suggestions to Corporate Visionaries and Vision Champions." In *Transforming Leadership*. Ed. J. D. Alexandria. Adams, V.A.: Miles River Press, 1986, 206.

Salaha, C. "The World Spirits: Basukuma Traditional Religion and Biblical Christianity." In *Issues in Africa Christian Theology*, Eds. Samuel Ngewa & Mark Shaw & Tite Tienou. Nairobi: East Africa Educational Publishers, 1998. 133-138.

Scandura, T. A. & Von Glinow, M. A. & Lowe, K. B. "When East Meets West: Leadership Best Practices in the United States and Middle East." In *Advances in Global Leadership*. Eds. W. H. Mobley & M. J. Gessner & V. Arnold. Stamford, CT: JAI Press, 1999. 235-248.

Valerio, A. M. "A Study of the Developmental Experiences of Managers." In *Measures of Leadership*. Eds. K. E. Clark & M. B. Clark. West Orange, NJ: Leadership Library of America, 1990, 521-534.

학위 논문

이용락, " 리더십 계승의 성경적 원리와 방법 연구." 철학 박사 학위, 총신대학교, 2014.

Gilman, Randall Frank. "Developing a Leadership Training Program for the Local Church in the Twenty-first Century." D. Min., Liberty Baptist Theological Seminary, 2003.

Ngomane, Richard. "Leadership Mentoring and Succession in the Charismatic Churches in Bushbuckridge: A Critical Assessment in the Light of 2 Timothy 2:1-3." Ph. D., University of Pretoria, 2013.

Wilson, Kent R. "Steward Leadership: Characteristics of The Steward Leader In Christian Nonprofit Organizations" Ph. D., University of Aberdeen, 2010.

기타

임경철. "리더십 개론." 총신대학교 일반대학원 강의안, 2013년 2학기, 8

April K. & Ephraim, N. "Implementing African Leadership: An Empirical Basis to Move Beyond Theory." presented at the 1st International Conference on Values-Based Leadership at Stellenbosch University in SA, 2006, 4-20. 〈https://www.ashridge.org.uk/Media-Library/Ashridge/PDFs/Publications/ImplementingAfricanLeadership.pdf⟩, accessed 20 Feb. 2017.

Bolden, R. & Kirk, P. "Leadership in Africa: Meanings, Impacts and Identities." (2005): 1-20. ⟨https://ore.exeter.ac.uk/repository/bitstream/handle/10036/30832/bolden6.pdf?sequence=1⟩. Accessed 13 Feb. 2017.15 Nov. 2017.

House, R. J. & Wright, N. S. & Aditya, R. N. "Cross-cultural Research on Organizational Leadership: A Critical Analysis and a Proposed Theory." Working Paper of the Reginald H. Jones Center: The Wharton School University of Pennsylvania, 1996.

Green, Jay P. *The Interlinear Hebrew-Greek-English Bible*, Lafayette: Associated Publishers& Authors, 1979.

Jones, M. L. "Hofstede-Culturally Questionable?" Oxford Business & Economics Conference (2007): 1-11.

Turner, H. *World of the Spirits*. In Eerdmans' *Handbook to the World's Religions*. 2nd ed. Grand Rapids: Eerdmans, 1994.

질적 연구를 위한 질문들

1. What type of ministry have you done, how long have you been involved in it and which tribe(s) have you served? (당신은 어떤 종류의 사역을 했으며, 어떤 부족[들]을 얼마 동안 섬겼습니까?)

2. Have you supervised the succession of leadership to national leader(s) in your ministry on the mission field? (당신은 선교지에서 현지 지도자에게 지도자 이양을 주도한 경험이 있습니까?)

3. What were the reasons for leadership succession? (리더십 이양의 이유는 무엇이었습니까?)

4. What processes and criteria did you use to identify your successor(s)? (사역을 이어 갈 계승자를 찾기 위해서 사용한 과정과 기준은 무엇이었습니까?)

5. Did you consider outsiders from other tribes or from other countries as potential successor(s)? If yes, why? If no, why? (다른 부족사람이나 다른 나라 사람을 사역 계승자로 고려한 적이 있습니까? 그 이유를 적어 주십시오.)

6. Did you consider women as potential successor(s)? If yes, why? If no, why? (여성을 후보 계승자 고려한 적이 있습니까?)

7. How did you develop national leader(s) to whom you wanted to hand over your ministry to? (e. g. Mentoring, coaching) (사역을 이어 갈 계승자를 어떻게 양성했습니까?)

8. How did you adopt and apply African culture in leadership development and leadership succession? (지도자 양성과 이양에서 아프리카 문화를 어떻게 수용했으며, 적용했습니까?)

9. What did you see as the biggest challenge(s) to implementation of a leadership development plan? and of a succession plan on mission field(s)? (지도자 양성과 이양 계획을 실행할 때, 가장 큰 어려움은 무엇이었습니까?)

10. After handing your ministry over to national(s), what kind of relationship do you have with the leader(s)? (사역을 현지인에게 이양한 후, 사역을 계승한 리더와 어떠한 관계를 유지하고 있습니까?)

부록 2

동부아프리카인 대상 설문 조사 질문 항목

Dear Sir / Madam,

I am John Kang, Director of AIM(Africa Inland Mission) Korea, pursuing a Doctoral degree from Chongshin University. I am conducting survey on "Study on Christian Leadership Development in the Perspective Culture and Worldview in East Africa". You are kindly requested to take part in this unique study. Your participation and your honest opinions will be highly appreciated. The objective of this survey is to understand the status and issues of leadership development and succession in cross-cultural settings.

In this regard I solicit your esteemed response in filling the questionnaires to meet the research requirements. I hereby assure you that the information provided by you will be kept confidential and used only for academic purposes.

I would appreciate it if you can return your answered questionnaire until 10 November 2017 due to the process of finalizing my dissertation.

Thank you for your valuable time and effort!
May the Lord richly bless your home and ministries!

Rev. Byong Kwon(John) Kang

The following questionnaire has been adopted and modified from the book "Ministering Cross-Culturally: An Incarnational Model for Personal Relationships" by Sherwood G. Lingenfelter and Marvin K. Mayers.

Determine to what extent each of the following statements describes you or your society: Number

Statement is not true of you or your society----------------------------1
Statement is only partially true of you or your society ------------------2
Statement is usually true of you or your society ----------------------3
Statement is generally true of you or your society --------------------4
Statement is very true of you or your society -----------------------5
* Note: Here 'he' is the representative of both genders, man and woman.

Time vs Event

I concern for punctuality and amount of time expended. (나는 시간 엄수와 낭비된 시간에 대해 염려한다).

I allocate time to achieve the maximum within set limits. (나는 정해진 시간 내에 최대한의 성취를 위해 시간을 할당한다.)

I expect rewards offered as incentives for efficient use of time. (나는 시간의 효율적인 활용에 대해 격려 차원의 보상을 기대한다.)

I emphasize on dates and history. (나는 날짜와 역사에 대해 강조한다.)

I concern for details of the event, regardless of time required. (나는 시간에 관계없이 사건의 세부 사항에 관심이 있다.)

I emphasize on present experience rather than the past or future. (나는 과거나 미래보다 현재의 경험에 대해 강조한다.)

I consider carefully a problem until resolved. (나는 문제가 해결 될 때까지 신중하게 생각한다.)

I stress on completing the event as a reward in itself. (나는 사건을 완성하는 것 자체를 보상으로 강조한다.)

Dichotomistic vs Holistic

In our society, judgments are black/white, right/wrong—specific criteria are uniformly applied in evaluating others. (우리 사회에서 판단은 흑과 백, 옳고 그름과 같은 특정한 기준이 균등하게 적용된다.)

In our society, security comes from the feeling that one is right and fits into a particular role in society. (우리 사회에서 안정감은 그 사람이 그가 속한 사회에 바른 곳이 있고, 그에게 맞는 역할을 하고 있다는 느낌에서 유래한다.)

In our society, information and experiences are systematically organized; details are sorted and ordered to form a clear pattern. (우리 사회에서는 정보와 경험이 체계적으로 조직된다. 세부 정보는 정리되어 명확한 패턴을 형성하도록 정렬된다.)

In our society, judgments are open-ended—the whole person and all circumstances are taken into consideration. (우리 사회에서 판단은 자유롭고 모든 사람과 모든 상황이 고려된다.)

In our society, information and experiences are seemingly disorganized; details stand as independent points complete in themselves. (우리 사회에서는 정보와 경험이 혼란스럽게 보여진다. 세부 사항은 자체적으로 독립적인 관점에 서 있다.)

In our society, security comes from multiple interactions within the whole of society—one is insecure if confined to particular roles or categories. (우리 사회에서 보안은 사회 전체의 다양한 상호 작용에서 나온다. 특정 역할이나 범주에만 국한되어 있는 경우 안전하지 않다.)

Crisis vs Non-crisis

I anticipate crisis. (나는 위기를 예기한다.)

I emphasize planning. (나는 계획을 강조한다.)

I seek quick resolution to avoid ambiguity. (모호함을 피하기 위해 빠른 해결책을 모색한다.)

I repeatedly follow a single authoritative, preplanned procedure. (나는 권위 있는 사전 계획된 절차를 반복적으로 따른다.)

I seek expert advice. (전문가의 조언을 구한다.)

I don't expect possibility of crisis. (나는 위기의 가능성을 기대하지 않는다.)

I focus on actual experience. (나는 실제 경험에 초점을 둔다.)

I avoid taking action; I delay decisions. (나는 행동을 취하는 것을 피한다. 나는 결정을 연기한다.)

I seek unplanned solutions from multiple available options. (여러 옵션 중에서 계획되지 않은 솔루션을 찾는다.)

I distrust expert advice. (전문가의 조언을 불신한다.)

Task vs Person

I focus on tasks and principles. (나는 업무와 원칙에 중점을 둔다.)

I find satisfaction in the achievement of goals. (나는 목표 달성에 만족한다.)

I seek friends with similar goals. (나는 비슷한 목표를 가진 친구들을 찾는다.)

I accept loneliness and social deprivation for the sake of personal achievements. (나는 개인적인 업적을 위해 외로움과 교제 축소를 감내한다.)

I focus on persons and relationships. (나는 개인과 인간 관계에 중점을 둔다.)

I find satisfaction in interaction. (나는 상호 작용에 만족을 느낀다.)

I seek friends who are group oriented. (나는 그룹 지향적인 친구들을 찾는다.)

I deplore loneliness; I sacrifice personal achievements for group interaction. (나는 외로움을 싫어한다. 나는 그룹의 상호 작용을 위해 개인 성취를 희생한다.)

Status Focus (Prestige is credited) vs Achievement Focus (Prestige is attained)

In our Society, personal identity is determined by formal identifications of birth and rank. (우리 사회에서는 개인의 정체성이 출생과 계급의 공식적 신분에 의해 결정된다.)

In our society, the amount of respect one receives is permanently fixed; attention focuses on those with high social status in spite of any personal failings they have. (우리 사회에서 받는 존경의 정도는 영구적으로 고정된다. 관심은 개인적인 실수에도 불구하고 사회적 지위가 높은 사람들에게 초점을 맞춘다.)

In our society, an individual is expected to play his or her role and to sacrifices to attain higher rank. (우리 사회에서 개인은 자신의 역할을 수행하고 높은 지위 얻기 위해 희생 해야한다.)

In our society, people associate only with their social equals. (우리 사회에서 사람들은 그들의 사회적 평등과 관련이 있다.)

In our society, personal identity is determined by one's achievements. (우리 사회에서 개인의 정체성은 자신의 업적에 의해 결정된다.)

In our society, the amount of respect one receives varies with one's accomplishments and failures, attention focuses on personal performance. (우리 사회에서 존경의 정도는 성취와 실패에 따라 다르지만 개인의 성과에 초점을 맞추고 있다.)

In our society, an individual is extremely self-critical and makes sacrifices in order to accomplish ever greater deeds. (우리 사회에서 개인은 극도로 자기 비판적이며 더 큰 일을 성취하기 위해 희생을 한다.)

In our society, people associate with those of equal accomplishments regardless of background. (우리 사회에서 사람들은 배경에 관계없이 평등한 업적을 가진 사람들과 관계를 맺는다.)

Concealment of Vulnerability vs Willingness to expose Vulnerability

I protect self-image at all cost; I avoid error and failure. (나는 모든 비용을 지불하더라도 나의 이미지를 보호한다. 나는 오류와 실패를 피한다.)

I emphasize on the quality of performance. (나는 성과의 질을 중요시 한다.)

I am unwilling to go beyond one's limits or to enter the unknown. (나는 내 자신의 한계를 뛰어넘거나 알려지지 않은 것들에 들어가기를 꺼린다.)

I deny fault; I withdraw from activities in order to hide weaknesses and shortcomings. (나는 잘못을 부정한다. 나는 약점과 단점을 숨기기 위해 활동에서 물러난다.)

I refuse to entertain alternative views or to accept criticism. (나는 대안적인 견해를 즐기거나 비판을 받아들이지 않는다.)

I conceal my personal life. (나는 내 개인적인 삶을 감춘다.)

I do not concern much about error and failure. (나는 실수와 실패에 대해 별로 염려하지 않는다.)

I emphasize on completion of event. (나는 사건의 완료를 강조한다.)

I am willing to push beyond one's limits and enter the unknown. (나는 한계를 초월하여 미지의 세계로 들어갈 용의가 있다.)

I am ready to admit fault, weakness, and shortcomings. (나는 실수와 약점과 결점을 인정할 준비가 되어 있다.)

I am open to alternative views and criticism. (나는 대안적 견해와 비판에 열려 있다.)

I am willing to talk freely about personal life. (나는 개인적 삶에 대해 자유롭게 이야기하고 싶어 한다.)

Leadership based on Community

In our society, a good leader considers relationships more important than work. (우리 사회에서 좋은 지도자는 일보다는 관계를 중요시한다.)

In our society, a good leader considers community more important than himself. (우리 사회에서 훌륭한 지도자는 지역 사회를 자신보다 중요하게 생각한다.)

In our society, a leader is expected to care for families who are in need, such as the sick, funeral, and children's school fees. (우리 사회에서 지도자는 아픈 사람이나 장례를 당한 사람이나 자녀의 학교 수업료와 같은 도움이 필요한 가족을 보살핀다.)

In our society, we expect that a leader should concern for families' big events, such as weddings, harvest, and visitors. (우리 사회에서 지도자가 결혼식, 수확 및 방문객과 같은 가족의 큰 사건에 관심을 가질 것을 기대한다.)

In our society, both man and woman are equitably considered for leadership positions. (우리 사회에서 남성과 여성 모두 리더십 직책에 동등하게 고려된다.)

Leadership on Group

In our society, a leader's personal goals are connected to the demands and expectations of the community. (우리 사회에서 지도자의 개인적 목표는 지역 사회의 요구와 기대와 관련이 있다.)

In our society, a leader is expected to dedicate himself to the community, even though he cannot accomplish his own goals. (우리 사회에서 지도자는 자신의 목표를 성취할 수 없어도 지역 사회에 헌신할 것을 기대한다.)

In our society, a leader by himself cannot withdraw from his leadership position nor succeed his leadership position to someone else. (우리 사회에서 지도자는 혼자서 리더십 직책에서 물러나거나 리더십 직책을 다른 사람에게 승계할 수 없다.)

In our society, if our leader becomes a national leader, we anticipate that our leader would invest in developing our region more than other regions. (우리 사

회에서 지도자가 국가 지도자가 된다면 우리 지도자는 다른 지역보다 우리 지역을 발전시키는 데 투자할 것으로 기대하다.)

In our society, if our leader becomes a national leader, we anticipate that he would choose close associates from our society. (우리 사회에서 우리 지도자가 국가 지도자가 된다면, 우리는 그가 우리 사회의 가까운 동료를 선택할 것으로 예상합니다.)

Dictatorship Dictatorship and Concentration on present-problems solving Concentration on present-problems solving

In our society, a good leader concentrates on solving current problems than focusing on future plans and strategies. (우리 사회에서 훌륭한 지도자는 미래의 계획과 전략에 초점을 맞추는 것보다 현재의 문제를 해결하는 데 집중합니다.)

In our society, we expect that our leader should keep orderliness and consistency in our society, even at the expense of innovation. (우리 사회에서 우리는 지도자가 혁신을 희생하면서도 사회에서 질서 정함을 유지해야 한다고 생각합니다.)

In our society, it is not a big matter whether our leader keeps his leadership a long time. (우리 사회에서 지도자가 오랫동안 리더십을 지키고 있는지 여부는 큰 문제가 아닙니다.)

In our society, it is natural that our leader grants special assistances, such as rapid promotion, overseas trainings, privileges, rewards, and wage increase, to his close associates. (우리 사회에서는 지도자가 신속한 승진, 해외 연수, 특권, 보상 및 임금 인상과 같은 특별 지원을 가까운 직원에게 부여하는 것이 당연합니다.)

In our society, it is very hard for followers to express directly opposite opinions to their leader. (우리 사회에서는 추종자들이 직접 반대의견을 표명하는 것은 매우 어렵습니다.)

In our society, it is expected that followers should obey their leaders. (우리 사회에서는 추종자들이 그들의 지도자들에게 순종해야 합니다.)

Humble and Faithful Leadership Style

Please rate the following leadership traits, as viewed in your society, from 1-5. 1 being the least important to 5 being very important. (귀하의 사회에서 볼 때, 다음과 같은 리더십 자질을 평가하시오. 1은 중요하지 않고 5는 매우 중요하다.)

Intelligence (지성) 1 2 3 4 5

Vision (비전) 1 2 3 4 5

Humility (겸손) 1 2 3 4 5

Honesty (정직) 1 2 3 4 5

Faithfulness (충실) 1 2 3 4 5

Maturity (성숙) 1 2 3 4 5

Self-control (자기 절제) 1 2 3 4 5

Flexibility (융통성) 1 2 3 4 5

Creativity (창의력) 1 2 3 4 5

Skills (재능) 1 2 3 4 5

Tolerance (인내) 1 2 3 4 5

Caring for others (타인 돌보기) 1 2 3 4 5

Personal Information

What is your age?

☐ Below 40   ☐ 40~49   ☐ 50~59   ☐ 60~69   ☐ Above 70

What is your gender?

☐ Male   ☐ Female

What is your position in your church?

☐ Pastor   ☐ Elder/Deacon   ☐ Bible school student

☐ Other_____

What is your nationality?

☐ Kenya   ☐ Uganda   ☐ Tanzania   ☐ Other_____

Thank you very much for your help!

부록 3

동부아프리카 선교사를 대상으로 한 설문 항목

1. 선교사는 언제부터 리더십 이양 계획을 세워야 한다고 생각하십니까?
   - ☐ 사역 초기부터
   - ☐ 가능성이 있는 차기 지도자가 생겼을 때부터
   - ☐ 은퇴 4년 전부터
   - ☐ 은퇴 1년 전부터

2. 지도자 양성을 위해서 사용하고 있는 프로그램은 무엇입니까? (한 개 이상 선택 가능)
   - ☐ 개인적인 지도자 양성 프로그램
   - ☐ 온라인 훈련
   - ☐ 리더십 세미나 혹은 워크샵
   - ☐ 멘토링
   - ☐ 다양한 나라의 문화 경험
   - ☐ 없음
   - ☐ 그 외 프로그램 _____

3. 지도자 양성을 위해서 멘토링이 얼마나 효과적이라고 생각합니까?
   - ☐ 전혀 효과적이지 않다
   - ☐ 효과적이지 않다

☐ 효과적이다

☐ 매우 효과적이다

4. 차기 지도자 양성을 위해 사용하는 어떤 종류의 멘토링을 사용합니까?

☐ 선교부 산하 상위 지도자

☐ 선교부 산하 인적 자원 관리자

☐ 선교부 산하 동료

☐ 선교부 외부 지도자

☐ 선교부 내부와 외부 지도자

☐ 그 외 프로그램 _____

5. 다음에 열거된 리더십 자질들에 대한 중요도를 정해 보십시오 (1은 중요하지 않음, 5는 매우 중요함).

비전을 품은 1 2 3 4 5

섬김과 돌봄 1 2 3 4 5

유능한 1 2 3 4 5

협력적인 1 2 3 4 5

신뢰할 수 있는 1 2 3 4 5

확고한 1 2 3 4 5

정직한 1 2 3 4 5

영감을 주는 1 2 3 4 5

충성스러운 1 2 3 4 5

성숙한 1 2 3 4 5

자기 절재 1 2 3 4 5

6. 다음에 열거된 리더십 기술들에 대한 중요도를 정해 보십시오 (1은 중요하지 않음, 5는 매우 중요함).

   커뮤니케이션 1 2 3 4 5

   결정능력 1 2 3 4 5

   자기 관리 1 2 3 4 5

   자기 동기 부여 1 2 3 4 5

   다중문화 관리능력 1 2 3 4 5

   멘토링 능력 1 2 3 4 5

   전략적 사고 능력 1 2 3 4 5

   기꺼이 위험을 무릅쓰는 자세 1 2 3 4 5

   다른 사람들을 동기 부여하는 능력 1 2 3 4 5

   다중 언어 구사 능력 1 2 3 4 5

   다른 사람들을 기꺼이 섬기려는 자세 1 2 3 4 5

   비전 나눔과 전달 1 2 3 4 5

7. 지도자 양성에 가장 큰 영향을 미치는 외부적인 영향은 무엇입니까?

   ☐ 후원자들의 요구

   ☐ 경제불황

   ☐ 정치적 불안정

   ☐ 문화 차이

   ☐ 기타 _____

8. 본인의 리더십 이양 계획이 있습니까?

   ☐ 예

   ☐ 아니오

9. 이사회의 리더십 이양 계획이 있습니까?

　　☐ 예

　　☐ 아니요

10. 리더십 이양의 가장 중요한 목적은 무엇이라고 생각합니까?

　　☐ 자립적인 교회 설립

　　☐ 미래 교회 지도자 양성

　　☐ 선교의 전략적인 목표 성취

　　☐ 장기적인 선교 유지

　　☐ 기타 _____

11. 잠재적 승계자를 찾는 효율성 측면에서 다음 방법을 평가하십시오. (1은 선호도가 낮음이고, 5는 선호도가 높음)

　　자기지명　1　2　3　4　5

　　성과 평가 등급　1　2　3　4　5

　　상관의 추천　1　2　3　4　5

　　목사의 추천　1　2　3　4　5

　　공동체의 추천　1　2　3　4　5

12-19. 다음의 동부아프리카 문화적 요소들에 대해서 동의하는 정도를 표시해 보십시오.

　　☐ 혁신을 희생하면서도 질서와 일관성이 강조된다.

　　☐ 절대 동의할 수 없음

　　☐ 동의할 수 없음

　　☐ 동의함

　　☐ 적극적으로 동의함

☐ 모르겠다

☐ 추종자는 리더들에게 복종하는 것을 자연스럽게 생각한다.

☐ 절대 동의할 수 없음

☐ 동의할 수 없음

☐ 동의함

☐ 적극적으로 동의함

☐ 모르겠다

☐ 지도자는 개인의 목표를 이루지 못해도 공동체에 충성을 권장한다.

☐ 절대 동의할 수 없음

☐ 동의할 수 없음

☐ 동의함

☐ 적극적으로 동의함

☐ 모르겠다

☐ 남자는 여자보다 더 높은 교육을 받아야 한다고 생각한다.

☐ 절대 동의할 수 없음

☐ 동의할 수 없음

☐ 동의함

☐ 적극적으로 동의함

☐ 모르겠다

☐ 사람들은 당면한 문제 해결에 집중한다.

☐ 절대 동의할 수 없음

☐ 동의할 수 없음

☐ 동의함

☐ 적극적으로 동의함

☐ 모르겠다

☐ 학생들은 지속적으로 성적 향상을 위해 노력하도록 권유받는다.

☐ 절대 동의할 수 없음

☐ 동의할 수 없음

☐ 동의함

☐ 적극적으로 동의함

☐ 모르겠다

◦ 사람들은 다른 사람들에 대해 관심을 갖는다.

☐ 절대 동의할 수 없음

☐ 동의할 수 없음

☐ 동의함

☐ 적극적으로 동의함

☐ 모르겠다

◦ 사람들은 남자와 여자 모두 동일하게 지도자가 될 수 있다고 생각한다.

☐ 절대 동의할 수 없음

☐ 동의할 수 없음

☐ 동의함-

☐ 적극적으로 동의함

☐ 모르겠다

20. 동부아프리카인이 가지고 있는 문화적 핵심 가치 다섯 가지를 다음 요소들 중에서 선택해 보십시오.

☐ 정직

☐ 개인의 책임성

☐ 다른 이들을 돌봄

☐ 존경

☐ 인내

☐ 사람 중심

☐ 융통성

☐ 관계성

☐ 가족과 공동체

21-25. 동부아프리카의 세계관 요소에 관한 당신의 의견을 제시해 보십시오.

☐ 사람들은 최고신의 존재를 믿는다.

☐ 그렇다

☐ 아니다

☐ 모른다

☐ 사람들은 영적 세계를 믿는다.

☐ 그렇다

☐ 아니다

☐ 모른다

☐ 사람들은 대체적으로 조상 숭배를 한다.

☐ 그렇다

☐ 아니다

☐ 모른다

☐ 사람들은 살아 있는 것들과 자연세계가 연결되어 있다고 믿는다.

☐ 그렇다

☐ 아니다

☐ 모른다

☐ 사람들은 죽음 후의 삶을 믿는다.

☐ 그렇다

☐ 아니다

☐ 모른다

응답자 정보

1. 나이는 몇 살입니까?

   ☐ 40세 미만   ☐ 40대   ☐ 50대   ☐ 60대   ☐ 70세 이상

2. 성별은 무엇입니까?

   ☐ 남   ☐ 여

3. 선교지에 얼마 동안 있었습니까?

   ☐ 0-5년   ☐ 6-10년   ☐ 11-15년   ☐ 15+년

설문 조사에 참여해 주셔서 진정으로 감사드립니다!